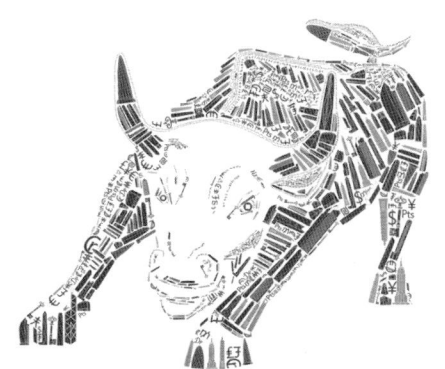

寻找中国巴菲特
寒夜亮剑

白青山◎著

海天出版社（中国·深圳）

图书在版编目（CIP）数据

寻找中国巴菲特：寒夜亮剑 / 白青山著. — 深圳：
海天出版社，2018.3
ISBN 978-7-5507-2162-3

Ⅰ. ①寻… Ⅱ. ①白… Ⅲ. ①股票投资－经验－中国
Ⅳ. ①F832.51

中国版本图书馆CIP数据核字(2017)第313160号

寻找中国巴菲特：寒夜亮剑
XUNZHAO ZHONGGUO BAFEITE：HANYE LIANGJIAN

出 品 人　聂雄前
策划编辑　陈　丹
责任编辑　涂玉香　张绪华
责任技编　梁立新
封面设计　元明•设计

出版发行　海天出版社
地　　址　深圳市彩田南路海天综合大厦（518033）
网　　址　www.htph.com.cn
订购电话　0755-83460397（批发）　83460239（邮购）
设计制作　深圳市知行格致文化传播有限公司 Tel：0755-83464427
印　　刷　深圳市希望印务有限公司
开　　本　787mm×1092mm　1/16
印　　张　22
字　　数　299千
版　　次　2018年3月第1版
印　　次　2018年3月第1次
印　　数　1～10000册
定　　价　68.00元

图 1：作者与丘建棠（右）在广州海星沙广场合影
图 2：作者在广州采访丘建棠（右）

图 3：在杭州采访添博（左）
图 4：添博记录炒股心得用过的部分笔记本
图 5：添博炒股心得日志

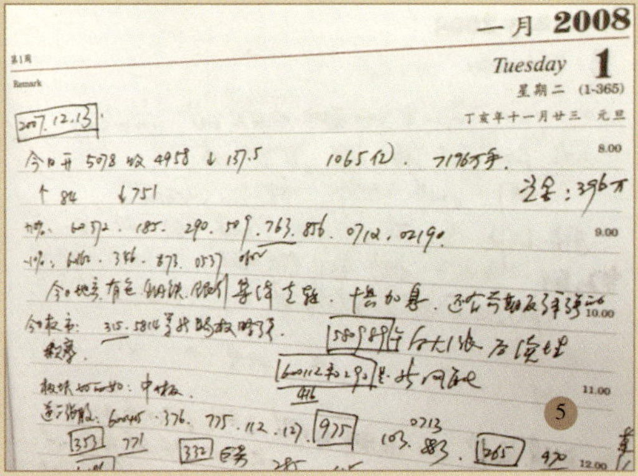

图 6：作者与杨济源（光头阳，左）在一起
图 7：粉丝到杨济源办公室交流投资经验
图 8：四川投资分享会现场

图9：杨济源在策略报告会上
图10：作者与杨济源（左）在基金发行路演会上
图11：深圳分享会现场

图 12：作者在西北黄土高坡采访田建宁（左）

图 13：田建宁在指挥股友炒股

图 14：田建宁应邀参加中国丝路·金融（基金）发展峰会，图为峰会现场

图 15：田建宁应邀在河南与投资者现场交流炒股制胜的经验

图 16：田建宁（右三）在河南郑州中原证券总部的圆桌论坛上作报告

图 17：作者在长沙采访程万青（右）

图 18：程万青在做价值投资报告

图 19：程万青在投资报告会上作主题报告并分享投资经验

图 20：程万青（左三）及其长沙投资团队

图 21：程万青作为投资顾问在长沙证券学会 2017 年度大会上作报告

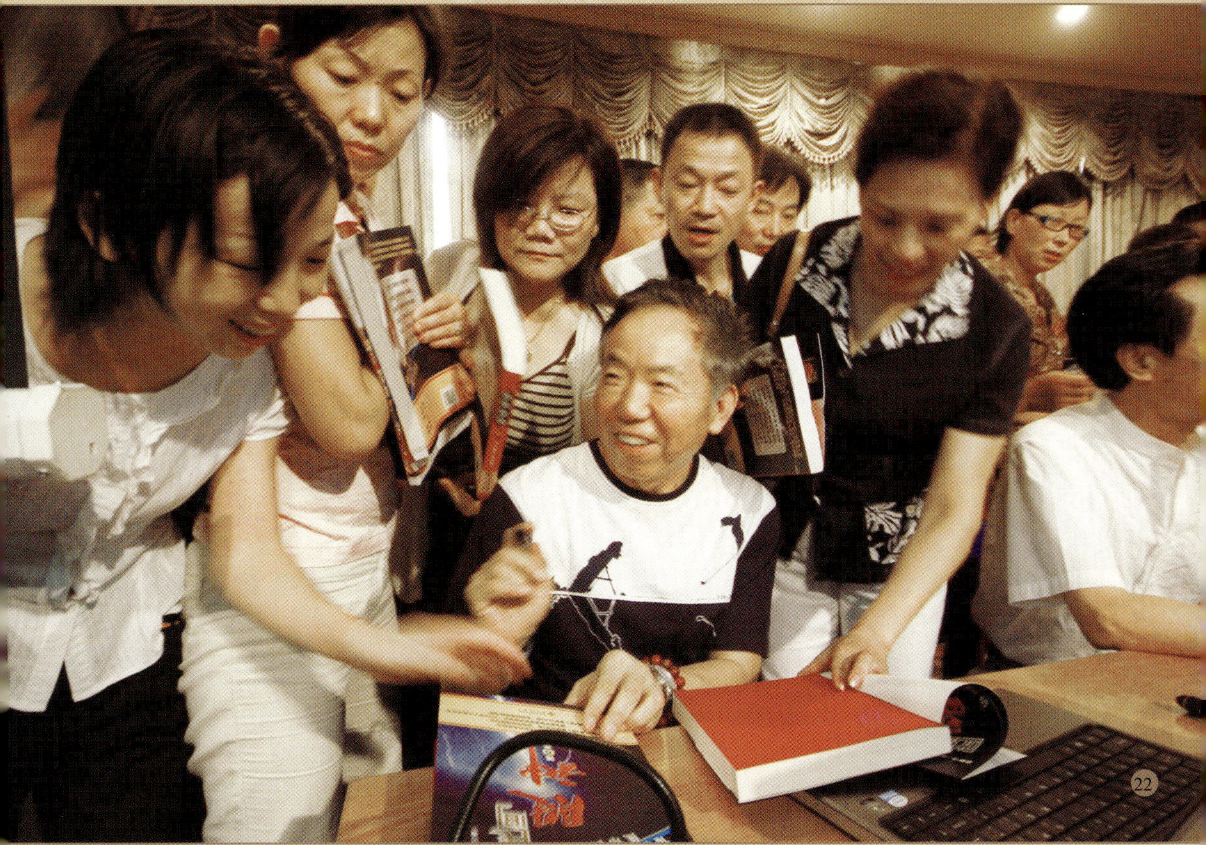

图22：燃烧的激情，挤爆了《民间股神》签名售书现场

图23：《民间股神·第4集》广州发行现场

图24：作者带领高手在沈阳与投资者交流

图 25：武汉《民间股神·第5集》首发式现场
图 26：深圳中心书城《民间股神·第5集》首发式现场
图 27：作者在丹东采访途中跋山涉水

★

谨以此书献给
那些在中国证券市场上不畏艰难奋力搏击的
万千投资者!

★

献给
10余年间《民间股神》系列图书的
忠实新老读者!

自序

难忘那，"黑色记忆"中的一束耀眼光亮……

——写在《寻找中国巴菲特：寒夜亮剑》出版之际

　　2015 年 6 月至 2016 年 1 月，在中国证券市场上发生了一场史无前例的"劫难"——那就是被千万投资者称为"股灾 1.0""股灾 2.0"和"股灾 3.0"的 3 次灾难！

　　它，似凶猛的暴风雪，一次次，无情而残酷地席卷和摧残着中国股坛上的棵棵嫩苗！

　　那种惨烈的景象，真让人不堪回首：哀鸿遍野，血泪成河。多少投资者血本无归，又有多少机构、基金被吞噬，市场上千亿上万亿的资金瞬间蒸发、葬归"大海"……

　　那是近年来中国证券史上一段最为黑色的记忆！

　　虽然，那场灾难已过去快两年时间了，但在亲历过这场劫难的投资者脑海中，对它的记忆却永不磨灭。

　　不知怎地，每当想起那场让人"肝肠寸断"的股灾，忆起那段备受煎熬的"黑色日子"，一次次毁灭性的暴跌带来的惨景又历历在目，那如诉如泣无助的哀怨与呼唤，也总在我耳畔响起——

　　"白老师，我是大学刚毕业的一个'90 后'投资者，是在 2015 年见股市大涨时入的市。当时我初生牛犊不怕虎，啥也不懂，就猛冲猛打。那时行情好，买啥都赚钱。几个月下来，我赢利了好几万块，那会儿甭提有多高兴了，真是连做梦都在笑。可没想到，自打6月份开始，股市连续下跌，不光利润没了，现在连本也亏进去了。我是个新股民，从没经历过这一切，我该怎么办？"

北京的李大姐让儿子发来"伊妹儿"："尊敬的白老师，我是含着热泪向您求救的。我入股市多年，赔得太惨了。真不知道，我的'黑夜'为何这么长？求您多给我们提供些反败为胜的榜样，能指点我们尽快摆脱困境，走向成功。"

河南的一个读者发微信倾诉道："我是《民间股神》的忠实粉丝，《民间股神》系列图书我长年放在床头，有空就学习。我爱好炒股，可前几年上班忙得顾不上。这两年退休了，我一心想好好炒股票，但股市涨跌无常，炒来炒去，最后还是赔得一塌糊涂，买两套房的钱都亏进去了。我多想白老师能多写一些高手是如何面对失败，走出低谷，迈向成功的经验啊！"

福建的读者凌先生听到我赴杭州采访一位10年业绩翻了1.5万倍的民间高手，专程赶到杭州，一再要求现场拜师学习。他对我说："白老师，不瞒您说，2015年，我炒股也赚到快两个亿了。可是在股灾中，又都还回去了，只剩下几百万了。我最想了解的是，这些高手为何能在下跌中保住胜利成果？有的业绩不仅没怎么缩水，反而还翻了好几倍？他们真是值得学习的股市奇才呀！"

……

一声声真诚的呼唤和热切的期待，深深地触动着我：说心里话，自打2011年《民间股神·第7集》出版后，长年在一线艰苦采访、身心略显疲惫、已年届70岁的我，已搁笔几年了。但面对无数仍在中国股海艰难跋涉的投资者的召唤，作为一个老新闻工作者，依然有种责任感和使命感。我决意尽自己的绵薄之力去帮助中国证券市场中更多需要帮助的中小投资者。

我再次投身到跌宕起伏的股市"沙场"第一线，去寻访叱咤于股海风云的精英。

　　冒着酷暑，迎着冰雪，从木棉花盛开的珠江边到飞雪弥漫的黄土高坡，从地处金融前哨的深圳前海到私募精英藏龙卧虎的湘江之滨和西子湖畔，历时一年多的深入采访，我终于完成了《寻找中国巴菲特：寒夜亮剑》这本书的写作。

　　这是5个"股市乞儿"跻身亿万富豪的传奇故事。

　　它，对于至今仍在跌宕起伏的中国股海中艰难前行的千万投资者来说，不啻是一部"励志"的书。

　　记得我在"股灾"中采访的第一人，便是深圳前海大概率资产管理有限公司董事长杨济源，一位从贵州大山深处走出来的彝族小伙。正是他，以超人的胆识与智慧，博弈在股灾的"暴风雪"中，奇迹般地创造了"8个月10倍"的辉煌和资金两年半时间回报3510%的佳绩，令人瞠目，且在"股灾"期间发的3个基金产品全部跑赢大盘，实现"逆市飞扬"的可喜业绩，令人为之震撼！

　　接下来，我在长沙采访的"汉天资产"掌门人程万青，也是证券市场上一位出类拔萃的"精英人物"。他以心理学、哲学、数学、物理学、兵法为基础，运用自己独创的以技术心理学为核心的盈利模式，自2005年至2016年的10年间，创造出了资金飞涨2000倍的辉煌。在"股灾"肆虐期间，他及时调整策略，实现战略转移，鏖战期货市场。尽管2016年受熔断机制影响股市暴跌，但他却出奇制胜，在这一年竟取得了500%的骄人战绩，让人们称赞不已！

　　隆冬时节，我深入到大雪纷飞的黄土高坡采访被人们称为"西北狼"的田建宁，他那"轻易不出手，出手就见血"的剽悍风格，也给我留下了深刻的印象。在股海征战中，他聪明过人，打得赢就打，打不赢就跑。2015年股灾爆发前，这只"西北狼"以极其敏锐的嗅觉，"闻到""疯牛行情"过热，迅即逃离。他用盈利的几千万资金购置了别墅和豪车，保住了"胜利果实"。在股灾后的反弹中，他又不失时机敢于"刀口舔血"，大胆"抄底"，既守住了"钱袋子"，又获取了丰厚利润。

2017年我采访的另外两个"重量级"人物，更加出彩。

一位是广东亿元投管团队总舵手丘建棠，我俩曾在他购置的美丽的海陵岛的海景别墅里彻夜长谈。多年来，作为一直掌控大资金运作的机构主操盘手和一个优秀的价值投资者，丘建棠以独到的眼光挖掘了无数极具价值投资的飙涨的"成长股"，几乎历年都能斩获翻倍的战绩。在股灾的风暴中，即使他选出的股票有时也曾遭遇"错杀"，但行情一旦企稳转暖，往往都很快能焕发出原有的光彩，有的股价甚至还创出了历史新高。在我们密切相处的日子里，我在他的身上看到的更为可贵的东西是，他在18年的股市征战风雨中，磨砺了"涨跌不惊，闲看庭前花开花落；得失无意，漫随天上云卷云舒"的博大胸怀。这也是他多年来走向成功的一个重要的"秘籍"。在他的征战日志扉页，赫然写着他最欣赏的一句投资格言："如果哪天你的重仓股跌停，你依旧在高尔夫球场打上一场好球，你就成功了！"这留给了我极深的印象。

"潜伏"在杭州西子湖畔一栋豪华幽雅别墅里的添博先生，便是在坊间流传已久的一位神秘人物。正是他，从2万到3亿，仅仅用了10年时间，不用任何"杠杆"，靠着自己的智慧和独特的盈利模式，将区区2万元的原始资本翻了15000倍，这在中国股坛可以说是创造了一个"神话"般的奇迹。在他的操盘室中，有一块匾额尤为醒目，上书4个苍劲大字——"稳健增长"。的确，无论是暴涨的牛市，暴跌的熊市，还是涨跌起伏的振荡市，添博的业绩一直都是在"稳健增长"。当被问及秘密究竟何在时，他在采访中道出简单实用的"三大绝技"，正是他制胜股海的奥妙所在。

沧海横流，方显英雄本色。尤其在"黑色记忆"的日子里，他们，似一束耀眼的光亮，是那么绚丽，那般璀璨！

在历时一年多的采访中，有不少热心的读者曾向我打听："白老师，能否透露一下，您新书里采访的几位民间高手，都有些什么'神技'和'绝活'？"听后，我感到真的很难用一两句话回答清楚。杨济源、程万青、田建宁、丘建棠和添博5个人，有5种不同的盈利模式，各有各的"撒手锏"。但如果要说起他们5个人的共同点，我倒觉得有8个字最能概括，那就是："执着追求，永不言败！"

说实在的，在一年多500多个日子里，他们这种"永不言败"的精神，是让我记忆最为深刻的。它时时刻刻感动着我。他们在人生中所经历的一切，深深地叩击着我的心：

穷苦出身的丘建棠靠卖可乐供自己读完大学，他在股市中最落魄时，竟沦落到在深圳睡了一个月的"天桥"。

生长在黄土高坡上的田建宁也是在苦难中"泡大"的，小时候在山里放羊，曾两次差点被恶狼吃掉。初入股市，当几十万赔得只剩下3万块钱时，妻子把幼小的儿子留给他，摔门离他而去。他曾含着泪注销了自己的炒股账户并发誓："此生再不炒股！"但经过半年的反思，他东山再起，直至最后走向成功。

湖南汉天资产掌门人程万青从"奴隶"到"将军"的路，也是极为坎坷与艰难。他数年如一日地追求、探索的精神，也深深打动着我。当年，没有钱只能挤在人堆里看股市行情的他，立下的一个最质朴最大愿望竟是"发誓要进中户室，拥有一台电脑炒股"。除此之外，那时他还有一个心愿是"租一间房，能付得起每月的房租，买台电脑安静地在家炒股，再不用到证券公司的人堆里去挤去受那份罪了"。在执着奋进的路上，昔日他何曾会想到如今能住上别墅，开着宝马、路虎，并撑起了汉天资产的一片天？！……

还有，采访中，杭州的添博忆起当年2万元炒股"起家"，赔了钱，向妻子打借条、写保证"借钱"补上 2 万块钱"窟窿"时，也是万般的心酸。

同样，深圳前海大概率资管董事长杨济源当年也是赔得穷困潦倒，为学艺帮人扫地倒茶辛苦打工。在迈向成功的路上，他大把的头发几年全部掉光，如今"光头阳"的网名，既有他战绩不断"拉大阳"的寓意，也含有他一路拼搏、满头乌发掉光的一份苦涩，也算有其"纪念意义"吧。

常言说：努力不一定成功，但放弃一定失败。我认为，从某种意义上说，正是"失败"，才造就了民间高手！这是我多次在投资报告会上，向广大读者传递的一种理念，也是我在"股灾"中，面对千万投资者的"失败"与期盼，坚持采访写就这本书的初衷。

尽管，我笔下的这 5 位民间高手也都是由极普通的中小投资者成长起来的，但他们在拼搏的征途上，不畏艰难困苦走向成功的奋进精神，将永远是我们学习的榜样。他们，在"黑色记忆中"的那束耀眼的光亮，也许会引领更多的人在中国股市的沃土上奋进，向着成功的方向前行……

如果读了此书，能多少给投资路上的你一些启迪和鼓励，便是对我一年多来辛劳付出的莫大的宽慰！

白青山

2017 年 11 月于深圳

目　录 CONTENTS

第**1**章　**珠江边，那朵火红的木棉花……** / 3

记广东亿元投资管理团队总舵手丘建棠在股市从穷困潦倒"睡天桥"
到跻身亿万富豪行列的传奇故事

美丽的海陵岛，浪花轻轻拍打着十里银滩，玛瑙湾的一栋豪华别墅里，
鸟语花香，月季含苞待放，庭院的船木茶台上摆放着一台电脑，股票价格正
在安静地闪烁着，而其主人却在花园一角悠闲地摆弄着栅栏，正准备栽种他
心仪的玫瑰花苗。谁能想到，他，正是十多年前在股市穷困潦倒"睡天桥"
的一个"股市乞儿"！是什么改变了他的命运？期间的十余年又究竟发生了
些什么呢？

引子：撕裂与重生 / 3

他的"苦难"大学 / 5

"新手"猎市，说真话惹大麻烦 / 9

留在深圳"天桥"下的思考 / 14

坎坷价值路 / 19

逐梦 1023，熊市 3 年辉煌 / 27

决胜"四大战役"，再创翻倍佳绩 / 33

偏离"主航道"，魂断"锁仓路" / 53

浴火重生，业绩持续翻番 / 62

一幅图表，道出追逐成长股的"真谛" / 79

尾声：让更多人分享财富 / 82

第2章　从2万元到3亿元 / 89

记杭州杰出的"交易天才"添博的股市传奇人生

从2万元到3亿元，仅仅用了10年时间，他，不用任何"杠杆"，靠着自己的智慧与独特的盈利模式，竟将区区2万元的原始资本翻了15000多倍，在中国股坛创造了一个"神话"般的奇迹。在这辉煌的战绩中，究竟有着怎样的秘密？他到底有哪些鲜为人知的制胜股海的绝招呢？让我带着你，一起到杭州"天堂"，去聆听，去探寻在一个年轻交易员身上发生的那些"惊天"的故事……

引子：寻找"天文数字"背后的秘密 / 89

"苦海"中痴迷股市的"江西阿仔" / 91

一波三折，"曙光"初现 / 93

遭遇"滑铁卢"，战车再陷"泥潭" / 95

2006～2016年：10年辉煌实录 / 96

10年1.5万倍的秘密究竟在哪里？ / 110

尾声：核心的"秘密"原来竟在这…… / 124

第3章　逆市飞扬 / 129

记深圳前海大概率资产管理有限公司董事长杨济源在熊市"股灾"中逆市创造股市奇迹的传奇故事

在2015年6月至2016年年初中国股市经历的最为惨烈的3轮大的股灾中，他以独特的"价值投机"理念、灵活多变的超级操盘技艺和"风险第一，赚钱第二"的铁的纪律，博弈在"暴风雪"之中，不仅奇迹般地创造了"8个月10倍"的辉煌，且所率3只基金产品全部"逆市飞扬"，拉出"光头大阳"，令世人惊叹。

本文，将向你揭示其中的奥秘——

引子：桃花岛，爆棚的"路演会" / 131
业绩辉煌，震撼深港 / 133
穿越牛熊，感谢"苦难" / 153
价值选股，择机买卖 / 158
"光头阳"短线制胜的三大"战法" / 166
恪守铁律，追逐大概率 / 205
尾声：挑战百亿，续写新篇 / 207

第4章 隐没在白桦林间的"西北狼" / 211

记中国股市奇才田建宁创造从3万元到1亿元的财富裂变传奇

他，隐居在中国西北黄土高坡的白桦林间，在风雨无常、残酷无情的股海博弈中，几经沉浮。最终，他以自己超人的聪慧和独特的盈利模式以及"西北狼"那种顽强的生命力和"轻易不出手，出手就见血"的剽悍风格，从"亏光资金，妻离子散"的"悲情世界"中拔地而起，连拉"大阳"，神奇般地将3万元资金裂变成了亿万元，成为绽放在中国西部黄土高坡上的一朵股市"奇葩"！

引子：住在豪华别墅里的黄土高坡"穷娃子" / 211
泪洒黄土高原 / 214
顿悟上海滩 / 220
从3万元到1亿元的裂变历程 / 224

"裂变"中的精彩片段回放 / 243

股市制胜"三大法宝" / 247

股票操作"十大战法" / 259

炒股思路"四大要诀" / 274

尾声："鸡肋行情"本无味，"水盆羊肉"好好吃 / 276

第5章 千倍之谜 / 281

记湖南汉天资产管理有限公司董事长程万青在股市中运用独创的技术心理学盈利模式，10 年间创造千倍辉煌业绩的传奇

他，一个曾经的"股市乞儿"，在漫漫长夜的艰难爬行与探索中，以超人的智慧博弈在股市的心理海洋中。他以心理学、哲学、数学、物理学、兵法为基础，运用自己独创的、以技术心理学为核心的炒股模式，自 2005 年年底至 2016 年的 10 年间，创造出 2000 倍的辉煌战绩，令人瞠目。本文揭示的正是他从"奴隶"到"将军"，创造千倍伟绩的秘密——

引子：无法抹去的梦想 / 281

漫长的"横盘期" / 284

10 年 2000 倍的心路历程 / 288

在探索中寻觅制胜"真谛" / 298

神奇的"盈利模式"揭秘 / 302

实现翻倍的五大绝技 / 315

尾声：做快乐的投资者 / 323

后 记 / 325

丘建棠

如果哪天，你的重仓股跌停
你依旧在高尔夫球场打上一场好球
你就成功了

　　美丽的海陵岛，浪花轻轻拍打着十里银滩，玛瑙湾的一栋豪华别墅里，鸟语花香，月季含苞待放，庭院的船木茶台上摆放着一台电脑，股票价格正在安静地闪烁着，而其主人却在花园一角悠闲地摆弄着栅栏，正准备栽种他心仪的玫瑰花苗。谁能想到，他，正是十多年前在股市穷困潦倒"睡天桥"的一个"股市乞儿"！是什么改变了他的命运？期间的十余年又究竟发生了些什么呢？

投资简历
RESUME

姓名 Full name

　　丘建棠，生于 1977 年 3 月 28 日。祖籍广东韶关翁源。2001 年毕业于广东商学院（现广东财经大学）财税专业。

入市时间 Stock Market entry time

　　1999 年。

投资风格 Investment style

　　挖掘出好公司，重拳出击，用心陪伴，并用宗教般的信仰去坚守，让时间酿出醇厚的财富香！

投资感悟 Investment insights

　　投资的本质是耐心地分享社会进步的成果。沃伦·巴菲特的成功就是分享了美国强大的历史进程，所以成功。在投资中，只要坚守"思想先行、决策严谨、厚道执着、时间上帝"的信念，你的面前，一定会是一片盛开的玫瑰！

第1章

珠江边，那朵火红的木棉花……

记广东亿元投资管理团队总舵手丘建棠在股市从穷困潦倒"睡天桥"到跻身亿万富豪行列的传奇故事

引子：撕裂与重生

好久好久，都没有听到这样震撼我心灵的故事了。

那是 2017 年春节前，当我正在深圳筹划节后开始采写广大读者企盼已久的新书时，一位熟悉的四川读者约我同往位于广州珠江畔的某投资机构，去拜访他认识的一位股票投资高手。见面后我方知，他就是在投资圈内早已享盛名的广东亿元投资管理团队的总舵手丘建棠先生。

那天，虽是初次见面，但我发现一开聊，相互间竟有一见如故的感觉。于是，我们敞开心扉，细谈了几个小时。我深深感到，他的身上有着许多具有传奇色彩的故事，那正是我所苦苦寻觅的。当即，心中立马圈定他是我新书中不可多得的人选。临别时，我请丘建棠把他在中国股市博弈近 20 年的坎坷历程抽空梳理一下，他友好地点头答应。

一个多月后的一天凌晨 2：00 左右，只听我的手机"叮咚"响了一声。我一看，原来是丘建棠给我发来了一份文件，是他写的自传体心路历程，标题是《撕裂与重生》。

没想到，这份夜半发来的蘸满他激情与血泪的文档，我只打开看了几分钟，就再也不忍释手。我披衣起身，顿时睡意全无，一口气读到黎明。当我看到他靠卖可乐供自己读完大学的艰辛，看到他因为炒股沦落到在深圳睡了一个月的"天桥"，看到他在股市征战搏杀多年积累的财富惨遭缩水，几亿资金顷刻间葬归"大海"时，我禁不住几度潸然泪下。继而当我看到他这只受伤的鹰，最终又顽强地腾飞翱翔于股海上空，以超常的智慧与价值投资的眼光，连年挖掘出一批批高成长股票，并坚守到获取数倍甚至数十倍丰厚利润时，我又为此而激动，振奋！

连续半月，我一遍又一遍读着丘建棠写就的撞击我心灵的《撕裂与重生》，激动不已。数万字的素材，没有大话，没有修饰，动我心魄，感我肺腑。尽管文中没有一点点"绝招秘技"，也看不到一幅幅的技术图表，但它的份量却是沉甸甸的，对在中国股市艰难跋涉中的万千投资者而言，他的"故事"甚至可以说是无价的。我决意动身，和丘建棠面对面去交流。

阳春三月，正是木棉花盛开的季节。我从深圳，到东莞，再到广州、佛山、鹤山、阳江……踏着他落魄奋进的足迹，深入到"腹地"，去探寻他当年从一个"股市乞儿"跻身于亿万富豪中的奥妙……

暖暖的天，我驻足在珠江边，望着滚滚东流的浪涛，再凝视那映红天际的木棉花，她是那么火红，那么娇艳！这一朵朵被人们称赞的"英雄花"，真好似中国股市百花园中的精英一般，光彩、耀人！无疑，曾蒙受过无数苦难的丘建棠，也正是其中的一朵。你看，那花如火，股如血，一瓣瓣花叶，记载着丘建棠在泪水与鲜花的蹉跎岁月中，多少感人励志的故事与传说！

让我们怀着激奋的心，静静地倾听他的诉说——

他的"苦难"大学

> » 缝在粗麻裤内袋的伙食费是父母借来的，很快就用完了。贫穷
> 的印记带来的极度自卑与内心的煎熬，为他塑造了强大的基因。

　　丘建棠出生在一个 20 世纪 80 年代时还点煤油灯的粤北山沟沟，家境十分贫穷。读初中时，县城的社会风气相当糟糕，他经常遭到社会青年的勒索和暴力攻击，几乎每隔两三天就会被人打一轮。恶劣的环境和艰难的寄宿生活，让他在初中生涯一直生活在惶恐当中。这段黑暗的岁月也成为他的人生阴影。

　　1997 年，丘建棠怀着一个粤北山区穷孩子的梦想，背着一床棉被、一袋杂七杂八的生活物品来到省城广州上大学。当踏入校园，他发现自己竟然跟这个大城市是那么格格不入。深深的自卑感，源于他对大城市的恐惧，而原本对未来的憧憬竟然荡然无存。缝在粗麻裤内袋的伙食费是父母借来的，很快就用完，从第二个月开始，他就要自己养活自己了。怎么活下去似乎并不是他奋力向前的关键，如何摆脱贫穷的印记给他带来的极度自卑与内心的煎熬，才是激发他不顾一切异样目光的动力。所以，往后每每想起粗麻裤内袋，他就觉得自己很恶心，也深深地体会到父亲那点小生意在 1996 年遭到破产之灾后 10 年不出家门的无奈与煎熬，这种打击不是每个人都能够经受得住的。

　　他没有申请学校的助学金，事后证明这样做是对的。如果得到这份资助，那么大学历程不会为他塑造强大的基因，只会在一种可怜的资助中让他陷入更加自卑的漩涡，在极度心理煎熬中度过他的大学。他的母亲是家乡的一个环卫工人，虽然拿着微薄的 286 块月工资，但是这份工作已经是支撑他们全家生存的全部尊严所在。

　　一个月后，丘建棠开始疯狂地寻找能够赚钱的兼职。在为广州赤沙

菜市场旁的杂货店搬运货物时，一位梁叔对他十分关照。他当时认为只要一天有 6 块钱就满足了，但是其实是不止的。

明白了货物的差价原理，在宿舍开个自助小柜台，为附近的舍友们提供一些日常用品，利用同学们午休和下午运动的时间去广州赤岗批发部拿货，再从学校门口搬到税务楼的 6 楼。通常 3 大箱可乐，大概 70 斤，他抱在胸前，走 100 米的时候，全身已经发麻，常常还是不能一口气运回宿舍。一路上，他不断告诉自己"快到了""继续顶住"。从学校门口到宿舍，他几乎记不住路上遇到过谁，已经不在乎别人的眼神。这种搬运工作可能有 100 次，不，可能有 500 次吧，一干就是 3 个学期，也养活了他 3 个学期。

这么多年过去了，丘建棠其实很怀念那些年和他一路走来的那部破旧自行车，怀念当时 97 级一直乐意帮忙的同学们，还有其他师兄弟们。

> ▶ **感悟**　20 年来，丘建棠见过很多人把股市当赌场，敢输不敢赢，随意亏损，对本金极度不负责任。如果每个人都深刻忆起为了生存而经历的艰辛过往，就会在每次交易中考虑得更周全，因为在股市赚钱是很艰难的，甚至难于生存。

1998 年的秋天凉意十足，至于怎么混到大学二年级，丘建棠的记忆已模糊了。当时，学校很多班级的篮球队足球队都需要统一的队服，他认为这是一个不错的商机。于是，他接了 97 级企业管理系一个班级的服装代购业务，并承诺球服号码用最先进的胶质印刷。他盘算了一下本金和预期收益，可以赚 70 块钱左右。但是，除了购买球服的本金和印刷的费用外，他手上只有 3 块钱可以用。

好在天气很好，他 6：30 出门，从赤沙走路到赤岗，然后坐一趟公交车，晃悠晃悠地到了广州体院附近的体育用品批发一条街，顺利地拿到了最新款的队服。他本以为可以顺利地印刷完毕，赶在 10：00 回到学校上课，等拿着球服到印刷店印刷的时候，他傻眼了：最新的胶质立体号码印刷生意很火爆，能制作的店铺却只有一家。店铺老板说，估计要在 16：00 才能印刷好。

他被逼接受的脸色很难看，因为没吃早餐，也没钱吃，午饭也没钱吃，怎么办？无奈之下，他跑到对面公园门口坐着等，无聊就捡别人留下的报纸，把广告都读完，饿了就抱着浇花的水龙头不断喝水……熬到 16：30 终于拿到球服，他迷迷糊糊一身虚汗，扛起一大包球服挤上公交车，回到学校交货。那种交货完毕就可以拿到钱去填肚子的幸福感，让他一路越来越兴奋。

等到货物拿到企管系宿舍，问题却来了：一宿舍人起哄，总找一些莫名其妙的借口不给钱。有个领头的据说是广州某区的公安局局长公子，硬说印刷效果没有达到他们的设想，不给钱还警告他要如何如何。人在极度饥饿时最容易忘记底线，丘建棠当时肚子饿得人有点发懵，突然二话不说，一手把这个局长的公子哥从铁架床上拽了下来，疯掉似地按在地板上。在所有人都傻眼的时候，他已经丧失了理智。

走出企管系宿舍，有个同学跑出来把钱给他，他也没有数，攥在手上一路走到校外的大排档，点了一盘炒米粉，一瓶珠江啤酒。一杯下肚，他吐得一塌糊涂，当时已经是 20：00 多了……

▶ **感悟** 很多投资者跟市场太紧，每天都亲眼看到短线大涨的股票而永远错失。然而，患得患失就会在潜意识中形成对赚快钱的极度饥饿，这种极度的饥饿感一旦长期积累下来，就容易造成极其冲动的交易心态，陷入追涨杀跌的怪圈。作为投资者，他们不仅要在生活中控制自己的情绪，还要在股市中控制情绪。

丘建棠的股市人生，是从他上大二时的下半学期开始的。1999年著名的"5·19"行情，彻底点燃了牛市的激情。一次偶然的机会，他遇到了证券投资系大四的师兄黄德寿，大家寒暄以后，德寿师兄了解到他的近况，给他推荐了他之前兼职的一个证券咨询公司：广东金指。师兄的推荐改变了他的一生。当时他就读于税务专业，从来没想到会接受一个专业外的兼职，而且从此成为自己的事业方向。他之所以非常乐意接受这份兼职并努力做到更好，可能是因为每天30.00元的补助和一个免费的午餐盒饭，也可能是天意吧。为了能够尽快胜任这份兼职，3个星期之内他已经把一堆证券基础书籍看了两遍，就连上洗手间的时候，他都在背指标公式，还弄了一台电脑，装上了当时最盛行的钱龙软件。事实证明，基础知识起着决定性的因素。自进入广东金指以后，他几乎包揽了几份本地报刊的技术解盘工作。第二天买一份主流报刊，在投资专栏就能够看到署有自己名字的文章，让他产生了莫名的自豪感，而与此同时，"股市神童"的虚名也一并延续到他大学毕业。

在广东金指兼职一段时间以后，同事之间也慢慢地熟悉起来。后来，众多赫赫有名于市场的人士都出自该机构。那个时候的广东金指，无论是管理的资金规模，还是市场的影响力、实战掌控力都是最强的。1999年下半年，大家都在私下讨论000429粤高速A的走势。当时价格从7元底部抬头后，在9.00元附近一直振荡横盘。有些领导也开玩笑地说，到第二年年中，这只股票的股价会涨到21.00元，不会多也不会少。因为刚接触证券行业，丘建棠对很多股市的内情并没有深入地思考。一个20岁出头的小伙子，脑袋里面依旧还在吸收这个崭新世界的各种信息，怎么可能去深究自己兼职的工作的实质呢？

接下来的日子，丘建棠接到了公司高层指定的某只股票的评论文章撰写任务，一个月一份，都是关于000429粤高速A的，而且写完以后公司高层相当重视，不时修改后再定稿，然后周末发布在《中国证券报》和《投资快报》周末专刊。

他清楚地记得 2000 年 6 月初的一个周末，公司安排他不用来公司写稿，三天后交一份专题，标题为《粤高速 A：托起珠三角的辉煌》。紧接着，这篇文章在周末发表在《中国证券报》和《投资快报》上。而该文章发表不久，粤高速 A 冲高 21.75 元后连续暴跌两周，市场也在 2001 年 6 月正式见顶后，步入随后几年的漫漫熊途。一个短期涨幅达到 3 倍的股票，建仓、打压、吸盘、拉升、出货，他的文章就是其中的一枚棋子（见图 1.1）。人们都总想揭开庄家的神秘面纱，而正准备大学毕业的他，竟然不知道自己跟庄家如此之近。偏偏当时的他只关心自己的文章够不够水平，还有那每天中午免费的盒饭，真是讽刺！

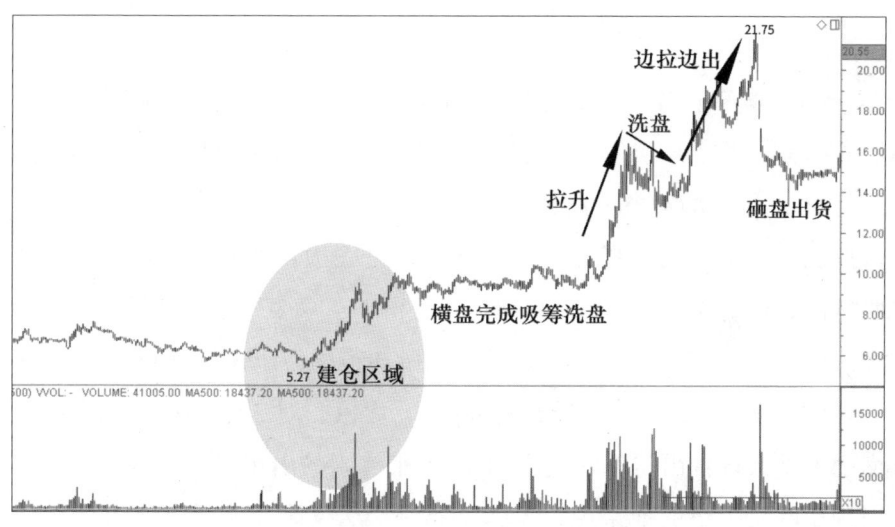

图 1.1　粤高速 A 走势图（1999 年 5 月 ~ 2000 年 8 月）

"新手"猎市，说真话惹大麻烦

　　》结缘证券，开始拥抱这梦寐以求的职业，一个刚刚涉足股市的

"新手"，在不断思考股市的诸多内涵。那笔钱他若敢要，他的职业生涯定会就此完蛋。

　　与证券正式结缘，是丘建棠踏入大学四年级的春天。有时，越努力就越幸运。当时，恰逢广东证券组建解放南路营业部，成为总部营业部。经良策先生的引荐，江总面试了他这个即将毕业的小伙子。幸运的是，江总看完他的应聘资料以后，就拍板聘用他。这是他人生的第一份工作，而且进入了梦寐以求的证券行业，他心里甭提有多高兴了。踏进交易大厅，那红绿相间的屏幕就让他内心异常兴奋。在所有人都在为毕业论文烦恼，到处寻找工作的大学四年级，他已经提前一年落实工作。

　　2001年下半年，丘建棠听闻000429粤高速A项目崩盘后受到监管层的调查。紧接着，有相关人员过来取证，希望挽回某国有银行接盘资金近3000万元的损失。只是，对于一个大学毕业前后的"新手"来说，坚持沉默是最好的选择，毕竟他对粤高速A项目的真相毫不知情。庄股时代的利益链复杂纷呈，只在他内心留下了众多思考的题材。

　　很多朋友都说他好傻，如果把他所知道的说出来，就可以拿到60万元的"事件奖励"。的确，这60万元之巨，对于刚毕业、在客村立交永不见天日且出门就是臭水沟的15平方米的出租屋里、甚至买不起一张300元床垫的他来说，这无疑是一个天文数字，是多么好的一块财富基石。不错，在接到有关方面取证电话的时候，他内心一直非常忐忑，也在深夜自嘲过："哇！60万！天上掉下一栋房子！"他也隐约感觉到曾经给他股市启蒙与梦想的机构可能摊上了事情，内心更期望粤高速A事件的任何一方，都不要因此改变在股市拼搏与奋斗的初心，平稳过渡。他不知道这个故事的任何内幕，不知道粤高速A的事件背后的真相，不可能损人不利己。他知道这笔钱他若敢要，他的职业生涯定会就此完蛋。

如果说 2001 年的见顶只是一种对改革是否继续的迷茫，对股权结构体制的高度质疑的话，那么 2002 年 "6·24" 行情就是对这种迷茫与质疑的反向宣泄。

经历 "6·24" 这一重要事件，对于丘建棠一个大学刚毕业初涉股市的 "新手" 来说，不啻极为重要的 "一堂课"。当时，在停止国有股减持的 "国务院红头文件" 公布当日，大盘应声涨停，次日再大涨。那会儿次新股充当了行情的龙头，包括中海发展、中原高速、楚天高速等成为市场宠儿，涨幅惊人。行情启动之前，他有幸参与所在券商优秀分析师组织的 "河南之旅"。因为种种原因，他了解到一些顶级机构都在做清仓的动作，这些机构都是运作当时著名庄股的神秘机构，包括河南思达、中科创业、大连国际、亿安科技等。在 2001 年之前，流通盘 95% 份额都在这几个机构手中，而他们在 2001 年后都在择机清仓，甚至不惜先来几个跌停，再谋求市场接盘出货。这种出货手法无异于自杀，但也应该是死后重生的一种必然选择，演绎着中国资本市场的残酷与无情。

在 2002 年年中，因为机构交易员的协调调用，丘建棠被分配到一个大账户，890 万股中科创业（000048）。当时中科创业借大盘势头出现了两个涨停，而他接到的交易指令是在任何一天，只要有接盘，一股不留。这个指令让他浑身起鸡皮疙瘩，以至在往后一段时间交易下单时，他的手指都是麻木的。因为该股已经从 84 元一口气跌到 5 元多，顶级机构依旧是继续清仓，他感觉自己就是一个碉堡里面的重机枪手，谁冲过来估计都得穿肠破肚，万劫不复，接下来的走势可想而知（见图 1.2）。

最恐怖的案例当属最后阶段 000676 河南思达的出货方式，已经在中国 A 股市场留下不可抹去的一幕：2005 年 7 月以 13 个无量跌停、一口气跌去 80% 的方式除掉了尾货，宣告着一个时代的谢幕，即纯靠资金优势坐庄的模式已经过去。

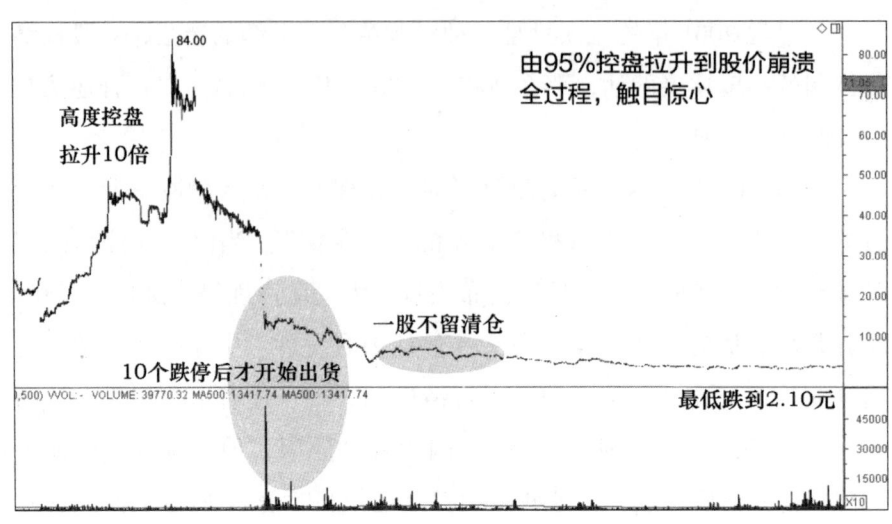

图 1.2 　中科创业走势图（1997～2003 年）

经历这个毛骨悚然的事件后，丘建棠陷入了深深的沉思：市场本来就是逆大众的一种智慧游戏，如果顶级机构机密清仓，散户们却在唱"6·24"赞歌不断冲锋，那是不是即将出现一场惨烈的悲剧？这次他决定跟随顶级机构的思路。就在"6·24"行情滞涨出现后，他在鹤山电台"今日股市"这个长期嘉宾栏目中，面对着珠三角上百万忠实的粉丝听众，说出了他对市场未来几年的趋势预测："未来几年只要国有股的问题没有得到一个妥善的解决，市场依旧会一路跌下去，建议珠三角的股民注意长线持股风险，逢高清仓或许是一种好的选择。"这种观点他每天都在强调，强调了半个月之久，影响极大，在茶余饭后成了股民间讨论的焦点。

讲实话有时候也需要时机与技巧，年轻气盛之时，丘建棠并没有注意到这个预测的严重性。两周以后，投诉到相关部门的数量超过100单，而管理层也找他谈话："国家在做多唱多，你代表着谁的利益？"紧接着，他的执业资格证也被暂停一年。几经周折，因为不想连累任何一方，2002 年三季度时，他辞职了。

事后证明，"6·24"行情以后，诱发众多机构清仓，大盘一路下跌至 2005 年的 998 点，成交量低迷，绝大部分股票每天的成交额不足 10 万元，实为死水一潭。

亲历这一重大事件，让丘建棠深刻认识到：**普通机构可能只是用经济智慧去决策，而顶级机构一定拥有政治智慧，盲信普通机构的神奇是不可取的，紧跟顶级机构就不会出大错。**

▶ **感悟** 粤高速 A 和中科创业当时都是庄股，粤高速 A 温和而充满着诱惑，出货前后吸引着无数的散户进场接盘，但出货以后，股价惨不忍睹，杀伤力十足；中科创业几乎所有人都知道它是庄股，一旦出货股价就会崩溃，但当股价跌掉 90% 以后，又点燃了所有散户抄底的热情，一厢情愿地认为庄家会自救再出尾货，后果是抄底的散户成为主力继续猎杀的对象，在 90% 的跌幅以后，再承受 50% 的下跌，场景异常血腥。

庄家出货的血腥惨剧告诉人们，不能有任何侥幸心理，任何犹豫不决都是人们将出大错的根源。庄家出货有几种可能：第一，市场大趋势发生改变；第二，上市公司基本面发生根本性变化；第三，资金链断裂。当一只股票在一个周期内出现较大涨幅，比如 2 ~ 4 倍，就随时要考虑该股的系统性大风险；只要以上 3 点要素有任何一种出现，均会在趋势上出现破坏短中期趋势的形态，那么此时就应该定义为庄家出货行为，必须寻找时机果断离场，回避可能遭遇的巨大损失。

庄家猎杀散户，不是因为散户资金薄弱，而是散户对股市的认识不足以及执行力相当弱；如果一个投资者能够从庄家的角度去思考市场，按庄家的思维去执行股市的决策，相信不会那么容易成为庄家出货的接盘者。

留在深圳"天桥"下的思考

> » 他口袋经常拿不出 100 块钱。整整 3 个星期，他蜷缩在深圳笋岗立交从深夜待到天亮。无臂乞丐朋友说他是鹰，鹰怎么能一直在地上，飞翔于蓝天才是它最终的归宿。

离开券商后，行情也极度低迷，市场陷入前所未有的迷茫，已失业两年的丘建棠，生活也陷入了穷困潦倒的境地。此时，正值互联网的骚动时期，财经网站雨后春笋般出现。他想做一个小网站，做点实在的东西分享给大众。可这又谈何容易？对一个刚出来工作两年，又失业两年的年轻人来说，是很难有支撑创业的资本的。结果是网站没成型，已经把积蓄熬光了，当跟两个同学撑到只能吃泡面的时候，他最终决定就此作罢。当时，很多同行都在叹息：丘建棠怎么混成这个样子呢？在此期间，有亲戚来探望过他，看到他连床都没有，几个人打地铺，只好摇头叹息，一脸的担忧。

2004 年年中，丘建棠口袋经常拿不出 100 块钱，一直借钱过日子的窘迫感比大学时候勤工俭学时更为强烈。他身边的很多同学已经有稳定的工作，有稳定的收入规划，而此时的他却因为几年来的折腾陷入贫困，日常生活也只能靠女朋友各种节省来救急，为他这种每时每刻都在透露出成为金融业精英的志气打着临死挣扎的点滴。那个时期，只要有朋友请喝酒，他肯定会喝醉，那种看似怀才不遇，却又找不到任何方向的迷茫，持续了很长时间，以至他的人生又来到极度自卑与赌气的十字路口。他甚至想过逃避这一切，不想见任何人，不敢回到父母面前。

最终他还是得向生活低头，最起码他需要一份让他饿不死的工作，他不能一直这样下去。于是，他找到恩师苏老师。苏老师说，你去深圳老陈那边吧，他在朗特投资公司做总经理，以你的资历怎么都会有个位置。于是，2004年的国庆后，他找广州的兄弟们凑了点钱，收拾简单行囊，踏上了深圳这片已经是创新经济的热土。

其实丘建棠内心还是害怕改变的。到了深圳后，很快他就知道在深圳扎根的艰辛。虽不可能放弃，自卑的他也没有惊动其他同学和朋友。租不起房子，他硬着头皮投靠了在恒波通讯做经理的师兄张英铎。英铎师兄在大学的时候已经显露出了各种社会才能，大学已是学生会主席的锻炼让他很快适应了在深圳的拼搏生活。当时，笋岗附近有一家恒波通讯旗舰店，而师兄就在附近租了房子。

英铎师兄兴奋地迎接他这个初中和大学均同校的难兄难弟。丘建棠找到了深圳的依托，瞬间觉得人生在五味杂陈当中，体会到了一叶孤舟终于靠岸的踏实。虽然师兄已经扎稳工作的根基，但在高生活成本的深圳，要活得像模像样绝非常人想的那么简单。当时师兄也就租着不足20平方米的单房，和他大学时的女朋友冬冬蜗居着。面对他的到来以及他糟糕的现况，英铎师兄毫不犹豫地要他硬挤着先住。如果他跟师兄睡床上，冬冬就在沙发上摊被铺；而他摊沙发做铺，他们俩才能睡床上。他们总认为艰难是暂时的，一起努力去改善的斗志愈发强烈。因为他已经在朗特投资上班，只要一个月后发了工资，他们就能够改变这一切。

可眼前的这个月，是很漫长的。几天以后，这种强行让英铎师兄救济的心态越发让丘建棠无地自容。师兄让他睡床的时候，那种拆开他们夫妻俩的感受真的很难让他接受。第二个星期，他编了一个大胆的谎言。他跟师兄说，他在新公司认识了很多同事，公司涉足了外盘，他想拥有更多的金融经历、更大的学习空间，决定尝试高强度的工作，不单只白天上班，从23：00到第二天6：00他还要继续奋战外盘。其实这都是狗屁话，那个时候他根本没有办法接触到外盘的东西。他只想找个借口，让英铎师兄的生活不要因他而变得左右为难，虽然师兄并没有在意这些。

此后，每天21∶00前吃完晚饭，顶多稍作聊天，丘建棠就匆匆出门了，次日7∶00才回到出租屋冲凉然后上班去。这样的日子持续了近20天。他每天都会装得很自然，绝对不能让英铎师兄发现他经常在笋岗立交从深夜待到天亮，或者走到更远的雅园立交。

一开始的几个夜晚，他都带着激动的心在深交所附近待很久，看着深交所不断在心中喊着不知道能否实现的梦想；他还会去膜拜一下集中在红岭中路和泰然路的各个敢死队营业部，要看看这些在市场中动不动就拉升几个涨停的游资所在地是怎么个模样；他甚至在15公里长的深南大道上小跑过，一路感受着深圳的繁华与变迁；因为害怕安全问题，他还经常在罗湖火车站过夜，因为那里从来是彻夜通明，人来人往；他还近距离看到过警察围堵持刀的匪徒，更因为想在没人的地方睡一觉，他钻进莲花山，却找不到自认为安全的地方，因为在公园里面不是吸毒的，就是偷情的，在他看来在偷情的附近找位置睡觉更不安全，因为很容易吸引抢劫犯的光顾。

整整3个星期，丘建棠几乎无时无刻不在感受凌晨的深圳，她的美，她的善，她的活力，与仍在路上各色人的各种行色匆匆，各种无奈，各种迷茫，各种拼搏。他没有哭过，更没有绝望过，因为他终将走出困境，终将找到重生的钥匙。

他还是觉得最喜欢待在笋岗立交桥底，因为那里有个四川籍的断臂乞丐。他甚至跟他做了一段时间的朋友，虽然他当时的困窘比他更甚，也并没有做任何的帮助，成为朋友也或许是心灵上的一种互勉，一种大家都咬着牙寻找活下去的信念。

乞丐朋友说丘建棠是鹰，鹰怎么能一直在地上，飞翔于蓝天才是他最终的归宿。他不知道从何说起，可能心底根本不愿意提起自己的过去。

乞丐朋友时时刻刻在提醒丘建棠要尽快结束这种无家可归的生活，

因为他的过去就是因为短暂流浪，被人砍了双臂而被迫做了职业乞丐。

乞丐朋友说自己还会做生意，要丘建棠弄一副体面的象棋，他超人的记忆力能够把很多棋局作为赚钱的工具。丘建棠做到了，很快在天桥底有烟抽，还有啤酒喝。怕丘建棠不会相信，他说了他以前读书的时候，在四川的一个小县城经常考第一，是因为放弃家乡一份技术类的工作，想闯深圳而落得如此下场。

乞丐朋友说自己一直在寻找摆脱控制的机会，他会清楚地记得在哪几个天桥底哪个角落藏着改变未来的私房钱。如果时机成熟，无论如何丢脸，他都要再回到家乡。他说了很多很多，似乎无时无刻不在教丘建棠很多人生残酷的生存道理，更在无形中鼓励着他，不要自暴自弃放弃人生。

两个星期以后，这个乞丐朋友就换了蹲点，因为根本没有通信的工具，最终他们也没有再见，也不知道他最终是否实现了回到家乡的愿望。但是这段与乞丐做朋友的经历，丘建棠永远都铭记于心，因为这段经历教会他，人就算落魄如乞丐，也要有思想，也要有志气，也要有鹰的梦想，永不放弃。

在这段三个多星期天桥底的生活中，丘建棠感悟良多：他过去的顺景更多的是因为自己在证券行业苦干敢拼，其实他并没有过人的天赋。他只是把别人交代的一些工作，简单完成了而已，并没有思考过一些经济的规律与内涵，更没有思考过一些案例成功与失败的本质。他内心不屑工资收入，但在他没有工资收入的时候，他却活不下去，因为他还没有明白，股市的钱是怎么赚的。就算他之前做着券商分析师高大上的工作，看一个股票有没有价值，也只是很浅显地从个人感觉去下定论，甚至有时看一个股票，觉得 K 线形态不错，就做了推荐。如今想想，那是多么可笑可悲，跌了不用负责任，涨了沾沾自喜于自己的眼光，之前的无知与幼稚，竟然也让他混得"少年股神"的称号。

既然没有明白在股市中钱是怎么赚的，那丘建棠必须深入下去，把整个股市的系统全部进行基础性的认识。他必须大量读书，他必须思考文字背后的本质，去思考股市运行的各种为什么。对以下几点的思考，让他开始明白怎么在股市生存下去。

◆ 国家设立证券交易所的原始动机与定位是什么？

◆ 股份体制在经济发展中起到什么作用？

◆ 股市是不是经济的晴雨表？

◆ 上市公司的控股股东是不是股价定位的关键？

◆ 一个上市公司，如何定价？它为什么值这个市值？

◆ 股权的价值增长是公司赚钱能力的提升还是其他？

◆ 短期价格波动是由什么决定的？

◆ 交易的本质是满足自身的流通性还是差价博弈？

◆ 所能了解到的短线交易模式与长期价值投资模式的生存概率各有多少？

当脑海中时时刻刻装满上述问题并做了深入的思考后，丘建棠知道了股市并非单纯只是股价与波动，也并非单纯把股价与波动作为差价操作的一个赌桌，背后更深层次连接的是宏观经济的运行规律，行业景气程度，上市公司发展状况与股权价值评估，控股股东与管理团队的优劣等，股市操作决策必须与深层次的因素对接，而不是盯着股价与波动忽略股市涨跌的本质。

那时，价值投资理念已初步成型，这种思维模式在当时的 A 股市场是多么举步维艰，要放弃单一的技术分析，本身就需要勇气。一元空间分析的简单与规律性本身就满足了很多人的惰性，技术分析更多是一种短期表象分析，但股价的波动却遵循着深层次的因素，忽略这些因素则体现出成功率低下的投资收益，这是丘建棠这几年来无法成长的原因。现在打开的是一个广阔的理论体系，对一个多元空间的研究与判研

虽然繁杂辛苦，但是能抓住长期股价波动的本质，更能预测股票价值的
演变趋势，是投资而非投机，自然成功率大大提升。

"简单—复杂—简单"，在价值投资理念范畴大量的学习与总结，
遵循着这个思想不断升华与坚定的过程，最终丘建棠发现，价值投资理
念大道至简，坚信成长的价值推动，坚信时间是复利的朋友，坚信这就
是他一生可以成就的方向。

> ▶ **感悟** 股市就是生活，生活就是股市，所有的道理都是相通的，因
> 此，善于独立思考表象背后的本质是比常人更能把握股市机
> 会、提前感知风险的关键所在。

坎坷价值路

> » 资金方脱单，一个 7 倍的机会就此错失。赚 2480 万元，错失 4.3
> 亿元，虽胜犹败，倒在"辉煌"前的"黑暗"中，原因何在？

当丘建棠揣着坚定的价值投资理念，重返股海博弈时，市场给了他
机会。

在 2005 年的底部行情、股改与估值修复、资源行业牛市三重推动
下，大家都在底部看到了行情的希望。一直到 2006 年年中，他们都在
波段的交易当中贪婪地享受着国家与体制赠送给证券市场的福利。很多
资金都创造了非常惊人的利润，上证指数从 998 点一直上涨到之后创出
的历史高点 6124 点，可见行情的宣泄是多么淋漓尽致。

2006 年年中，市场中大部分股票已经完成了第一阶段建仓期的升浪，市场开始相信未来有行情。但丘建棠依旧抓住双重推动的股票作为首选，单纯从股改或者热点去筛选，成本已经不低，牛市前期最能体现利润飙升的策略就是：集中火力，攻城拔寨，持有到主升浪的末端。他锁定 000862*ST 仪表（现名：银星能源），作为一只亏损的制造业类上市公司，从公司半年来的公告信息可以发现，公司主业经营困难，利润连年亏损，很急切地转型重组，公司迟迟没有股改。他经过大量的分析与推算，在这次的股改期间，公司很可能同时推出重组方案，最关键的是当时该股股价只有 3.30 元，市值仅仅 20 亿。如果能够顺利拿到筹码，应该是可以大赚一笔。于是，他打印了公司两年来所有的公开信息，反复计价盘算，不放过任何蛛丝马迹，确定该股为策略重仓股。

制定清晰的操作方案后，丘建棠约见了一个投资公司的高层，深度剖析了眼前的机会以后，他调动了该公司 8200 万元的资金，加上一些忠实客户，资金规模达一亿元，安排了几个家乡的小女孩，足足用了两个半月时间才建仓完毕。

时间移到了 2006 年的 11 月份，在建仓的过程中，股价从 3.20 元一路振荡盘跌到 2.57 元，平均成本 2.89 元。此时的行情是一直热情高涨的，这种反差让丘建棠在仓位越来越重的过程中，充满了疑虑与恐惧。每次的恐惧达到顶峰，又再次把上百页的资料从头看一遍，不断地提醒自己，预期的事件一定会发生，见 6.00 元就是翻番，见 9.00 元就是 3 倍。重仓坚持一段时间以后，账户一直保持绿盘状态，资金方也非常紧张，几乎每天晚上都要见面沟通，无论多晚都必须到场面谈讨论，当时他已经记不起多少次沟通到火药味十足了。

随着大盘不断地上涨，2007 年年初，000862*ST 仪表开始补涨，而这种上涨在市场中早已经被定义为垃圾股的补涨。与资金方的争论已经上升到责任层次，大家都一根弦，随时都可能绷得太紧而断裂。因为大盘已经从 998 点上攻到 3000 点关口振荡了，掉头调整幅度达到 20% 的

股票越来越多，如果 *ST 仪表真的只是单纯的补涨，那么补涨到 4 元已
经是一个很好的结局。即将面临春节，资金方已经很害怕，而且他们越
来越有自身分析的主见，丘建棠睡不着，睡着也是做噩梦，最终资金方
给了丘建棠肯定性指令：逢高出局，保住胜果。

接到这个指令，丘建棠无疑晴天霹雳，他咬着牙坚持了那么久，一
个几乎可以大胜的局，就因为无法承受眼前的煎熬，即将灰飞烟灭。为
确保春节前顺利出局，3.95 元以上就已经开始逐步套现，4 天的逢高派
发的感受已经让他彻底崩溃，因为他丢出的筹码那么多，不但没让股价
下来，反而全部被人吃掉。他发疯地给资金方追加信心，但是他们依旧
没有任何保留部分筹码的意思，最终将这笔底仓在春节前最后一个交易
日出货完毕，出货均价 4.07 元，盈利 2480 万元。丘建棠粗略测算了一
下，当时几个交易日，卖盘的 80% 几乎都出自他手中的确认键。无奈
之下，他只保留了跟随的一些零散的客户资金。

春节前两个交易日，丘建棠不停地卖出之时，股价依旧强势涨停他
就有强烈的预感，但他终将只能按计划去实施。预期的事情果然发生，
2007 年 1 月 31 日，价格收盘在 4.58 元，然后宣布停牌。这没有给他带
来任何幸福感，反而觉得是一次失败。他总在自责自己投资方案的深
度，把握度是不是不够，没有让资金方再熬多几天，也一直在臭骂大盘
为何一口气涨了 2 倍，他们的持股为何不跟随一些涨幅，让所有人都在
一种恐惧的错觉当中失去了持股的耐心。

2007 年的春节索然无味，5 年来等到的一次大机会，就这样错失
了。要再重新制定一个新的投资方案，谈何容易？ 2007 年 4 月 17 日，
*ST 仪表开盘，果然跟他之前的方案相吻合，推出股改优厚的对价
（指当事人一方在获得某种利益时，必须给付对方相应的代价。——
编者注）方案，并注入风电能源的震撼利好双重方案，一口气涨了 20
个涨停板。由 *ST 仪表改名为“银星能源”的当天，股价顺利到达
18.46 元，这个过程一直涨停。如果 8400 万的资金方坚持多几天，那

么盈利就不是 2480 万元，而是 4.3 亿元。与此相反，在部分忠实客户的坚持与鼓励下，零散的持仓实现了相当惊人的收益，他的人生也从此大不相同（见图 1.3）。

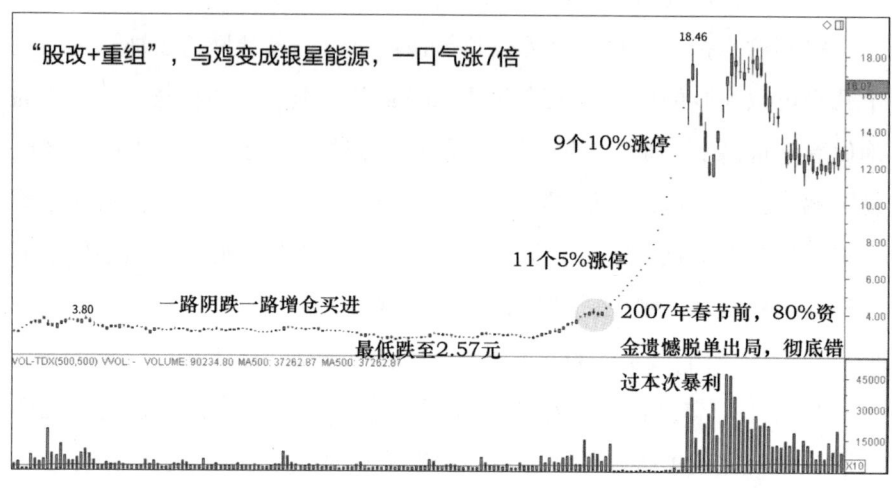

图 1.3　*ST 仪表走势图（2006 ~ 2007 年）

▶ **感悟**　听过 "乌鸡变凤凰"，从来没有听过 "大象变凤凰"。中国股市在过去的 20 多年中，所有的重组暴利均来自市值极小、价格极低的壳资源。只要站在任何一个控股股东的角度去思考，都不可能用同等市值或低于壳资源的市值去做覆盖，因为整合以后没有绝对的权，也没有足够的利。

在一个牛市周期当中，我们总把买完就跌，卖完就涨怪罪于运气。其实趋势确定以后，是我们从没有在核心的信息当中去提取让自己坚守的元素，在贪婪与恐惧的对立中，我们通常妥协于恐惧，活生生地错过牛市。

在巨大的资金压力下，往往承受不了煎熬，而遗憾地在暴涨前夕慌忙脱单，这或许是众多投资者的群体现象，只是每个人的忍耐底线不同，却道出坚守利润的不易。当确定好预期标的，当机会逐步临近，要懂得鼓励自身，在沉闷的局面中等到破壳的时刻。

因为资金方脱单事件，一票7倍的机会错失，促使丘建棠痛下决心再次单干。当时他觉得超级牛市还有一次机会，要真正赚到大钱，就必须将资金和投资方案完美结合，缺一不可。

2007年5月，丘建棠在广州军区的一个商业大厦内，快速组建了一个团队，立即就要动手，他的猎物是600552*ST方兴。牛市可能进入最后的阶段，因为大盘股开始抬头猛拉，几年的实战经验告诉他，大趋势的后期，一旦启动大盘蓝筹股拉升，就是行情赶顶的确切信号。大盘股上涨是幌子，他不敢冒险，那么就选另外一头，ST股的补涨，而且必须要选出在未来能够"乌鸡变凤凰"的ST股，技术形态的运作只是一种交易的参照，大资金进场猎杀，安全垫必须是基本面能够激发市场的一致预期。

丘建棠锁定了因为大盘振荡而从18.62元调整到7.80元的*ST方兴，牛市的振荡中，回撤50%的股票，第一买点绝对是安全的，当时他手握6000万元的资金，计划建仓4000万元，每天1000万元，不追高，用蚂蚁战法不断收集筹码，这4天让*ST方兴走出了4根止跌的小阳线。

7月26日，丘建棠看时机成熟，大盘上攻的下午，果断安排1200万元资金直接挂涨停板拉升，果然该股极其轻松，反弹形态确立以后，抬头的欲望十足，1200万元资金最终只成交了650万元资金，死死地封住5%涨停。这次的拉升也与运气同行，当日大部分ST股都拉升至涨停，形成市场一股跟风力量，推动*ST方兴在接下来的4个交易日均出现强力涨停，他们的方案开始发酵，第一步收到了效果。

市场开始振荡，*ST方兴也不例外。这个回撤让他们内部核心人员当中产生了极大的分歧，大家都认为既然是冒险，现在25%的盈利应该锁定，振荡出局。但是丘建棠说，本来这次方案的制定就是一个冒险行为，市场趋势没有一点变化，为何他们不敢再努力营造出一个更高的波段呢？ 50% 更符合他们冒险的心理预期，在冲击新高的预期下点燃市场的跟风，他们才有机会出逃。经过 3 天的振荡甚至第三天是跌停的情况下，他陷入沉思。首先，这个形态由他们点火启动，但跟风的进来他们并没有套现，这说明调整 3 天以后，形态再不修复，这个方案一定会夭折，看着只有 1000 万元左右的资金，再看着 *ST 方兴跌停价位上只有几百手的封单，他决定次日冒险一把。

2007 年 8 月 8 日一开盘就是低开，当时丘建棠认为短期跌幅已经够大，低开肯定引来抄底资金，只要资金帮忙撑住红盘，对冲掉恐惧的短期套现盘，一旦成交稳定下来，他们攻击的成功率就极高。走势果然不出所料，在两个来回在红盘上方振荡的时候，他又一次发指令，把 1010 万元的资金全部涨停压上，结果这次筹码稳定性很差，两分钟后就给抛盘打掉了。他们叼着香烟，一屋子的人员都蒙了。但既然冒险，就会有志同道合的盟友，因为快速拉板，加上调整了几天，很快买盘开始涌入，在涨停板位置不断做换手，最终勉强涨停收盘。

总结了当天的交易以后，内部的分歧更大了，因为指数已经涨到 4682 点，谁都不知道哪天大盘就是一根断头线结束这波大牛市。丘建棠当时的观点是，既然他们是游走市场的两端，大盘股没有调整迹象，ST 股的补涨也就还会继续。最终他们还是决定继续，如果恶劣的状况出现，用 20% 的出货空间，也是足以保证不亏损的。

接下来的走势，印证了补涨跟风的魅力。虽然是 ST，但是接下来跟风打出 9 个涨停，股价一口气涨到 17.40 元（见图 1.4）。丘建棠相信这次的上涨，不单只是技术形态的反弹推动，更是基本面微妙的变化带来一些资金的豪赌行为。

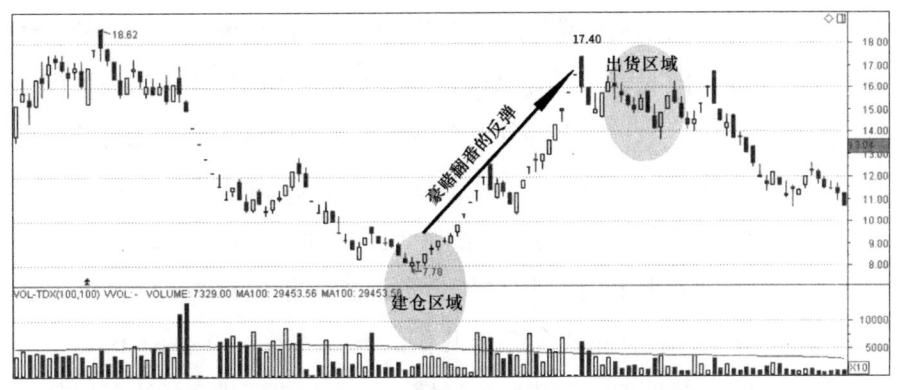

图 1.4　*ST 方兴走势图（2007 年 5 月 ~ 11 月）

　　冒险之后获得胜利，让丘建棠感到十足的成就感。总结这次的方案及其实施过程，其中最根本的优势，还是利用了大牛市尾声热点两头翘的规律，大盘股拉指数，涨幅大的股票一直在出货，而涨幅小的垃圾股补涨，很多时候这种规律是市场长期积累的所有人心理趋势的选择，十几年来在本质上并没有发生过根本的改变。

　　2007 年国庆前，丘建棠用三四千万元资金做一些股票的短线试盘，发现很多股票换手率很高，买盘不断涌现却不见股价上涨，他决定停下来。

　　国庆假期，丘建棠开着刚买的跑车，像无头苍蝇一样到处乱跑，是股市压抑着人，还是情绪压抑着人，无法得知，只是一路从广州跑到湖南后，他突然觉得这个趋势已经到了尽头，就如他一口气在高速跑那么久，他已经很疲惫，车也累，那么这波行情从 998 点一路上涨到 5500 点附近，是不是也跟他跑高速公路一样，终将在某个地方停下来呢？他们必须撤退，想着指数从 998 点涨到 5500 点，他们都只想在行情结束之前疯狂赚钱，却完全没想过假如见顶，这会是多大的灾难！他越想越害怕，立即调头回广州。在国庆假期后的第一个工作日，他召集公司所有成员宣布公司解散，并清理所有资金，大家做好迎接熊市的准备。

　　事后，公司员工问：丘总，你为何那么精准地预测熊市并成功逃顶？其实，丘建棠认为自己也只是比较幸运罢了。"第一，指数涨幅巨大；第二，资金做不动股票"，虽然幸运逃顶，但是他心里很清楚，他还是没真正懂得做股票，因为他真的找不出很合理的逻辑。这波牛市把每个人都搞疯了，他相信大部分人都不知道自己的钱是怎么赚来的，也或许大部分人都懒得去想太多，反正股票都在疯狂地上涨。

在机构的任职中，丘建棠几乎错失了 2005 ~ 2007 年的整整一波大牛市。在牛市的尾巴中，用价值投资的理念挖掘 000862*ST 仪表和 600552*ST 方兴，一样可以实现十几倍的复合收益。虽然 ST 仪表项目中大资金错失在黎明前，造成巨大遗憾，但价值投资理念的决策极其高效，以及在实盘操作过程中能够清晰地感受到股价波动背后的核心推动力，让他在坚持价值投资理念道路上增添了一个厚重的砝码。

这其中，丘建棠的恩师苏老师对他的影响很大。2005 ~ 2007 年牛市期间，苏老师先重仓购入 600415 小商品城获取了 3 倍收益，进而重仓再战 600811 东方集团获取 3 倍收益，3 年两次操作获得复合收益率 15 倍，并完美收手。"选好股，少操作"成为当时他对价值投资理念很重要的一个认知。纵观 2005 ~ 2007 年的整个大牛市，当时他身边大部分人，每天都在寻找即将要买入的标的，买过无数好股，却从未真正拥有过一只好股。很多人盈利甚少，错失了让人生财富上一个新台阶的良机。这种强烈的对比让他极度自信，极度渴望在下一轮行情中大展身手。

▶ **感悟** 在市场中"豪赌"，不是类似澳门的百家乐，不是赌大小，不是一场随性的赌局，而是基于严密的大环境评估，标的公司的基本面预期，结合公司的市值预期，技术形态与资金沉淀状况等去进行重拳出击。

逐梦 1023，熊市 3 年辉煌

> » 2008 ~ 2010 年，在大盘跌宕起伏的岁月，为了追逐"20 年
> 操作 10 个翻番的股票，盈利 1023 倍"的目标，他坚定走价值
> 投资之路，熊市中逆势走过 3 年辉煌。

数学中，2 的 10 次方是 1024，反映在股市中，就是用 20 年操作 10 个翻番的股票，盈利 1023 倍。丘建棠为这个目标而奋斗，甚至要超越，将这个梦想变成现实。这个宏大的目标看似无法实现，但其实很多投资者回头看自己的 20 年投资生涯，买过的翻番股票不止 10 个，只要坚守价值成长，耐心分享国民经济的发展，共享国家的富强繁荣，就肯定能做到。

坚守"国家意志"，激战"中航三杰"

如果说 2008 年的大熊市是经典的风险教材，那么对于成功逃顶的人来说，暴跌以后又是一个很好的起步机会。雪崩式的下跌，大盘跌回 2000 点以下，大部分股票跌幅达到 80%，这样的时机非常难得，因为大机会都是大跌以后跌出来的。当 2008 年"9·18"双降利好大盘涨停式反弹后，市场如风吹草低见牛羊，而丘建棠就是领头的狮子，可以狩猎好几年。于是，他迅速在珠江新城立起山头，广州亿元投资管理团队很快成立，并开始了几年的狩猎旅程。

没有一个投资者的成功是逆趋势的，大趋势节奏踏准了，就会出现资金复利的奇迹。

一个很偶然的机会，广东江门市鹤山的一个营业部因为 2008 年熊

市的杀伤，市值损失巨大，营业部老总们希望有观点明确的投资团队入驻，这也是当地大部分大户一致沟通过的声音。经过电台欧先生的牵线，丘建棠找到了接下来几年很重要的一个拍档——老邓一起前往鹤山。老邓在数据、筹码分析方面是一个高手，而且操作的胆量也是高人一等，与他的优劣势刚好形成一种互补关系。怎么来描述老邓呢？举个例子吧，斗地主的时候，就算一手牌只有 Q 大，只要轮到他选地主，他从来都是毫不客气地翻牌的。"敢输敢赢吧"，他就是这样一个伙伴。

"一个中期趋势由熊转牛前后，最能够让人有振奋信心的依旧是集中火力攻击把握性最高的强势股票，很多资金在 2008 年的熊市中亏损了 50%。亏损 50% 是很容易的，但是要做回原有本金，就得盈利 100%。其实很多股民都明白这个道理，但没有明白其中必须要有扎实的研究与缜密的方案，随意的亏损更多是因为对基本面没有很好的判研。所以在趋势转折的时候，找到一个能够翻番的股票是一种大胆而又必需的做法，让资金重回起跑线。你没有这种魄力，熊市的伤害将是漫长而又煎熬的。"对于很多在熊市中受伤的投资者，丘建棠是这样去做深刻教育的。在江门地区，他们一直有基础扎实的人气，鹤山作为一个大本营是非常理想的一个选择，所以他们到了鹤山的第一步，就按照这个大胆的规划来实施：找到一个翻番确定性极高的股票池，让整个地区的眼光都被吸引过来，形成一股强势的力量。

2007 年年中停牌的 600893*ST 吉化，在 2008 年年底就已经确定了震撼的重组方案：中航集团注入优质的发动机资产。这个事件让丘建棠他们对整个军工资产做了相当细致却又很大胆的规划与预期。当时国家开始加大对军工资产证券化的支持与推进，而中航集团的林左鸣董事长正是对资产证券化大整合的总舵手，这对于证券市场来说是一个历史性的重大机遇。

把足足装满一纸箱的中航集团所有跟证券化有关的资料消化完毕后，丘建棠他们确信机会即将来临，并明确把中航的证券化思路具体化："重机"平台 600765 力源液压，"发动机"平台 600893*ST 吉化（现名：航空动力），"战斗机"平台 600760*ST 黑豹（现名：中航黑豹），"大飞机"平台 000768 西飞国际，"光电"平台 002179 中航光电。正进入整合周期的是力源液压，*ST 吉化正在停牌，中航光电则已经是明码标价，但是并没有多大的动静。所以，他们从作战思路上确定了明确的路线图，首先攻击未来 3 年大概率给中航整合的重机平台 600765 力源液压，然后就是熊市中跌幅达到 88% 的中航光电，再囤积资金等 *ST 吉化复牌。

"中航系资产至少值万亿元，这是国家意志，战略高度，而现在市场中，中航系的证券资产不足千亿元，我们就算是异想天开，做中航系的投资也是一个包赚不赔的投资。"他们把预期的市值评估套入各个中航平台上市公司，发现都有 3 ~ 5 倍的预期增长空间。

以 2008 年整合完毕的 600893*ST 吉化为例，注入中航发动机资产，众所周知，发动机是中国高端制造的一个软肋。丘建棠他们看到满大街的汽车，满天飞的客机，甚至军用飞机，竟然没有一个发动机是 100% 国产的。他们不单要解决工艺，他们还要解决耐高温问题，解决材料问题。中航集团承担了发动机替代进口的历史性重任，前路漫漫但最终会攻克，对于只有 50 亿元市值的一个发动机资产来说，演变成千亿元市值的公司只是时间问题，不单只注入的资产相当优质，而且中航整个平台业务的行业景气度也是代表着国家的经济发展、国防发展的方向，行业背景够大，符合众多成长股的挖掘基因。这是丘建棠接下来大胆布局中航系各个品种的选股逻辑。

资金逐步到位，2008 年 10 月 27 日，大盘大幅度低开 3%，但是一口气回到红盘，丘建棠他们认为，市场开始筑底，早上与老邓在大户室就位以后，安排广州、江门和深圳的资金开始尝试拿货，其实拿货谈何容易？力源液压前一天的成交才 700 多万元，而他们要建仓至少要超过 2 亿元，如此庞大的资金并非舔一口肥肉就跑，而是一个趋势和产业的周期性投资，所以战略明确，战术也要细化，否则容易造成项目流产。

"丘，你那边安排7块附近先拿，下午我来攻一下看看市场有什么反应。"老邓总是充满期待，只要确定好的投资标的，他不会在乎成本高几个点。广州分部的盘手丘建棠是很放心的，因为他们有耐心，够狠。立即可以看到盘口的单子密集成交，股价缓慢上抬，就算大盘临中午前暴跌3%，股价强行撑住红盘，但是成交依旧低迷。其实反向思考，假如市场转势，说明股价要上涨，也是很轻松的。

早上虽然埋头苦干，但是只拿到300多万元的市值，距离一天平均1000万元的建仓额度相差甚远，丘建棠他们中午休市商量的做法，就是打出股价振荡的厚度，把筹码逼出来。结果，一个20万股的买单就打到了涨停价。他们没有封板的意思，却窃窃自喜，因为抛压非常轻，股价逐步回落的过程中，他们把大部分的斩仓盘接到手，正式拉开2008年底部转折的完美抄底序幕。在接下来的10多个交易日，他们都顺利地按照节奏逐步拿到反弹斩仓的筹码，接下来的事情，就是交付市场认可了（见图1.5）。

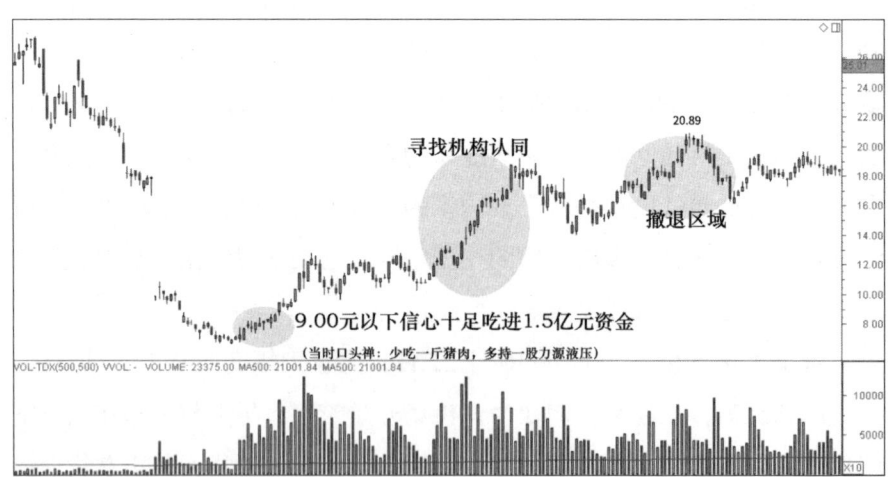

图1.5　力源液压走势图（2008年9月～2009年5月）

▶ **感悟** 熊市末端历来充满恐惧，但也是最容易获取暴利的阶段，判断的可行办法是所有人包括管理层觉得跌够了，该止跌了，如果再跌就是底。

做大事件赚大钱，做小事件不赚钱。因为所有事件的预期都是有折扣的，所以大事件通常有周期对应预期空间的优势，就算压缩预期，也有足够的空间获利；而小事件只要压缩预期，就会演变成短期资金的博弈，极容易出现亏损。

买股票是一个不需要技术含量的动作。很多投资者几年来的投资结果大概率是亏损，其实也是跟买股票不需要技术含量有关。因为它随意性太强，感觉某只股票会涨，就敲键盘买入了。几千万元对于一些投资者而言，也可能是一个上午敲键盘的事情，完全没有细致的规划，冲动买进导致投资收益很难保障，一旦盘面紊乱离开预期路径，匆忙斩仓的大有人在，从而演变成一种情绪交易。不可否认，情绪交易是众多短线客的坟墓，太多太多的人，在面对跳动的股价时，根本无法控制自己的得失心态，无法控制自己的喜悲。

丘建棠他们也做了这个不需要技术含量的动作，近 4 亿元按计划分批配置了中航系的 3 只股票。力源液压占四成，中航光电占两成，*ST 吉化占三成，留出的现金其实已经不多。虽然他们都把投资方案定义为"天时地利"，只缺"人和"，但 2008 年年底把仓位做满，这也算是一个豪华的狩猎之旅吧。

既然是缺"人和"，那么最直接的方式，就是把丘建棠他们的方案推销出去，不是推给普通投资者，而是推销给手握超级大资金的机构们。2008 年的冬天来得比较早，他们知道这个冬天，再冷也抵挡不住他们内心的狂热。因为一直等 *ST 吉化的复牌，待复牌建仓完毕以后，已经踏入了 12 月份，市场结束了单边的下跌，转势的底部越来越清晰，他们认为该是时候实现"天时地利人和"了。

除了春节期间的休息以外，几乎在接下来的两个月里面，只要 15：00 一收盘，丘建棠就往深圳跑，拜访研究所研究员、基金经理、投资总监、券商自营，无数次反复路演他们的思路，反复强调中航为何代表着国家的意志，无数次阐述冷战前后美国政策的变迁造就了今日的雷神、马丁、波音、通用等，枯燥却又充满惊奇。对此，其实很多同行朋友都相当认可，甚至很多机构也早已经对中航系异常期待。**机构的认同历来是价值投资推动市值增长的核心，它需要一定的时间去沉淀，但从不会让你失望。**

跑了两个月深圳以后，丘建棠他们的总体盈利已经翻番了，早已经轰动业内，也一直流传着一个故事："两个神秘高手，住在鹤山凤凰酒店半年，做了 3 个庄。"其实，流传的故事还是归于故事，没有人知道这一路过来的艰辛，寻找志同道合盟友的坎坷，还有每天在高压的状态下承受几个亿资金的市值波动，这些煎熬足以让一个普通人崩溃。

老邓也总说他们切了中航系整合的一块大肥肉，以至经常梦见一卡车拿着冲锋枪的军人把他们俩押上卡车去枪毙，噩梦连连，眼睛黑得跟团煤渣似的。

2009 年年初，丘建棠的胃出了问题，检查以后原来是大肠螺旋杆菌超标 18 倍，即将面临胃穿孔。这或许就是高度紧张与高度压力导致的吧，谁知道呢？

中航系的几个重要整合平台上市公司，从 2008 年至今，如果一直耐心持有是可以轻松获取 7 ～ 10 倍收益的（见图 1.6）。

回想起这个经典的方案，丘建棠他们感慨当时的眼光仍不够长远，加上资金持有者的短视，有些筹码没有一直持有。他们早已将一箱箱的资料封存，只是他们总会憧憬未来。**在资本市场中要实现自己的梦想，或许不需要太多的交易，可能只需要 3 ～ 5 个真正能够成长起来的上市**

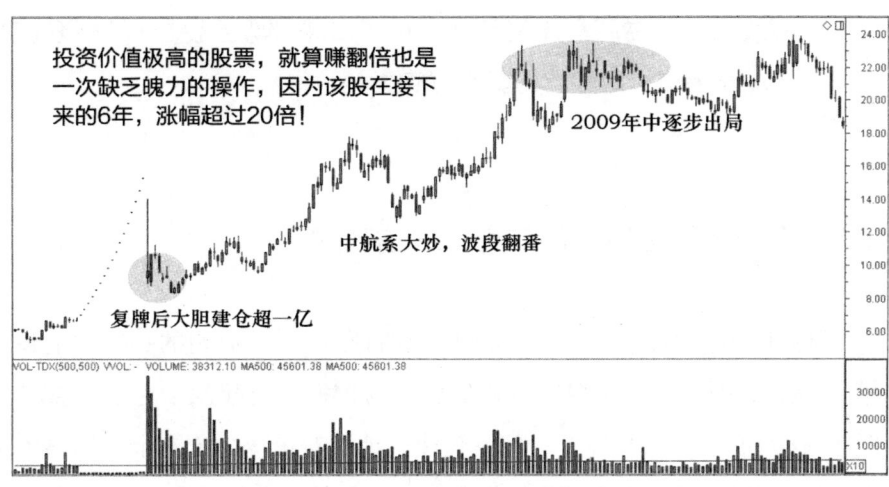

图 1.6　*ST 吉化走势图（2008 年 11 月 ~ 2009 年 7 月）

公司足矣，跟随一起成长就可以实现财富的几何级暴增。而 A 股的投资者，绝大部分都没有持股一周的耐性。

▶ **感悟**　站在国家的战略角度去看社会的发展，会更清晰行业的背景与长远发展潜力。国家意志体现了国家倾力要达成的目标，必然成功，是国家战略发展的精准推进方向。"中航系"属于大事件，做大事件就必然能够赚大钱。

决胜"四大战役"，再创翻倍佳绩

　　» 坚守价值投资理念，在行情低迷时依然深度挖掘出启明信息、

科大讯飞、轴研科技及路翔股份等市场"明星股"，不断分享
高成长上市公司酿出的醇厚财富香！

围猎汽车电子，攫取启明信息 1.5 倍利润

围猎启明信息，应该说是继中航系的操作后，唱响的一出"重头戏"。然而，对这一"主题"投资的思考与挖掘，要起源于更早的 2003 年。虽然当时行情一片迷茫，但是丘建棠他们对市场主流资金的思路依旧清晰，那时候已经有很多机构深入蓬勃发展的汽车行业中。事实证明，2006 ~ 2007 年的牛市中，汽车行业中的大部分公司都是稳稳妥妥的 10 倍涨幅。社会的进步离不开汽车工业，中国在汽车行业一直依赖发达国家技术，需求庞大，当时轿车的保有量已经超亿部，行业景气度一直很高，每年增长 15% 以上，国产预期空间更加广阔，是国家制造业的一个战略方向，这个行业是跟随社会进步而壮大的，是高端制造业的价值中轴。

时至 2009 年年初，他们盯上 002232 启明信息，一个专注汽车电子的次新股。2008 年中期上市的启明信息，生不逢时，毫无意外地跟随熊市跌了 60%，虽然跟随 2008 年年底的市场反弹，修正了一些跌幅，但是他们认为该股仍没有得到市场足够的重视。

如果仅凭技术上的因素重金投资它，借 10 个胆丘建棠都不敢。通过挖掘启明信息，他们发现，基本面的支撑与预期是非常明显的。当年启明在汽车电子方面已经有了巨大的投入，首先是从汽车的显示屏功能升级着手，让汽车显示屏与汽车连接，包括导航定位系统、娱乐系统、语音功能。就这个电子系统的升级，面对的是全国即使已拥有 1 亿部汽车，但依旧在不断增长的汽车保有量市场。只要公司产品深入 1/10 的市场份额，公司未来 3 年的业绩都会实现 50% 的持续增长，而且公司表露出做强做大汽车电子的野心，甚至抛出了汽车智能化、车联网、无

人化的预期，每个预期都能吸引市场强大的支撑，这点让公司成长的要素显得相当充分："强大的行业背景、产品代表市场方向，甚至试图带领行业进行技术性革命，而且公司的市值非常小。"

用盈利的资金做新的股票，大部分人的随意性偏好会提升，这是很多人的一个常见的心理误区，这种误区通常会让他们在盈利以后将利润交回给市场。丘建棠他们也一样。但他们会进行严密的方案制定，在手法上适度进行新的尝试与冒险。适逢年初启明信息有一个调研会，在把重要的几个问题问完以后，他们的信心大增，围猎行动即将开始。

当底部反弹幅度达到 50% 时，对于一只发展势头与大趋势相吻合的股票而言，场内筹码是最犹豫的。一旦股价振荡，通常很多亏损的筹码都会如数交出，普通的投资者是"敢亏不敢赢"。丘建棠他们的做法是，股价在 17 元之下，只入半仓，每天盘中绿盘以下的空间才是优良筹码，不抢盘，若股价跌不下来，也必须利用冲高后的回落蚂蚁搬家一样吃货。春节后的第一个交易日，他们坐在有 20 多台电脑的房间等待着战斗，总期望假期低迷的人气能够让他们在建仓时运气更佳，只是他们都忽略了当时市场反弹的趋势非常明朗，而且中小板又是一个主战场，连续 3 个交易日都是小阳，他们拿货极其困难。

2009 年 2 月 5 日，因为失眠，丘建棠一早就去跑步。结果，天空竟然下起了雨，把他一身淋湿了。接着，他开始发低烧，这让他觉得这是一种不太好的预兆。他们提前看了一些账户的持仓与资金情况以后，决定当天进行一个反向操作。

丘建棠发动车子，一路狂奔，赶在开盘之前回到广州分部。他决定，只要有人砸，广州分部就接。只有这样，才能尽量拿到筹码。但事实上，当天盘口的情况非常不理想，一路砸一路接，他们把砸盘都接了，可筹码异常稳定，股价拉下 3%，却没有增加持仓的筹码。

筹码忠诚度过高，也可能是短期的诱惑力不够。如果诱惑的力度足够，筹码一定会背叛。反过来可能也是一样，筹码的恐惧也是来自于

恐惧的蔓延以及股价足够大的下跌。丘建棠回到江门的时候，已经是深夜，朦胧的路灯似乎昭示着他当时的心情。拿出黑板，画出形态，预估资金量，他们准备给原有的筹码送一份大礼，只要他们肯交出筹码。一位助理反复对他说，只要他们砸回15元就可以拿到足够的货。他低声吼道："你有筹码吗？"

那个周四，丘建棠他们没有任何犹豫，以累积够300万元的时间为一个时点单位，按脉冲节奏一直买。其实一只股票盘中涨幅5%，是短线客的一个奇怪的心理坎，当股价在3%～5%振荡，很多人会开始狂躁，担心冲高回落而开始卖出，而场外资金看不到有拉板的征兆，不会来骚扰。很顺利，他们拿到近4000万元的市值，K线形态很漂亮，阳包阴！这个形态，如果他们重新往下洗，就会丢失筹码。几天战战兢兢地做盘，才有一点筹码进来。看来，大胆拿货是首选。

即将周末，对很多盯盘的散户来说，周线是一个重要的参考要素。盘算手中的筹码和资金，丘建棠他们决定周五加大买进力度，3%～5%，争取增仓到1亿元，早盘很顺利，大家似乎适应了顺利。但接下来，他们每个人都惊呆了，因为在5%的位置振荡稍息，不知道哪方资金强势进场，直接拉板，中途毫不犹豫。

丘建棠立即召开紧急视频会议。大家的步骤都没有出错，而且完成得非常顺利，那么这个盘口就只有几种情况：第一是市场跟风，短线客攻击；第二就是老鼠仓，有人发现了他们的意图。当天一直封板到收盘，周线非常漂亮，但他们的内心却五味杂陈：市值上来了，已经有足够的防守空间了，但到底是谁在抢货？这次的抢货行为是身边人的老鼠仓行为还是市场行为？这个行为会不会造成意外？忐忑不安填满了他们的周末时间，大家都在尝试侧面试探，也在不断统计与计算，但还没有得出结果就迎来了新的交易周。

既然两种可能带来的盘口都不确定，丘建棠他们决定只接货不追高，两天16%的涨幅，他们送给原有持股的筹码这份大礼已经相当豪华，以不变应万变是一种策略，也是一种沉着。果然，抢货的资金并没有继续拉升抢筹，反而在接下来的几个交易日当中，抛压沉重，振荡下行，他们不变的策略反而为建仓带来绝佳的形态。正如老邓所说："烦恼果然自寻。"这可以很好地描述他们这次建仓过程的复杂心情，严密的方案制定，胆战心惊的筹码收集，但最终还是顺利地实施了计划。

底仓完成了，接下来就是脱离成本的阶段了。如果只是用资金去堆涨幅，丘建棠他们的成本会越来越高，而且当仓位与资金占比太高的时候，他们将深陷困局。这点他们相当坚持，但是真正实施起来并不容易。把K线做强，却发现没有跟风盘对冲，仓位越来越重，以至弄了几根中阳线以后，他们集体陷入既狂热又迷茫的复杂心态。

丘建棠他们停止了增仓，但奇怪的是，股价并不下跌，这让他们每个人心头都重燃起狂热的火焰。时间进入3月，在仓位已经实现30%的浮盈阶段，盘口没有任何抛压，他们都用酒杯预祝可能会出现的收获，大家都豪气冲天，甚至越来越自负。其实他知道，他们这次是借了中小板整体趋势的东风，也可能是运气好，无它。每个股民心中都有一个坐庄的梦想，可前提条件是资金无限量，否则大部分人都是不会坐庄的。他们不是坐庄，也不懂坐庄，他们只是资金大一点，只是建仓过程复杂而漫长一点而已。

▶ **感悟**　很多投资者都喜欢精选创新类的小市值公司做长期的持有，其中的要素一定要记住：精选的上市公司背靠的产业一定要有足够的景气度，而且总量足够大。举个例子，启明信息就是背靠汽车产业，产业景气度很高，而且总量足够大，每个人面对盘口的时候都会将汽车产业联想在一起，下跌会有更多人买进，直至这个标的几年的预期消耗完毕才会见顶。

到了2009年2月底，启明信息连续4天大涨之后，丘建棠的投资团队的仓位已经相当沉重，手头的现金越来越少。如果原有大的持仓突袭出货，他们将无力反击。这是一个危险的信号。这种概率不小，毕竟股价从15元到22元，对于保守的波段资金来说，已经是一个相当不错的涨幅。启明信息算底部起来，则已有150%的涨幅，所以他们必须考虑防守策略。

2月底的一个周四，又是一个胆战心惊的交易日，丘建棠他们要套现防守资金，而且是一个额度不小的资金。早盘的跟风早已经被他们操盘手的密集套现对冲，股价走势一直在平盘附近振荡。一直到14：00，他们都坚信这种套现的舒畅又是一种运气对成功的指引。但14：00后，风云突变，大盘突然掉头跳水，而且毫无止跌的势头，毕竟大盘还在大底附近，大部分资金对市场能否持续反弹依旧持怀疑态度，这种纠结的心态造成大盘反弹以后的快速回杀。

丘建棠的操盘手遭遇突然跳水，手足无措，好价格的卖单全部无法成交，心里不觉慌了。电话响起，那头问：丘总，要继续吗？他当时很冷静地回答：只要不跌停，继续，而且加大力度。果然，启明信息也开始掉头向下，他们的操盘手也一路搏杀。最终，套足4000万元额度的代价是启明信息当天差点跌停，一根大阴线收盘。

当天晚上，为了研讨，核心团队人员又过了一个不眠之夜。眼前的担忧是大盘会不会撑不住破坏前期反弹的波段趋势，还有启明信息底部起来已经一倍多，一旦见顶，他们的胜算就会大打折扣。丘建棠一晚没睡，一直抽烟，思考了一个晚上也没有任何结果。他头脑发胀，耳鸣得厉害。一个亿的防守资金是一个底线，对于30亿元盘口的股票来说，没有一个亿很难维护，就算周五再暴跌，也要套回这个额度。也就说，计划依旧没变。

短线暴跌后的市场，反而平稳有序，这出乎丘建棠他们的意料。周五，他们竟然在平盘上下轻松套现4000万元资金。他们知道，这是市场的承受力，也应该是启明信息潜在的承受力。说句难听的话就是，他们抛出的筹码，给人接走了。而且，敢在大盘暴跌时持续买进的人，通常背景都不简单。

周末各大报刊媒体对创新类小公司吹风吹得很厉害，让他们对启明信息的各种担忧显得多余。有风口做撑腰，周末刚套现的资金又可以继续前期推高价格的计划，造势！孙子曰：不战而屈人之兵。周一一开盘就不留手，1300 万元竟然轻松获涨幅 7 个点。见到这个涨幅以后，他们不敢沾沾自喜，依旧逢高对冲做盘资金。一直到中午，股价坚挺，运气之神似乎依旧对他们万分眷顾。

中午，他们一改吃快餐的习惯，叫伙伴们统统到楼下酒家聚餐。喝了点酒，丘建棠好困，回到办公室，闭目养神一下，竟然睡着了。不到一会儿工夫，一阵急促的敲门声让他猛地惊醒。他的第一反应是市场又跳水，启明信息又崩了。但出乎意外，大家都站着，神情激动，因为不知道是哪方资金，60 万股直杀涨停，封死板。这等好事的出现，似乎显示他们的盟友异常强大。当然，这只是一种直觉。

既然盟友强大，他们不妨以静制动。结果，周二强势振荡以后，下午又是拉板。团队所有人激动不已，他们的建仓已经拉开了很厚的盈利空间。但丘建棠反而有一种已经上了擂台，必须一战的感觉，也可能是因为多了一起做多的盟友，可以并肩作战。**遇到强大的盟友，其实是因为大家志同道合。如果单纯从技术形态去做股票，你很难有这种机会。只有对基本面异常坚信，大家的估值体系在这个阶段发生共振，才会有这种不谋而合。**

他们认同这种共振，而且异常珍惜，在连续两天涨停以后，将策略做了根本性的改变。在接下来的一段时间，他们是互补与互助，一旦盘口出现难看的形态，他们就做回去，这样既轻松又可以让盟友知道他们的善意。这份善意的最终目的就是要大家都在基本面的推动下，赚到上市公司被市场认同的市值增长红利。

　　进入年报披露期，启明信息的股价表现非常优秀，也或许是因为整个中小板的创新类上市公司都被市场热炒了。盘面只要稍作维护，股价继续波段创新高。但有个异常的状况，就是自从他们认定有志同道合的盟友参与以后，股价新高反而是缩量的。

　　此时，丘建棠他们的持仓已经实现了 110% 以上的平均收益，只要能够制造出局的环境，就等于看到了收割的喜悦。隐隐约约的盘口迹象显示，启明信息的年报是有内涵的，不只是筹码非常集中，业绩有预期，还有 10 送 10 股的题材。在年报披露之前，竟然不断有场外资金涌入连拉大阳。此时，股价已经到了 32.00 元，他们的鸭子已经煮熟，千万不能让它飞了。在其他资金 4 月初冲击该股一个涨停以后，他们决定做一个套现空间。所以，次日股价在 32.50 ～ 33.00 元振荡了整整一天以后，他们果断用 800 万元的资金快速拉升 8% 收盘，做了一个冲击 35.00 元的佯攻。次日，他们见单就派，虽然代价是大阴线，但是他们成功套现了近 5000 万元的底部筹码。他们已经决定，先吃煮熟的鸭子的翅膀，让它没机会飞出锅。

　　可是，就在出货的第一天，也就是星期三，他们把所有账户的成交回报分析一遍以后，惊呆了，进一步怀疑这个盘不是他们做的，而他们仅仅就是另外一帮资金的拎包客。因为他们发现，他们出局的接盘，都是大手笔，绝对不是散户所为。周五启明信息就要除权，不排除有人借机炒作，但波段涨幅如此巨大，仍有持续的大笔资金接盘，看来这个局面不是他们想象中那么简单。

　　周四，振荡拉升以后午后强势封板；周五，除权高开以后，继续强势封板；下周一，强势振荡，午后继续强势封板；周二，早上特停后，开出来，还是强势振荡最后封板。4 个涨停，而龙虎榜显示是浙江杭州某几个传奇营业部席位持续上榜。丘建棠他们顺利逢高出局，获取了超过 150% 的总体收益。游资最后的拉升，为他们完成了最后的出货局。不知道是运气好，还是他们的方案从一开始就进了别人的牛股造势局（见图 1.7）。

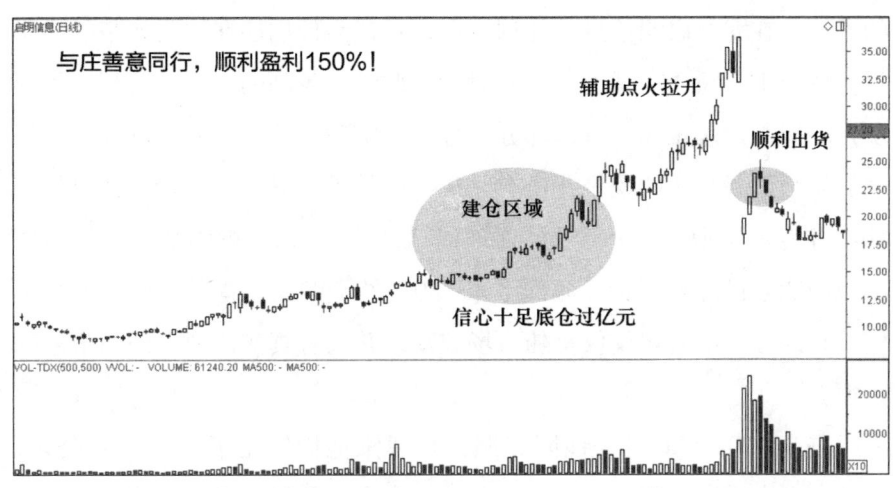

图 1.7　启明信息走势图（2009 年 1 月~2009 年 5 月）

所有投资者都希望买进股票后，庄家启动主升浪，然后自己赚取丰厚的波段收入，总想去猎庄，但大部分人是无法如愿的。因为无论是心态还是视野，都很难与大资金处于一个级别。

> ▶ **感悟**　有实力的游资是做趋势的，大趋势做大行情，小趋势做短线行情，而且出货阶段都会利用持续的暴涨打乱所有人的基本面评估上限，激发场内外资金重新站到更高级别的预期当中。如果你做足了公司的基本面 2 ~ 3 年的估值预判，要相信自己原有的判断，不要被暴涨迷惑。

擒"龙头"，与"伟大公司"一同成长

一个伟大的公司一定是一个技术门槛极高，且专注于提升社会效率的细分龙头公司。它也必然有优秀的企业体制，吸引着行业内最高素质

的人才。在完成启明信息的计划以后，丘建棠他们还在如火如荼的中小板行情当中不断逢高减仓了一些股票。此时，盈利的丰厚程度超出了很多人的想象。短短 8 个月，部分资金已经实现了近 4 倍的投资收益，但他们认为创新行业的挖掘并没有完成，而是进入另外一个阶段：寻找创新类并专注主业的上市公司。在很多散户资金的分析体系中，很多中小板的股票已经相当贵，底部上来 150% 的涨幅比比皆是，而他们却坚信，有部分上市公司仅仅是随市场波动，并没有真实体现出公司未来的价值。

进入 2009 年 6 月，艳阳高照，丘建棠他们锁定了几个上市公司，准备亲自去实地考察一遍。这份名单中有合肥的科大讯飞、杭州的恒生电子、临海的伟星股份以及浙江的浙江龙盛、凯恩股份等。

6 月中，老邓也在做这次出行的准备。而最让人意想不到的是，他一个没有驾照也不懂开车的人，竟然买了一部英菲尼迪的 F35 吉普车。"新车安全点"，这是他简单而又异常幽默的一个说法。他们要在长三角兜一圈，确实开车去会方便一些。

就这样，他们在广州随便吃了一顿面条以后，就出发了。助理一口气开到南昌，而丘建棠再接力一口气开到黄山。凌晨 2：00，他们就到了安徽黄山。

第二天一大清早他们就开始爬黄山，而且不坐缆车，一路爬上去。当时正值盛夏，黄山景区下起了暴雨，幸运的是没有封山，下午时分，他们一身雨水一身汗水，到达北海宾馆。

在爬山的过程中，丘建棠总共接到 10 多个电话，都是客户或资金方的询问，希望他们提供一些能够赚钱的股票信息。他都以在外出差为由，并没有透露任何信息，只是隐约感觉到，很多人都在等待他们的行动。这种圈内的名气开始快速传播，可能是一种潜在的定时炸弹，而他们却无法得知这个定时炸弹什么时候让他们粉身碎骨。或许在那个时候，在成功的路上，他们根本没有心思去深究其背后的可怕之处。他们只争取时间做 10 个翻番即 1023 倍的股票。

黄山归来，天下无山。在北海宾馆休息一晚，次日下山以后，拖着酸溜溜的双腿，丘建棠他们没有停留，直奔合肥高新区酒店住下，因为他们明天将以普通股民的身份去实地考察专注语音产业的科大讯飞。**上山容易，下山难。与这一点相对应的股市规律就是，进场容易，出货难。**过去的几个月，他们的股票都可以轻松出局，获取丰厚的回报，一方面是市场趋势把握对了，其次是基本面的方向选对了，也或许存在一种必然的运气成分，换做其他阶段，他们这种粗暴的模式，一定会成为业内笑话。

科大讯飞让人踏实的是公司高素质人才的占比，以及本来就已名扬语音智能开发领域的董事长刘庆峰，从上到下都传递出专注的精神。进入科大讯飞办公大楼内，只见一个中空大气的大厦中庭，挂着一幅巨大的宣传语：为成为千亿市值的公司而努力奋斗。相信这是公司的实力，更是可以实现的愿景，因为公司上下都为此而专注，为此而奋斗。

在例行参观了该公司的产品展示，听了业务模式的解说以后，公司董秘徐总应邀与丘建棠他们共进午餐，而午餐的简单也足以看到该公司的实干精神：在一个西餐厅自己掏腰包。徐总的一番话让他们备感荣幸，因为这是几个月来该公司跟投资机构第一次出来吃饭。太多的机构、基金经理、研究员都只关心它短期有没有高配送题材，只关心短期业绩会不会爆炸增长，有没有其他短期炒作题材，只有他们关心它未来 5 ~ 10 年的发展，并愿意长期投资，所以徐总才肯答应他们的午餐邀约。这也足以看到他的实在，这也让丘建棠一行惊喜。

午餐即将结束，丘建棠他们总想从各方面试探徐总对公司发展的信心。经过一段短短的默契的沟通后，丘建棠跟徐总说："现在的科大就如我们吃饭的小饭碗，市值很小，但发展势头很好，我们相信它 5 年后会变成面前这个大碗。"徐总笑笑说："我认为不止吧！眼前盛汤的盆，比较适合比喻科大未来的发展前景。"

经过几次看似毫无边际的对话后，丘建棠他们对公司的前景激动万分，甚至回到酒店整理资料的时候，他们更大胆地认为，不出3年，不是中国移动就是中国联通，甚至更高级别的通信公司会成为科大讯飞的战略合作伙伴。因为公司在语音智能领域的专注，大量的技术专利，是未来移动语音智能化必不可少的技术环节，再加上一个拥抱行业梦想的董事长和一个务实实干的团队。虽然该公司当前市值不足30亿元，但他们已经认定它在未来将会是一个伟大的公司。事实证明他们的预测是对的。两年以后，中国移动果然做了一笔巨大的战略投资，成为科大讯飞的第二大股东。

做完科大讯飞的实地调研以后，本来丘建棠他们还想跟随其他机构的调研日程继续去了解余下的公司，但是结合当时的市场情况，以及对科大讯飞的十足信心，他们决定不再调研其他公司，因为科大讯飞就是他们首选的投资标的。

> ▶ **感悟** 丘建棠把成长股的挖掘比喻为小鸡变母鸡的游戏。首先，你要在一大批的小鸡当中辨别它是小母鸡还是小公鸡；然后，你要从小母鸡中，找到有人领养的那几只，那么这几只小母鸡以后就会变成母鸡，开始生蛋。所以成长股第一要素是公司的质地，第二要素是其中必须沉淀一批有实力的资金。

2009年7月初，新的一周，热辣辣的太阳，把所有人的情绪都调动起来了。周末把原班人马召集起来并做好了部署以后，丘建棠他们即将迎来新的战斗。

周一中小板大跌，对应着很多底部上来反弹幅度已经一倍的小股票做了很彻底的消化。他们按计划开始隐秘的仓位收集。科大讯飞刚刚做了一次 10 送 10 的除权，股价相当便宜。他们真的希望股价在 16 ~ 17 元附近盘得越久越好，这样他们的仓位成本很低，因为他们的筹码并没有短期获利的诉求，他们更期望长时间持股的投资回报。

4 天的仓位收集以后，丘建棠他们的进度非常缓慢，周四的时候他们稍微加大仓位的收集，股价就开始活跃起来，这让他们很是苦恼。但是，你要砸低股价的前提是有足够的筹码，很显然他们没有。这种焦急，让他们周五开始冲动的建仓行为，把上面一些大的卖单敲掉以后，股价的振荡厚度加大，从而演变成为一种短期的突破。而且，他们隐约感觉到买盘越来越大。果然，在下午，一批资金涌入，股价直奔涨停并死死封住，平静的局面被打破。当时他们建仓的额度总体仍很低，突然的涨停，让他们陷入了一种莫名的不适应，因为这是计划外的状况。

傍晚交易所清算，科大讯飞当天的龙虎榜出来了，让丘建棠他们十分惊愕。因为几个买盘的营业部席位，都在他们仓位分布地，包括鹤山、江门、佛山、广州，而且都是他们的关系营业部，但资金量明显是他们的交易额的 1 ~ 2 倍。他们分析龙虎榜数据后，很明确当前的情况：消息泄露，老鼠仓跟抢。这是一个很大的问题，这么大量的资金跟进，极有可能会打乱他们的计划甚至让计划失败。他们从来没有处理老鼠仓的经验，根本不想放弃这么好的投资标的。

又是一个备受煎熬，而且要在煎熬中拿出实施方案的周末，丘建棠他们在茶室待足了两天。醉茶的感受是相当可怕的，不只感觉头昏脑涨，而且毫无食欲。在这种折磨下，他们没有去深究任何一个可能泄密的源头。"既然都是真金白银买入，那就是盟友，都是一起做多的力量。只要有了筹码，都会合力期望股价上涨。"

最终，他们这样定论，往基本面好的方向调整步调。毕竟市值 30 亿元，未来有可能是一个伟大的公司，一个涨停代表着市场的选择。无论如何，这次的建仓已经失控，能不能控制好接下来的步骤，是成败之关键。

> ▶ **感悟** 一只股票放量初期，建仓资金的态度决定股价是否继续上涨。就算庄家知道有其他资金进场，一开始是会静观其变而不会阻挠的。所以，大部分刚开始上涨的股票，只要确定其买盘凶狠，跟进就有获利，过多地纠结技术指标反而错失战机。

主动权怎么来？既然确定是老鼠仓跟风所为，那么丘建棠他们是主，老鼠仓就会一直跟在后面。如果这样，规划就异常清晰了。既然动手，他们就要大胆干，将计就计。

周一，一开盘就吃 5 点涨幅，跟风跟着冲击了涨停；周二，又是开盘吃 5 点涨幅，还是跟风跟打涨停，尾盘还封死。交易所例行对公司进行短期涨幅偏离的停牌。龙虎榜显示，跟风的资金就在丘建棠他们周围，是营业部老总们泄密？还是其他资金方？其实已经不重要了，重要的是，跟风者总比他们慢一个节拍。

周三，经过一个小时的短暂停牌以后，复牌又是直奔涨停，短期涨幅惊人，已经轰动了整个市场。跟风资金量如此巨大，竟然造成了持续涨停的效应。这个时候，他们要开始试探了，周三攻击了涨停后，他们开始回压，一路逢高把筹码派给跟风方，必须把势头降降温，否则后面的盘口将无法持续。就这样，卖了一个很好的短期高位。周四，再用习惯手法吃回 5%，结果这次跟风力度减弱，尾盘扫到涨停，周五依旧用同样的手法，吃到 5% 就放手，跟风资金再涌入，涨停收盘。

惊心动魄的一个交易周，每天都见到涨停板，让人感觉很恐惧，很刺激，很有成就感。但是，也给丘建棠他们留下很多的思考与忧虑。如果跟风是狼，他们一路与狼同行，始终要与狼肉搏。周末收盘，价格稳稳封死涨停，35.59 元，距离他们开始建仓的位置，已经实现了翻番，总资金盈利也达到了 50% 以上。短期内的这种红旗飘飘状态，是跟风盘的推动，还是核心价值的体现让市场一致认可？这不得而知，而此时科大讯飞公司的市值已经达到 65 亿元。

新的一周开始，短期大幅上涨带来技术指标的修正，股价进入波动。但在强大的跟风盘扩散下，其实股价的波动并不剧烈，反而在振荡 3 天以后，他们觉得跟风力量还没有彻底释放，尝试新高应该是所有人对他们的共识，于是他们决定趁热打铁。

周四中午，丘建棠他们再次启动一波攻击，结果这次干脆利落，还是给市场的一次做多的共鸣，股价继续涨停，虽然形势似乎一片大好，但谁都明白，股价不可能一直涨上去。就在周围所有人都在讨论科大讯飞还有几个涨停以后，他们果断决策，冲击 40.00 元前后，边打边撤。

一个极具投资价值的上市公司，筹码最终会落到有远见的投资人手中。但价值越高的筹码，越需要沉淀，因为在狂热的股价波动周期中，抢入股票的人，不一定都是想长期持有的人。科大讯飞最终也在 35.00 ~ 45.00 元反复振荡。趴足 5 个月，他们的底仓完成了波段差价，完成了防守，已经具备了很安稳的持股环境，毕竟 30 亿到千亿市值的演绎，不是一天两天，也不是一年两年，可能会是一个漫长的价值回归过程（见图 1.8）。

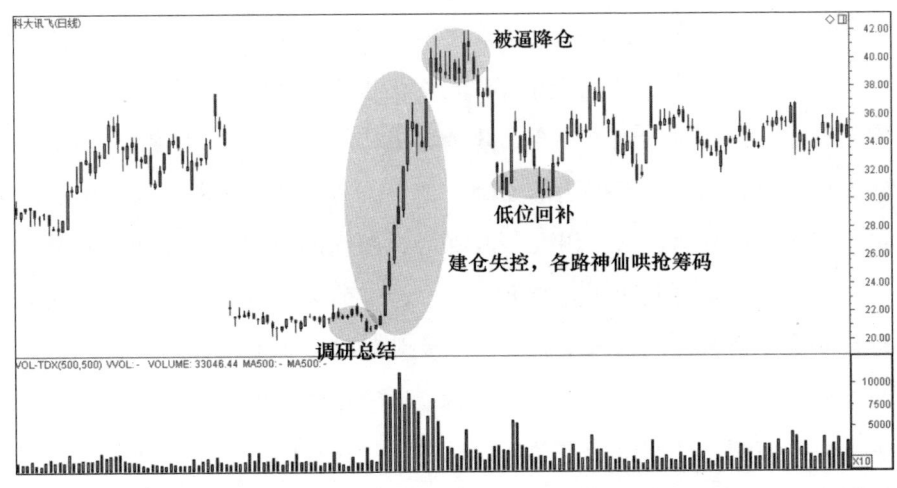

图 1.8 科大讯飞走势图（2009 年 5 月～ 9 月）

> ▶ **感悟** 所有突然巨量暴涨的股票都会吸引市场的目光。短线暴涨股票最常见的情况分为3个阶段：第一个阶段是场外资金强行进场，跟风跟进暴涨，其特征就是早盘就攻击，绝不放在午盘；第二阶段是修正形态的回压，成交不萎缩但早盘不再攻击，午盘只做修正；第三阶段是场内外资金共同作价，做多能量最后释放，然后各自降低底仓，边攻边撤。只有这三部曲一气呵成才是强势股。如果第二阶段折腾超过一周，基本上可以证明后续大涨预期不高。

股价从低迷到翻番的快速拉升，让科大讯飞成为当期最热门的股票。因为涨幅巨大，友好营业部一直接到深交所的问询函，解释集中持股与大量买入的理由。这种粗暴的模式，让市场诧异却又可以被顺理成章地解读。毕竟，遭到资金围殴抢筹的，是一个基本面非常优秀的成长性上市公司。此时，市场已经意识到筹码的预期价值，很多机构开始研究科大讯飞的基本面。丘建棠他们只是比市场提前一步，他们的盈利也来自先知先觉。

接下来的振荡，直接带动了众多机构对科大讯飞的调研兴趣。2009年年底的一场调研，竟然吸引了70多家机构齐聚科大讯飞。丘建棠他们没有参加，不过弄到了参会的几个大机构的名单。他们相信，只要这些大机构对公司长远发展确信无疑，他们就有办法成为所有大机构的盟友。其实谁都知道，科大讯飞一波涨势，两周内出现8个涨停，股价不跌，最终就是货源归边（是指大众散户持有的某只股票被大户比如投资银行和基金公司慢慢买入及收集，即大量股票由少数的大户持有，股价的走势自此由大户操控。——编者注）。想建仓的机构，如果丘建棠不主动去找他们，他们也会主动来找丘建棠。在业内，有一种惺惺相惜的氛围，其中充满了利益的交换与所谓的"价值认同"。

2009 年年底，丘建棠他们来到深圳，坐在某超级机构投资总监的对面，由嘻嘻哈哈的行业笑话进入最现实的筹码分割谈判。这些机构认定丘建棠他们出不了货，更不会相信他们有长期持股的打算，而丘建棠认定自己的筹码价值极高。如果希望独享科大讯飞未来几年的预期高速增长的成果，就必须与丘建棠他们思路一致。他们内心相当明白，拿着那么多筹码，谁会去拉升帮他们抬轿子呢？他们也不希望霸着屎坑不拉屎。

最终，双方敲定筹码平衡方案，以 40.00 ~ 50.00 元的价格，丘建棠他们放出手中一半的筹码，让机构顺利建仓，同时也让这个超级机构认定他们的威胁在未来是可控的。事实证明，这次筹码的分割加速了科大讯飞的价值挖掘，大机构的介入加快促成了公司资本运作与主业加速发展。这个超级机构的投资总监是很有眼光的，因为接下来科大讯飞的高送配以及中国移动的战略参与，让股价从 30.00 多元起步，一口气上涨到 90.00 元以上。

到 2015 年，科大讯飞的市值曾一度达到 780 亿元，6 年时间市值增长了近 20 倍（见图 1.9）。每一个高速成长的上市公司，都会为有投资信念的投资者带来丰厚的回报。

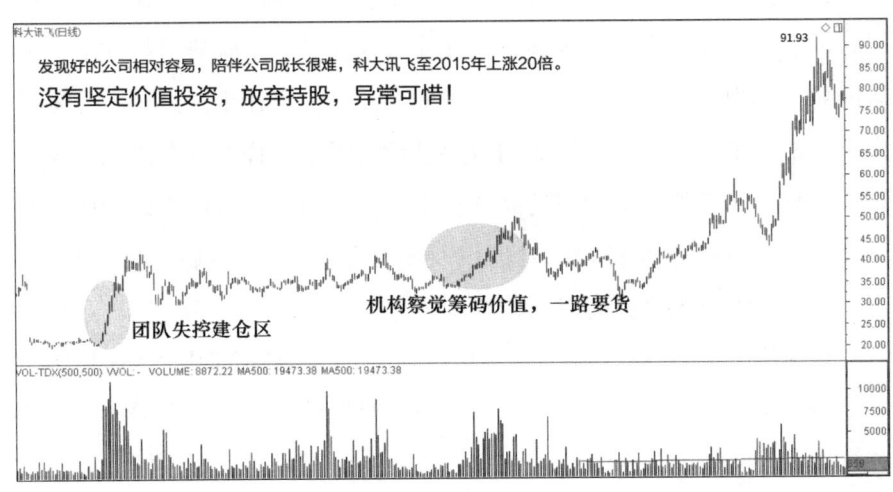

图 1.9　科大讯飞走势图（2009 年 5 月 ~ 2010 年 11 月）

> ▶ **感悟** 急功近利是人的天性，不能磨灭，只能修正。你挖出玉石，卖给收货方是1块，收货方卖给珠宝商是2块，珠宝商雕琢成翡翠，卖给消费者是10块。所以，谁都想做珠宝商。因此，只有在挖出玉石后，跟珠宝商一起合作，拥有翡翠的光芒，才是暴利之道。但大部分人都只盯着1块的利润。

乘风"高铁"，坚信大国重器之价值

盯上002046轴研科技，完全是因为高铁的蓬勃发展。人们坚信，高铁将是未来中国的名片之一，很多资金都瞄准高铁产业链，很多机构的资金都开始沉淀其中。而丘建棠他们则看到另外一个细分行业的技术型公司，背靠轴承研究所的轴研科技，因为高铁轴承仍依赖进口，如果技术攻关获得进一步成果，国产的轴承能够取代进口轴承，那么这个市场将是非常惊人的。

2010年初春的洛阳，生机盎然，牡丹含苞待放，一派春色。轴研科技的实地调研工作异常顺利，让丘建棠他们见识了轴研科技在轴承领域的各种实力，更惊叹其在军工领域的专注。大至几米高甚至十几米高的重型机械轴承，小到牙签般的卫星轴承，无不诠释着这个团队的工匠精神。只是对于他们所期望的高铁轴承，该公司坦言目前仍处于研发与测试阶段，受制于原材料的合成以及属性瓶颈，并未制定量产的日程表，一切都需要国家更高层面的定调。

调研完毕以后，在好友李总的引荐下，丘建棠他们很幸运地拜访了火箭研究院的陈博士。陈博士是军工新材料领域的专家。要了解国防的整体格局，必须深入接触军工领域权威的一线工程师，了解他们是怎么看军工业的发展的，他们在攻克哪些国家当前军工领域的技术难题。明白了核心的方向，也就基本上看懂了资本市场的演变进程。

几天的深入学习与调研，让丘建棠他们知道了稀土添加技术的重要性，也知道国产航空发动机的研发任重而道远，同时也了解到耐高温技术一直是军工某些重点领域的瓶颈，但国家强军的信念不会变，很多难题也终将解决，毕竟泱泱大国，强军才能强国。

这次学习，让丘建棠以后几年的投资思路发生了很大的改变，除了从行业以及公司本身的发展潜力去评估公司的价值以外，更希望一些公司能够具有国家意志。他们很庆幸2009年切入600893航空动力的眼光与勇气，与国家意志同行，坚信大国重器之价值。要知道，人生最好的投资可能就是"爱国"。

轴研科技满足了长期成长的众多因素。然而，虽拥有技术但产业化并不确定，是一个成长股挖掘中最大的拦路虎，单靠军工业务以及普装轴承，该公司能够支撑当前的估值，但如果没有高铁轴承的量产，公司在成长路上就会经历众多波折。因为高铁行业的背景足够大，高铁轴承又是易耗配件，目前只有该公司承担着这个项目的攻关工作，只要替代进口产品，就具有垄断性的市场份额。而且，高铁发展的趋势是全球产业化，是国家的一张闪亮的名片。一旦失去高铁这个行业的背景，或许很难将其定性为成长股。

在洛阳期间，丘建棠他们已经安排了一些资金，提前对轴研科技的筹码进行收集，但调研的结果并不理想。在中小板的行情刺激下，他们能够继续获利，但如果没有基本面的支撑，股价是不会有长时间的真实的反应的。

回到广州，他们做了一些关于洛阳之行的心得分享，没想到这种分享反而成为股价上涨的引子。其实，还是因为没有从根本上解决老鼠仓和消息泄露的问题。从4月初开始，显示出突破的苗头，进而又是一波粗暴的短期上涨。他们确实参与了一些买盘，但是总感觉背后的力量异常强大，波段一口气从18.00元暴涨到26.00元，出现连续3个涨停。

在 24 元附近，因为一方重要的盟友听错指令，把大量筹码倒出，反而被市场跟风承接以后继续打板（见图 1.10）。

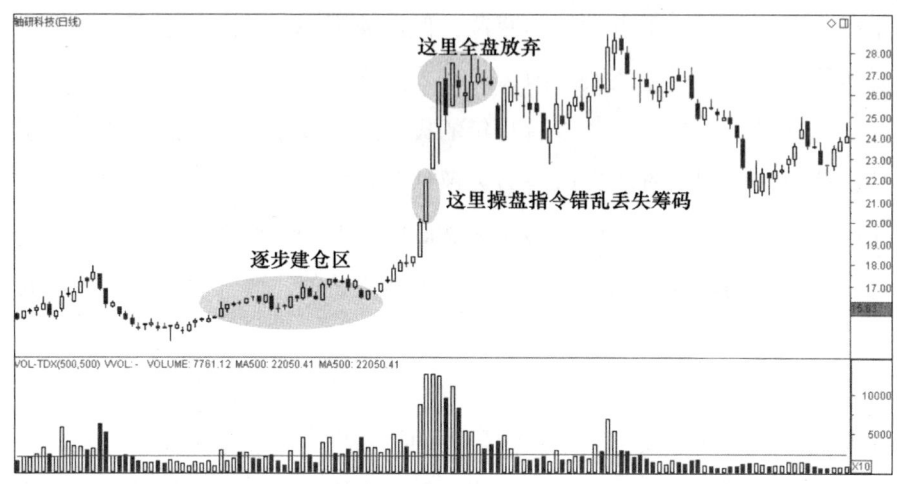

图 1.10 轴研科技走势图（2009 年 12 月 ~ 2010 年 7 月）

至此，丘建棠他们已了无生趣，无法判定盘中的众多资金力量背后的目的，干脆逐步清仓了事，毕竟基本面没有让他们看到更长远的价值。

"路" 上拾 "金"，2 个月即获丰厚收益

清仓轴研科技以后，丘建棠他们成了神一样的人。2010 年年中，他们几个操作对象都顺理成章地成为珠三角的热抢对象。当时，广州内环路升级沥青路面，他们敏锐地发现其中蕴含着某些上市公司业绩增长的周期性大机会。他们挖掘了拥有特种合成环保沥青的 002192 路翔股份，并全面评估该公司未来 3 年的订单情况。他们判断，该公司未来 3 年业绩增长相当可观，于是果断重仓介入，在短短 2 个月内，就轻松获取了丰厚的波段收益。

> **▶感悟** "科技是第一生产力"，辨别一个公司是不是真正属于成长型
> 的公司，首先，一定要确定其技术是不是真正拥有绝对的门
> 槛，是不是未来社会发展的必须技术。其次，要看其技术能
> 不能形成量产趋势，也就是通常说的"产业化"。如果科技
> 不能转换成生产力，这个公司就不是真正的成长型公司。

偏离"主航道"，魂断"锁仓路"

> » *从成功到毁灭，商业城一战溃败，数亿资金顷刻葬归大海，那*
> *种遭受灭顶之灾后撕裂般的惨痛，究竟带给他们什么？*

当一个长期努力拼搏的人，突然开始希望不劳而获，这是一种很愚
蠢的毁灭方式。辉煌数年，却依旧无法自信，丘建棠他们总想找到股市
的保护神。

一次偶然的机会，经当时规模靠前的一个机构投资总监的引荐，丘
建棠参与了一个饭局，认识了一个在当时看来是梦寐以求的庄家团队。
他们控制着 300 多亿元资金，几千个个人投资账户，长期拿着 20 ~ 30
个上市公司惊人比例的筹码，只要发现与某个热点相关的机会，就启动
一波行情，然后释放给市场，不断对每个公司的背后的一二级市场联
动进行运作。经过 10 多年的积累，这个庄家已经是沉在水底的大鳄鱼。
经过长时间的实力考察，对方无懈可击地显露出金融大鳄的风范。于
是，丘建棠他们认定，这个团队就是他们的保护神。对方的团队领袖姓

吴，在这里就把他叫做"小吴总"吧。

经过一次漫长的沟通与规划，丘建棠他们确定了与大鳄团队的合作模式：锁仓！"小吴总"在即将拉升的股票中途，把一定额度的筹码倒给他们，他们负责拉升以后回接筹码，共享盈利。这个方案看似让他们踏上了不劳而获的轻松之路，其实暗藏着各种隐忧。然而，他们当时并没有在意，而是很顺畅地把 3 亿元资金调集到深圳。就在 2010 年 12 月 20 日开始的那个交易周，对方很快就将他们的资金导入了 600306 商业城。

得到这个确定的信息以后，丘建棠团队进行了一轮相当细致的调研工作，包括安排上市公司调研、筹码成本分析、技术形态测量、持股集中度分析，这些都是团队之前几年以来形成的思维惯性。但既然"小吴总"选择让他们切入商业城，背后的原因肯定是他们无法得知的，因为当时商业城的市值非常小，潜意识的重组判断占据了他们的大部分预期。

商业城公司第二大股东"琪创能投资"属于钟表大王张喻平的控股公司，而丘建棠他们调研的渠道显示，亨得利集团的张喻平很有兴趣将商业城控股后作为国内钟表贸易平台。这个信息的价值，如果按当时的估算是很震撼人心的。一旦事件发生，商业城估值肯定翻番，是一个很有想象空间的壳资源。乐观的判断以及背后暴利的驱使，让他们又不断买了一些仓位，形成了二次建仓，在贪婪的欲望中增加了仓位。

商业城建仓完毕以后，丘建棠他们组织了一次沈阳之行，目的地是沈阳商业城，并期望能在与公司高层的沟通过程中判断整个局面的最可能方向。事实证明，这次调研工作是点燃他们贪婪火苗的导火索。因为过分乐观评估商业城的土地价值，以及东北发展的战略地位，更潜意识地认为公司必然会把传统的百货业剥离，走向重组并购之路。融雪季节凉飕飕的东北挡不住他和老邓的激动心情，他们认为这个格局很大，踌躇满志，期盼未来。

回到广东以后，江门一个首富级别的客户邀约丘建棠参加饭局，提出合作的意愿。当时的他们，总认为背靠着大树，在贪婪的火苗下，松口接受了一个多元组合的合作方案。这个方案既可以获得大的利益，但也要承担所有亏损。在交杯换盏当中，他们接过了这个盘，一亿元。他们也如实跟"小吴总"方面做了沟通，对方认为可以承接。那个时刻，他们似乎看到了纸醉金迷的未来。

2011年3月末，广东湿暖天气结束，丘建棠他们移师深圳大梅沙喜来登酒店，准备资金到位的对接工作。2011年3月的最后一天，他们打开电脑，但股价开盘就冲高，整个商业城的走势就是一种突破走主升浪的苗头。临近中午，股价压回来了一些，果然在休市之前，出现了一笔110万股的压单。他们知道这笔单就是他们的货，他们轻松按下"买入"确认键，以15.80元的成本成交，成功对接了这笔巨大的压单。

接下来的两周，终究还是出现了不好的局面。当这笔大资金刚开始做交易，丘建棠他们涉足商业城的操盘行为如蜘蛛网般迅速在珠三角传播，股价也节节攀升到了18元附近。他们辗转珠三角几个城市想追查跟风的源头却无功而返，最后还是在跟"小吴总"团队反复沟通以后，弱化了跟风的影响，定性为股价突破的必然走势。无奈之下，他们剩余的资金在18元附近再次进入，这一亿元的资金建仓成本竟然比上一批资金的建仓成本溢价20%，均价锁定在17.80元，这对于需要承担所有风险的仓位来说，是很冒险的。

接下来的进展似乎再次回归顺畅，"小吴总"团队顺势推高股价至22.37元（见图1.11）。在初夏的艳阳高照中，丘建棠他们望着账户里全部红通通的利润，内心无法抑制地兴奋。但这种兴奋的背后，他们忽略了大盘趋势已经长期滞涨，指数筑顶后可能带来的系统性风险。

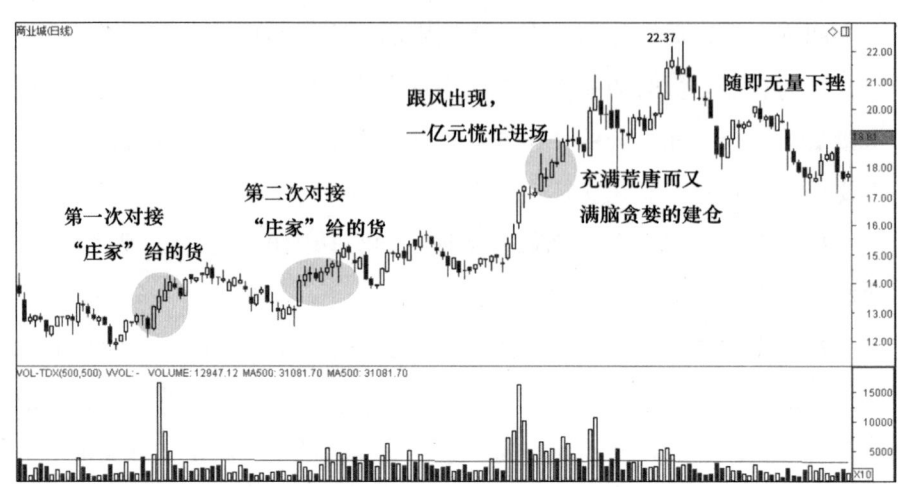

图 1.11　商业城走势图（2010 年 11 月～ 2011 年 6 月）

逆大趋势两次自救，结果深陷泥潭

　　好日子并没有持续几天，市场暴跌了，大盘破坏了整个趋势形态，所有的判断都显示，股市由波段牛市再度转变为熊市，市场情绪相当悲观。而商业城也在摸高 22.37 元以后缩量快速回落到 18 元。这让丘建棠他们再次绷紧神经，陷入极度的彷徨。在下跌过程中，他们与"小吴总"团队的沟通也是相当不理想，对方认为市场趋势走坏，必须等市场重新走好，才能启动护盘和拉升，而且商业城长期以来的独立走强，已经积累了严重的跟风资金，拉升就是给这些资金抬轿。

　　在与大鳄的沟通过程中，市场依旧恶劣，继续暴跌。熊市泥沙俱下，而商业城也在极度缩量中走出完整的三浪调整，2011 年 8 月中旬股价杀回了 14 块，他们高位建仓的大资金被套了，幅度达到了 25%。市场是残酷的，他们所有的煎熬与恐惧，都不会对市场真实的走势产生任何影响，唯一能够改变局面的依旧是持股或者斩仓。

　　斩仓谈何容易？自市场开始下跌起，商业城日常的成交都极度低迷，每天的换手率几乎都在 0.5% 以内。如果丘建棠他们真的要不顾一切斩仓，那么 3 个跌停可能都跑不掉庞大的持仓，更何况如果还有老鼠仓跟着一起砸呢？这一切不可想象，他们轻易不能走这步，走这步会让他们倾家荡产，让很多客户几年来的积累一次就变成灰烬。自 2011 年 5 月中旬开始下跌，至 8 月中旬，已经足足下跌了 3 个月，市场也是一路杀跌，大盘足足跌掉了 20%，之前所有狂妄的梦想都变成了一种撕心裂肺的折磨，而且他们的局面没有任何的改观。他们决定自救，决定破局！

跟"小吴总"团队充分沟通以后，丘建棠他们决定争取股价重回 20.00 元，寻找出货的时机。2011 年国庆前夕，商业城的形态在"小吴总"团队的护盘下出现了标准的短线上升通道，时机出现了。他们借用了一笔盟友团队的资金，战斗即将打响。

9 月 19 日，周一，他们借助上升通道趋势，快速拔高，资金一笔一笔地敲入，股价也拉升到 4% 的区域。但买盘停止以后，市场跟风极少，动用 3000 多万元拉升，只套出 1000 万元不到的资金，恶劣的市场给他们出了很大的难题，但他们认为股价 20.00 元的整数关口就在眼前，只要突破 20.00 元，整个形态就会引来一轮技术跟风。

周二，丘建棠他们谨慎有加，认为不应该继续增加仓位，否则将会被市场一举歼灭。所以，他们大胆做了高开，然后一直往下套现筹码，把周一近 4000 万元的资金套现出来，下午用另外的资金反手做多，他们甚至干到了 19.88 元，但汹涌的抛盘随之而来。为了周三能够争取足够的阵地快速突破 20.00 元，他们苦苦支撑了一个下午的盘面，失去理智的他们，竟然又增加了近 5000 万元的筹码，占了当天交易量的一半。手中的子弹已经不多，而突破就在眼前，只要有市场的跟风推动，他们就可以确保做盘资金比不变。只要突破形态确立，他们原有的筹码就可以逐步派发。眼前的价格、形态，已经是一个赌局般的虚无状态，他们更像两个无惧生死的勇士。

周三一开盘，他们就将剩余的自救资金砸入。这种集中火力的做法，并没有见到 20.00 元的突破，更可怕的是 19.88 元的短期新高都未能刷新。半个小时以后，抛盘增大，因为没有接盘，价格很快就砸回 19.00 元，一亿元拉升了 10%，而他们却与全市场作对，与趋势作对。巨大的抛盘毫不留情，一路杀跌，收盘的时候已经是绿盘。

自救似乎已经结束，而且是以失败提前结束。无论是否甘心，丘建棠他们都要面对决策，持股还是出货？庞大的自救盘以及挣扎在成本附近的 1 亿元，成本价 17.80 元的保底盘，沉重的心理压力如两座大山，让他们在纠结与犹豫中错失了斩仓良机。

不甘心！他们找到了一个私募的盟友。他们答应给他们提供一次波段解救，但就在他们等候的两个交易日里，商业城股价已经毫无抵抗力地砸回了 18.00 元以下。命运又一次毁在他们自己的侥幸心理下，资金雄厚的盟友的参与，对于他们已经失败的自救来说，是一根救命草，更可能也是一个拉盟友一起陷入泥潭的做法。但在当时，他们已经没有选择，市场已经属于低迷的空头，毫无反弹一路下跌，而 "小吴总" 团队也无法施以援手，对方只想从长计议，而此时的他们已经深陷其中，无法脱身。

2011 年的国庆前一个交易日，私募的盟友开始接手，但建仓第一天，就被市场砸盘，根本见不到红盘的机会，而此时大盘也天天阴线。为了与盟友建立高度的信任，丘建棠他们答应只要形态没有做出来，不做减仓行为。结果，横跨国庆假期的一周拼杀下来，因为大盘一周的暴跌，商业城也跟随暴跌，股价最终勉强撑住 16.00 元。盟友好心帮助他们自救，结果却与他们双双深陷泥潭。丘建棠预感到，噩梦缠身的日子可能要来临了。

全面斩仓，股价崩盘，魂断锁仓路

在一片欢庆中的 2011 年国庆，丘建棠他们毫无喜庆的感受，反而是一种似乎知道自己即将死亡的恐惧与忐忑。国庆假期第一天晚上，丘建棠留守鹤山，推掉所有邀约，一顿索然无味的便饭以后，独自在文华夜总会 888 房傻乎乎地唱歌喝酒，最终醉在房间沙发不省人事。广发的易总接到夜总会经理电话，把他从夜总会拖回了房间。

那一晚，丘建棠哭得很厉害。一个 35 岁的男人，一次发自内心的嚎哭。那种对资本市场无知的忏悔，那种对初生牛犊粗鲁的羞愧，那种对缺失大智慧努力的无力感，那种深陷泥潭的煎熬，那种对几千万上亿元资金得失的计较，那种对忠诚资金方的愧疚，让他突然丧失了斗志，只想一醉方休。

回到广州，丘建棠召集了团队核心人员做了一次沟通，特别是新盟友加入后的自救工作。若再度失败，就必须壮士断臂，并将整个链条的资金成本罗列，从高成本资金开始"解锁"。确立这个思想以后，团队几方核心成员都情绪低落，每个人都开始想着自保，减少亏损，毕竟如果能以 16 元的成本出来，还不算是一个很致命的结局。

私募的盟友一个佯攻然后开杀，借助国庆后大盘的反弹，丘建棠他们不可能再次侥幸逃脱。结果，私募盟友自保就已经杀回 16.00 元的平台，看来运数已尽，1 亿元的保底盘出货，股价开始崩盘，而且接盘冷清。在商业城破位格局出现以后，阴跌的盘口成交低迷得让人只想哭天喊地。甚至有一段时间，连续几个交易日的下跌，让日成交额均不足千万元，只能每天找下跌后的承接盘卖出。这一亿元的资金，最终在均价 14.00 元时解锁，而国庆前庞大的自救盘也跟随解锁在 13.00 元附近，结局异常惨烈。光这两笔资金，丘建棠和老邓就要付出近 4000 万元的"兜底"。

此时商业城的盘口，已经变成了惊弓之鸟，所有的持仓者都受到股价的感染而变得情绪化，对原有的锁仓资金，在确定"小吴总"方依旧不作为后，丘建棠他们也开始陆续斩仓。他们的斩仓让商业城留下了一根根中阴线。一直斩仓到 11.00 元附近，才有接盘的出现。已经清理了高成本的筹码以后，锁仓资金也进入了持续斩仓的路程，他们准备全面放弃，甘心认输。因为总期望反弹后再斩仓，他们的斩仓周期惊人地持续到 2012 年的 7 月份。在整个失败情绪的传染下，跟风资金也加入了斩仓的行列。在市场最低迷的 2012 年 8 月～9 月，商业城几乎每天睁开眼睛就跌掉 2%。股价一下见到 7.50 元，距离他们拉升时的最高价 22.37 元，整整跌掉了 2/3（见图 1.12）。

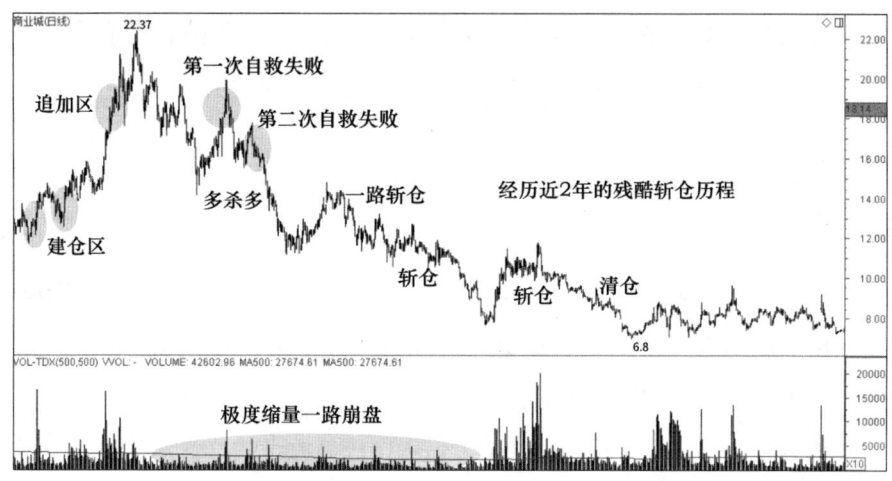

图 1.12　商业城走势图（2010 年～2012 年）

度过了噩梦般的两年，商业城这个项目整整让团队损失了近 1.9 亿元的市值。丘建棠和拍档老邓基本赔上了所有身家。几年来的辉煌，一朝付之东流，令人唏嘘。在处理完一些需要承担亏损的账户后，这种状况已经让丘建棠全家陷入了一种类似破产的崩溃情绪中。母亲甚至经历了半年多的失眠与焦虑。虽然如此，家人还是不断鼓励他、安慰他，希望他能够重新站起来。

代价还不仅如此。这次战役不只让他们损失了大量的财富，还让团队成员的各种争执升级。2012 年年中，由于经受不住失败的打击，丘建棠的团队无奈解散。老邓也选择单干，自己组建团队。另外几个师兄也选择了单干。就连多年积累的资金客户方，也深陷信任危机。一切都如山崩地裂般，处处演绎着一种"树倒猢狲散"的凄凉。在他的整个人生如撕裂般痛楚，在肉体与心灵的惨烈折磨中，运作商业城的悲剧，终于谢幕。

商业城惨败的启示

放弃了成长股的投资逻辑，偏离了"主航道"，商业城并不是价值投资的标的。

盲目与庄家合作，成功的概率极低。市场充满杀机，布满陷阱，没有绝对的诚信，只有利益的争夺。

忽略大趋势，逆大趋势重仓，成为亏损的源头。

在大盘暴跌中自救，深陷泥潭，越挣扎越陷越深。

长时间犹豫与侥幸，错失出局良机是失败的重要因素。

为保大局而涉足有成本压力的资金，是一把财富大铡刀。

> ▶ **感悟** 大部分投资者认为一个股票见顶肯定会伴随着"天价天量"的规律，但这是建立在庄家能在顶部组织出货的一种模式。如果庄家判断失误或者其他因素导致没有营造出出货时机，那么一只股票也可以在极度缩量中见超级大顶部。
>
> 同样，下跌途中的反弹放量，很多投资者都会认为是见底的信号，但这是建立在跌透以后，庄家认定可以重新买回运作的基础之上。然而，很多时候，它是庄家的一种补救，这可能造成缩量下跌以后的放量，这是更大下跌的开始。

浴火重生，业绩持续翻番

> » *凤凰涅槃，浴火重生。坚守价值投资理念，从 2013 年始，丘建棠在价值洼地先后挖掘北斗星通、中海达、华力创通、信维通信、昌红科技、宜通世纪等高速成长股，业绩再现"辉煌"。*

　　对挫败的教训进行深刻的思考与总结，比对成功的总结更能快速让人成长。财富需要时间沉淀，通过股市积累起来的财富才扎实。人的成长更需要岁月的雕琢，所有可行的模式和思想，经过周期的验证后，才能更坚定地选择正确的投资理念。

　　从 2010 年年底开始的商业城项目，一直到 2012 年 6 月结束，历时 1 年 9 个月的时间。在这段时间里，从最开始的痴人一梦，到回归现实的残酷，再到斩仓的挫败，以巨额损失解读着股市人生的各种心酸与煎熬，令丘建棠终生难忘。人们常说暴雨过后是彩虹，"危险"之后是机会。他溃败后的"重生"，正是重新回归价值之路的开始。

　　团队解散以后，丘建棠保留了愿意跟随的伙伴，将公司由珠江新城撤回滨江的小茶室。在 2012 年的整个下半年，他几乎每天都在茶室思考一个问题：自己究竟认识了市场的本质吗？之前多年来的辉煌，是能力还是时势造英雄？与此同时，他也意识到，商业城的失败，暴露了团队一路以来积累的所有人性的弱点，而这中间的载体，就是股市，就是上市公司。

　　丘建棠重新翻开了之前的选股资料，重新审视科大讯飞、恒瑞医药、上海莱士、航空动力。在 2012 年的中期，虽然股市一路新低，大盘从 3500 点一路下跌砸穿 2000 点，它们的市值却在一路创新高。

　　他们每个人对股市的认识，都存在一个政治层面的或经济层面的烙印，却又无时无刻地把股市当做一个合法的赌场。可这些公司的成长告诉丘建棠，资本市场的原始动机，是让优秀的公司借助资本市场不断成长，他们只需耐心地分享经济发展的成果，就可以成功。商业城只是让他巨额财富梦一场，上帝刻意安排一次惨痛的教训，就是要让他永远记住这个教训，让他在以后的日子更加坚定正确的投资理念，坚定成长股的价值挖掘，而不是沉溺在失败中像个无助的小孩。他应该从失败中站起来，没有经历失败，哪能品味成功？

一个深秋的凌晨，一场暴雨让气温骤降。在珠江边的丘建棠，突然毫无避雨的冲动，反而迎着暴雨一路狂奔，从广州大桥一直跑到中大北门。就算全身湿透，迎着暴风雨，他却越跑越有激情。他没有被打败，而是坚定了信念，坚定自己过往所走的价值投资之路。

成长为王，激战"北斗"

2012 年下半年，丘建棠开始重新审视市场暴跌以后的市场。他发现，跌幅最惨的莫过于创业板，很多股票上市以后就暴跌 60%。这是一种对创业板全市场的负面情绪的发泄，但他始终坚信，市场的机会都是跌出来的。因为在创业板中，已经有很大一部分上市公司代表着中国新经济的方向。如果未来中国经济转型成功，在创业板中必定也能够产生一批类似微软、腾讯这样伟大的公司。

经过对行业景气度、经济风口、国家战略等多层次的研究与分析，丘建棠锁定了北斗产业。2012 年，北斗卫星导航即将实现亚太组网，从北斗的国家发展战略白皮书中可以清晰地看到，无论是政策的扶持，还是国家大量资源的倾斜，以及真金白银的投入，都将是史无前例的，这是国之利器，大国之眼，是中国未来走向世界的名片。未来 10 年，行业每年 15% 的高速增长率几乎是确定的。

确定方向以后，团队花了一个月的时间，足足打印了几百份关于北斗的报道与研究报告。在做了反复的消化与思考以后，丘建棠决定全力

出击 300177 中海达与 002151 北斗星通。在做好仓位以后，2012 年 12
月，第 18 颗北斗卫星上天，实现亚太组网之时，北斗行业成为市场的
热门板块，而 002151 北斗星通更因为泽熙投资的席位出现，一口气大
涨 150%，成为整个北斗板块的龙头；精耕地理位置的 300177 中海达，
也在波段中实现了翻番（见图 1.13，图 1.14）。

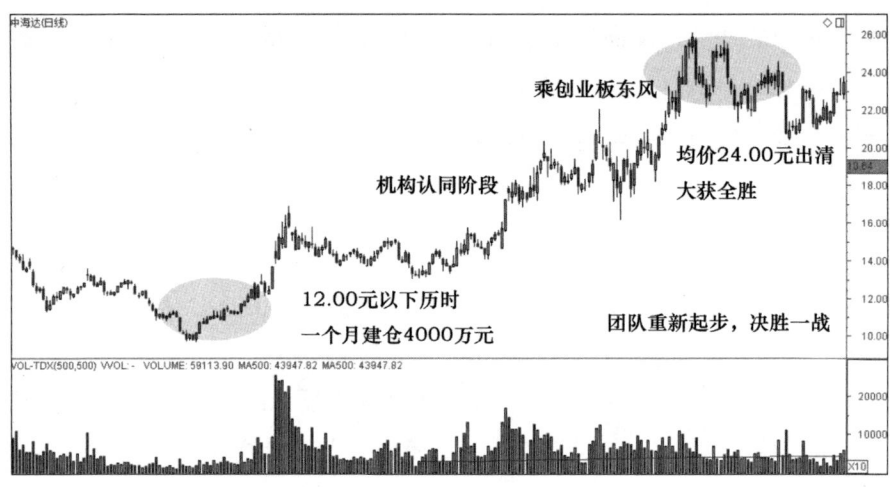

图 1.13　中海达走势图（2012 年 9 月～ 2013 年 8 月）

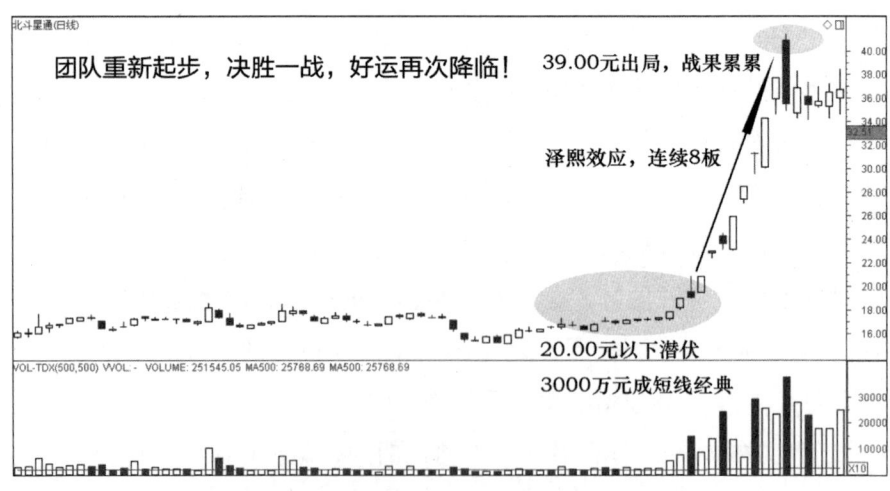

图 1.14　北斗星通走势图（2012 年 11 月～ 2013 年 1 月）

2013 年的春节，丘建棠过得异常轻松，因为北斗一战，已经帮客户找回了在商业城溃败后的信心。他们对北斗的持股一直坚持到了2013 年年中。这一仗，他们盈利了近 1.3 亿元。

看到市场表现与丘建棠他们对行业的分析遥相呼应，他们更加强了对价值成长的挖掘与坚守的信心。北斗行业的下游公司估值透支以后，他们盯上了另外一只北斗上游的芯片制造商——300045 华力创通。这个公司一直集万千宠爱于一身，却深陷业绩泥潭。因为北斗行业的推进进程未达到预期，以及芯片行业的技术瓶颈，该公司一直在卫星导航方面无法实现产业化，但它仍展示出将深耕北斗卫星应用领域的愿景。他们认为，该公司将是未来的北斗行业的重要公司。2013 年下半年，当该公司股价一直徘徊在 13.00 ～ 15.00 元时，他们隐秘地拿足整整 2 亿元的市值。紧接下来，该公司的调研报告也显示，它在民用订单方面有重大突破，其股价也从 14.00 元起步，到 2013 年年底上涨到了 27.00 元附近（见图 1.15）。

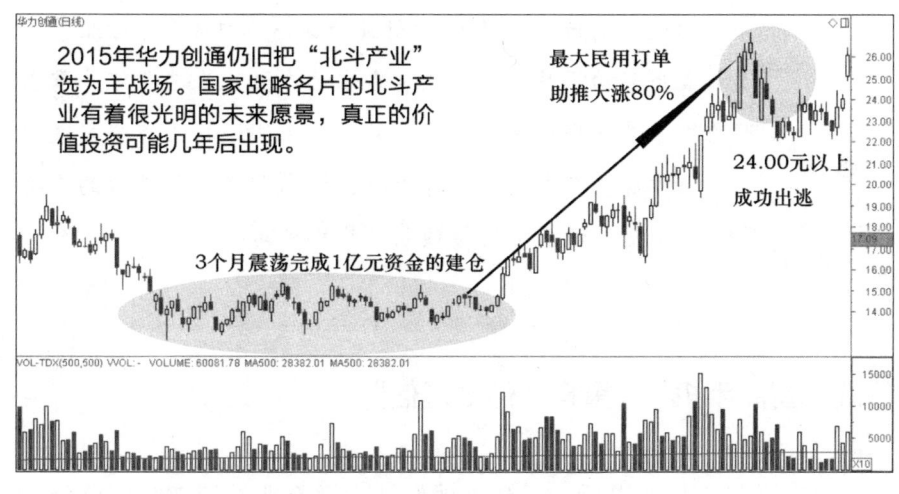

图 1.15　华力创通走势图（2013 年 5 月 ~ 2014 年 4 月）

北斗行业大获全胜，让丘建棠他们更坚信上市公司的成长是投资的最重要因素。选股的正确，比起巧妙的操作来说，更具备盈利的保障。

过亿元的资金要实现 50% 的波段盈利，没有耐心是无法实现的。在这个浮躁的社会，大部分投资者连等待一天的耐心都没有，而大资金要承受着市值剧烈的波动，还要经历每个股价涨跌的煎熬，没有超人的耐心，没有超人的信念，根本不可能实现。

做北斗这两年，有个小插曲。因为需要一笔大资金支撑丘建棠团队的方案变成财富，他与一资金方进行了路演。之后，对方仍想试探他的信心，安排了他与当地几个券商老总吃饭。在饭局上，对方突然拿出两瓶路易十三，提出一个带有刺激的要求："我今天答应丘总的资金是 1 亿元，但今天看丘总的信心，一杯酒 1000 万元，看丘总能争取多少资金。"丘建棠丝毫没有犹豫，一口气喝了 24 杯。当端起第 25 杯时，他突然反胃跑进洗手间狂吐，再也喝不下了。第二天，他收到了一笔资金：2.8 亿元。

> ▶ **感悟**　总结北斗行业激战 3 票成功的原因，有市场 "底部 + 波段趋势" 的选股时点，更有远看行业未来 5 ~ 10 年的行业景气度做最坚实的根基。价值投资者永远在做未来 5 年经济需求下的行业景气度排名，在靠前的行业中去坚持上市公司成长的价值体现。在大趋势的背景下，技术形态不是选股的重要因素，而是显示出市值与预期增长的空间。

鏖战 "智能手机"，重仓 "信维通信"

做透了北斗行业以后，丘建棠他们认为，行业的短期预期已经兑现，下一个北斗的黄金期应该是 2017 ~ 2020 年。在全球组网前期，只有卫星应用的深化以及卫星通信、卫星遥感等进入产业化应用才会产生巨大的投资机会。

2013 年年底，智能手机已经是人们日常生活的一部分。腾讯的微信推出以后，大有推动通信革命的趋势。经过行业分析与探讨以后，丘建棠他们认为，在通信行业中，有细分公司值得长期坚守。他们当时列出了一批深圳本地的创新类公司，很快就锁定了 300136 信维通信，一家专注手机天线的上市公司。他们在做了详细的基本面研究以后，欣喜地发现，信维通信与他们 2009 年挖掘的 002230 科大讯飞极其相似：专注主业，收购全球顶尖的瑞典天线研究所，成为行业标准的制定者，扩大产业，并进入苹果产业链。而当时该公司的市值竟然很低迷，在 30 亿元附近。他们认为，长期投资价值洼地已经显现。

在安排了一系列的调研考察以后，丘建棠他们决定逐步投入建仓。当时的时机也相当理想，公司股价从 2013 年年中 27.00 元一路下跌至年底的 14.00 元。无论是价格，还是基本面的情况，都符合大资金进入坚守的条件。他们一直逢低介入，这个重仓股的建仓周期达到了 3 个月，仓位甚至占了公司总市值的 4.5%。

坚守总是难熬，接下来的信维通信连续几个季度都是业绩增长，公司的利好消息不断出现，但是股价却是缓慢爬升，毫无启动主升浪的意思。丘建棠他们认为，一个上市公司业绩周期的拐点，与股价的走势并非一致。主升浪的出现，可能是在积累了 6 ~ 9 个季度增长后，才会引起市场的机构共鸣，才会启动。所以进入 2014 年中期，当持股已经半年之久，处于整体盈利在 50% 左右的振荡周期，他们依旧跟所有的资金方深入沟通，坚信公司的成长，坚守价值投资之精髓。

事实证明，信维通信给丘建棠他们带来了巨大的投资回报。在2015 年，信维通信如期进入主升浪，并跨越股灾市值继续创新高。公司市值已经高达到 300 亿元，距离他们建仓时候的市值，已经扩大 9 倍（见图 1.16）。

▶ **感悟**　信维通信的运作让丘建棠他们获得了超过 1.5 倍的收益。他们介入的时机恰好在一个成长企业刚好业绩反转的切入点。很多投资者都研究基本面，在持续向好的基本面背景下，却经常捕捉不到丰厚的利润。其实除了市场的趋势，更重要的是公司业绩的季度增长周期积累一定要足够，到了一定临界点才会爆发主升浪。

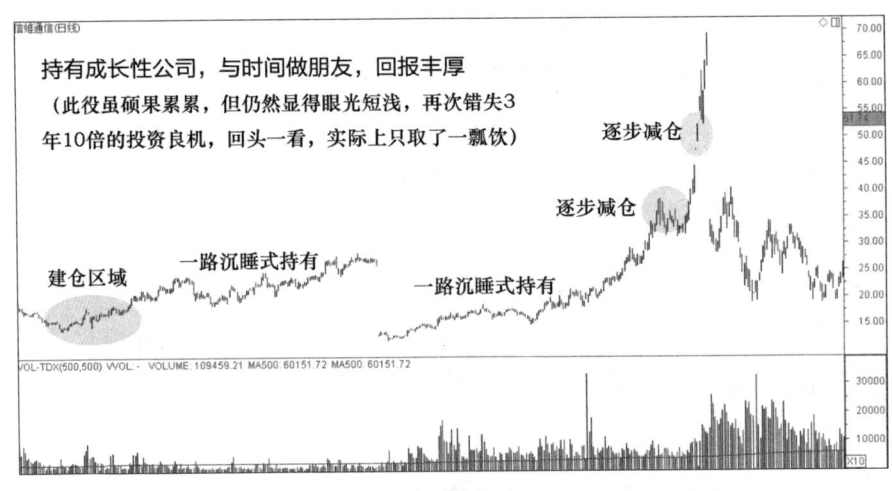

图 1.16　信维通信走势图（2013 ～ 2016 年）

深耕小市值成长股，昌红科技成"大牛"

2014 年，丘建棠他们的思路发生了根本性的改变，商业城的教训历历在目。也许，全部资金押在一个标的，是一个很危险的举动，虽已属于亦庄亦跟庄的角色，却是团队作战之大忌。所以，2014 年的整体策略，他们把握了创新与成长的宗旨，不断寻找小企业裂变的成长主题。

2014 年年初的 300151 昌红科技，仍是一个市值 20 亿元的小企业。

公司的模具主业虽然切入了很多品牌的供应链，却一直得不到市场的重视。丘建棠他们拜访了公司高层，这让公司高层感觉很意外，因为公司上市一年多以来，从未有机构关注过，也基本没有被行业研究员列入关注的名单。他们细致研究了公司的基本面，也测算了其主业升级以后的业绩，估算了其越南工厂的盈利预期与进入小米供应链的可能性。结合市场资金对它的关注度冷清，他们认为这是一个潜伏的时机。

调研回来以后，丘建棠他们把该公司作为一个长期持有的投资标的。但其市值偏小，而且 2014 年年初其成交相当低迷，即使他们的方案制定出了 1.5 亿元资金的投资额度，但最终只拿到了 1 亿元市值。其实，在他们建仓以后不久，该公司也发现了自身因为流通性不足而被众多机构拒之门外。这非常不利于往后其在行业的发展壮大，于是便顺势推出了 10 送 10 的分配方案。

对丘建棠他们而言，持有昌红科技股票的 2014 年，是非常煎熬的一年。他们反复强调一个公司的业绩反转并不会立即得到市场的认可，反而要沉淀 6 ~ 9 个季度的持续高增长，才能进入机构配置持仓的视野。但 2014 年的业务变化已经产生了积极的影响：越南工厂由于成本低廉，毛利率大增，提升了公司业绩持续增长的预期。加上公司与华大基因的战略合作，促使市场对其达成跟随 2015 年小盘股行情的共识，并走出了一波波澜壮阔的主升浪行情，从 10 送 10 除权后的 7 元附近，一路飙升到 90.00 元，成为 2015 年上半年的耀眼明星（见图 1.17）。

其实，丘建棠他们的投资并没有获得 10 倍的回报，他们对概念性的转型与合作，已经没有之前的蛮劲与热血，都会自然地给这些支撑估值的因素打折，有些甚至是打 3 折去做综合的衡量。所以，从昌红科技的主升浪开始以后，他们就采取了很从容的套利策略。对于这笔投资而言，总体获利 200% ~ 300%，他们对此已经非常满意了。

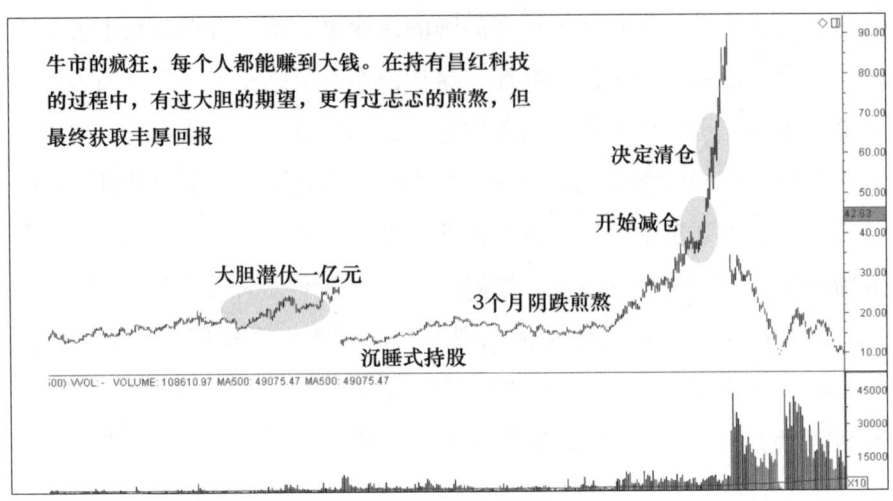

图 1.17 昌红科技走势图

> ▶ **感悟** 很多有发展潜力的小市值公司，初期都是被市场遗忘的。普通投资者挖掘以后形成不了一致的共鸣，因为其流通性极低又得不到类似公募基金等机构的支持，所以其市值只能在漫长的周期中缓慢增长着。因此，耐力与坚持才能在成长股当中实现丰厚的收益。

宜通世纪：反败为胜，战胜恐惧敢亏更敢赢

2014年年中，随着4G通信的加速普及，主业为通信网络工程和解决方案的300310宜通世纪进入了丘建棠他们的视线。该公司前景相当明朗，中国铁塔以及中国联通一直是其重要的战略客户，每年订单数量也在不断积累。而且，该公司一直布局智慧医疗与物联网，这是信息化时代很好的发展方向。很多信息显示，该公司正在寻找并购标的强行切

入，表明公司未来 3 年很有看头。从价值成长的角度衡量，这是个很有潜质的投资标的。

进入 2014 年的下半年，很多券商研究所都安排了宜通世纪的调研，很多研究员和基金经理都顺道把丘建棠叫上一起去评估公司的发展前景。每次调研，他都做了详细的记录与正反论证。当时，公司与新华通讯社广西分社合作联播网正处于运营阶段，所以专程安排人员到广西实地调研公司智慧医疗的模式。作为国内智慧医疗的先行者，只有其模式可以全国复制，才会让他们作出肯定性的投资决策。而调研的结果是非常理想的，该公司也已经与多省市签订了智慧医疗模式推进的计划。按照该公司的业务进程，其未来 3 年的业绩增长是板上钉钉的事情，甚至会为其带来第二主业的高速发展，成为智慧医疗的一个生态平台。

经过近 3 个月的观察与准备以及对上市公司各种信息综合，丘建棠他们决定将宜通世纪作为团队的第二重仓股。当时，该公司的股价从 14.00 元一直振荡缓慢盘升了 18 个月，涨幅 30%。

市场异样的声音来自于宜通世纪的基本面不断转好，业绩预期也很高，而股价却一直没有表现出来。2013 年年初到 2014 年年底，在这一年半中，已经有很多成长股拉出了喜气洋洋的主升浪，比如银之杰已经涨了 4 倍，万达信息也涨了 3 倍，宜华健康也有了 3 倍的涨幅。而且，这批同类型的股票似乎已经进入了加速上涨的时期。丘建棠考虑得更多的是，该公司是否值得他们买入。他们手握上亿元的资金，是追高已经上涨几倍的成长股，还是耐心地潜伏这只可能被市场遗忘的成长股？

最终，丘建棠决定逐步买入，毕竟看好该公司未来 3 年的发展，但公司的业绩却迟迟不见爆发。按照业务分析，该公司已经积累了长达 9 个季度的小幅业绩增长势头，2015 年开始，应该可以进入业绩高速增长期。

2014 年 11 月中，当看到宜通世纪杀了 3 根阴线回到振荡平台小阴小阳止跌时，丘建棠毫不犹豫地向团队下发了在未来两周建仓的指令。

建仓期间，他并不在现场，而是去了北京调研另外一家上市公司，一待就是 8 天。他粗略看了一下爬升的走势，以及团队成员报过来 19.50 元的平均持仓成本，感觉非常满意。他内心一直认为宜通世纪经历 18 个月的振荡盘升，应该很快会演变成主升浪，因为同类型的成长股都在疯狂地上涨。

2014 年 12 月，在这个月里，很多投资者都把投资理念转换了一轮，但丘建棠依旧顶住质疑与骂声，坚持了下来。进入 2014 年 12 月，市场风向突然转变，券商股以及二线蓝筹股、大盘股成为市场的主角。大资金持续涌入，上证指数一直强势上攻了 700 点，而创业板和中小板则反向承受压力，一直下跌，创业板竟然断头跌了 250 点，接近 14% 跌幅。

市场被突如其来的风格变化打乱了，"砍小票追大票"从开始的质疑声中演变成一种绝对的倾向。丘建棠身边很多基金经理、私募总监、投资团队，上亿元甚至几亿元地斩出小盘股，从犹豫到坚定，去追入大盘股，竟然在短短一个月内，将龙头中信证券拱出了一倍涨幅，而一批保险股也涨幅惊人。其实这也是充满血与泪的一个月，因为很多人真正相信大盘股有行情，是因为其不停涨，而小盘股不断跌，大部分人真正受不了斩仓是在 2014 年的 12 月中后期，小盘股跌了 20% 斩仓，而去追高短期大涨 50% 以上的二线蓝筹。市场考验着所有人，而很多人果然从价值投资理念一下子来了个大颠覆，变成大盘蓝筹的支持者。"大象跳舞最迷人"，这是当时很多人放弃价值成长股而选择大盘股的借口。

刚建仓的宜通世纪在覆巢之下，也遭遇着成长股的集体命运，冲高 21.81 元以后，直接开杀。从下跌的第一周，丘建棠他们就非常淡定地认为，大盘股行情很难持续，因为创新才是中国经济的希望，而且他们对宜通世纪非常看好。第二周小幅反弹后，他们认为一切如常，但第三周跌幅更猛烈。2014 年 12 月 22 日当天，大面积的成长股获利回吐全线跌停，宜通世纪也撑不住杀到跌停，趋势被破坏。此时，他们心情有些沉重，因为他们团队所有的配置都是成长股，不只是宜通世纪，还有其他品种都遭遇了短期快速的杀跌。光这一天市值就损失了 5000 万元。

当天 15：00 一收盘，丘建棠就召开了研究部和操作部的全体会议。当会议室雪白的灯光全部打开，照着坐在座位上的各位，他竟然感觉每个人都是脸色发青的。他知道大家都承受着市场的冲击。他把历次大盘股上涨小盘股下跌的经典周期都讲述了一遍，并强调就算当前"跷跷板"效应冲击比以往都大，可本质并没有任何改变，他们应该坚持价值成长的理念，不应该有任何动摇。可没有人敢确信这次跟以往一样，大家都说出了各自的观点。事实上，这个会议他们吵得很厉害，大家甚至都拍着桌子来发表自己的观点。他知道，在短短半个月内，大盘股涨 50% 与小盘股下跌 20% 的强烈反差，冲击着的，不只是他们的投资情绪，还包括他们的信念。

丘建棠强行压着当前的计划不变，已经是万般无奈。他很确信，这并不是成长股的历史大顶，甚至是在很多成长股的起步阶段，宜通世纪也杀回了 1 年前的价格，市值才 40 亿元。要他在暴跌中做清仓，他认为这违背价值投资的理念。持有成长股，可以用时间去化解这一类型的下跌，更可以用时间去提升真正成长的价值。

无论态度多么坚决，丘建棠还是在第四周挨了一耳光：市场继续演绎着"二八行情"，大盘股继续上涨，小盘股继续暴跌，而宜通世纪一口气砸到 15 元以下，他们的仓位已经严重被套 25%，浮亏达到 3000 万元。就在 2014 年 12 月的最后一个交易日，他更惊闻一营业部老总因确信宜通世纪短期会大涨，放了两倍杠杆，却被逼在最低位平仓。那一天，他心情低落到了极点。

2015 年元旦假期，丘建棠一直在办公室，接待着几位重要的资金方代表，而每一方无非是劝他不要那么顽固，社会在变，经济在变，股市也在变，劝他趁早转变观念。但他认为价值成长永远不会变，依旧向他们阐述宜通世纪的成长逻辑，甚至订单不断公告的细节。他异常坚定的态度，让每一方都甩门而去。更有其中一个资金方代表，离开办公室以后觉得不爽，一通电话把他骂得狗血喷头，说他"食古不化，无药可救"。他心里何尝不希望市场风向发生转变呢？大盘股的逻辑只发生在市场最低迷阶段和最高涨阶段，而眼前趋势刚刚活跃起来，就算逻辑勉强成立，也不是一种长时间改变市场理念的行为，顶多是小盘股之间的优胜劣汰导致大盘股的上涨。

2015年的春节来得特别迟，但整个证券行业似乎不想那么快过春节。从2014年12月份纠结到最后放弃价值投资理念的很多资金，在2015年1月就被市场把脸都打肿了。以券商股为代表的大盘股完成了冲顶的过程，很多资金追高在顶部。

2015年1月15日，宜通世纪发布了收获中国铁塔集团订单的公告，国信证券组织了公开的调研，丘建棠认为这次调研有很重要的意义。首先，公司积极跟机构沟通，让机构充分了解自己的发展潜力；其次，股价出现了下跌，也能够通过调研做出一个是否回升的预测。他安排了团队3个不同投资风格的投资经理前往现场做调研记录，并问了"智慧医疗的进展如何""物联网收购标的的进展如何"几个重要问题。他们并没有涉及主业收获几个订单的话题，因为这是他们非常确定的判断。同时，他们更不想让机构们知道订单利好的消息，否则会形成股价上涨的共振，因此他们特意隐藏了这一点。

得到调研信息以后，丘建棠他们在办公室开了一个下午的研究会。从调研过程中得到的数据是模糊而又让人充满遐想的，但还不足以让人形成乐观的研判。从组织调研工作的国信证券傍晚发过来的调研总结中，他们也发现这一点，大家依旧谨慎有加，似乎是因为之前小盘股的杀跌让所有人都失去了一些坚信价值成长的信念。

最终，丘建棠总结了这次调研资料的几个要点，最重要的一条就是，该公司已经收获中国铁塔公司共5张订单，订单数额在增大，而且每次订单公告后，股价都没有太多的反应，说明利好积累在慢热当中。更重要的一个要点是，中国联通的订单按道理会追随其后，接下来如果再出现订单，那么整个市场会对该公司 2015 年的主业快速增长态势进行重新评估。

不出所料，2015 年 1 月 22 日，宜通世纪再度公告第 6 个订单。丘建棠认为时机已经成熟，连夜把团队对宜通世纪成长逻辑的分析，以及在众多增长因素叠加后的市值预期，做成了一个内部研究报告。虽然没有具体的价格预测，但是他们已经把公司未来 3 年的成长趋势点透。这篇报告很快在一些投资团队内部流传开来，很多通信研究员以及基金经理也开始询问公司成长逻辑的要点。他们的坚守得到了市场的逐步认可，价值成长的因子在逐步汇集。而在 2015 年春节前，股价也顺利反弹回 20 元附近，让他们从之前浮亏 3000 万元的低落心情中，重新燃起坚守信念的火苗。

是时间让丘建棠他们化解了危机。如果 2014 年 12 月份他们因为慌乱，盲目跟随市场斩仓小盘股去追高券商金融股，那么，他们的亏损将成为现实，从深套到解套，短短两个半月时间，他们经历了众多的质疑，他们坚守了自己的信念，视市场的从众心理而不见。他们体谅下跌途中改变了自身投资理念的盟友和资金方，因为他们可能在过去的两个半月市场暴涨暴跌中遭受了巨大的损失，已经被来回两巴掌打醒了，又得重回成长股的战场。市场就是这样，信念支撑着整个投资生涯，丘建棠不会再犯 2011 年商业城的那种错误。

坚守后的喜极而泣不是因为赚钱，更多是因为丘建棠他们没有放弃正确的理念。2015 年春节后，成长股如吃完菠菜的大力水手，纷纷启动主升浪，宜通世纪也因为不断有物联网业务进展预期而跑出了短期的飙涨。2015 年 3 月的下旬至 4 月 2 日，股价出现了 5 次涨停，摸高到 36.29 元。很多场外观望的资金方，从一开始嗤笑他们团队有接盘的嫌疑，到亲眼目睹他们反败为胜的执着，再看到他们实现 70% 的盈利，那种感觉，可谓五味杂陈。

所有人都认为丘建棠他们进场就挨了 25% 的下跌，盈利以后就应该跑了。可是，丘建棠在团队内部一个鼓劲的决策《重新审视宜通世纪的成长逻辑》让很多人目瞪口呆，意识到他们正咬住青山不放松。他的逻辑更清晰，更简单，宜通世纪从 2013 ~ 2015 年两年期间积累的基本面向好，不是一个 50% 盈利就可以打发的。机构刚开始大规模的配置进场，他们的成本比机构低 20%，没有理由不坚定信念。

从上市公司表态进军物联网，而且会通过并购的形式切入至今，已经过去 1 年半，这是一个很值得期待的周期。公司的股价振荡以后，跟随创业板缓慢上升摸高到 53.77 元，似乎一切都预兆着好事的发生。2015 年 6 月 15 日，在行情极度热烈的当天，宜通世纪出现了诡异的 7% 跌幅，这是非常谨慎的下跌，不过成交量显示没有任何异常，没有让丘建棠他们惊慌。就在当天晚上，上市公司一纸公告：重大资产重组停牌。他们相当兴奋，按推算，公司收购物联网标的已经进入最后程序，宜通世纪锁定在收盘价 47.52 元。

天有不测风云，就在宜通世纪停牌的 6 月 15 日后，中国 A 股经历了一轮因杠杆融资互相踩踏造成的股灾，尸横遍野。很多资金因为带杠杆操作，亏光了本金。宜通世纪因为重大资产重组停牌，躲过一劫，但丘建棠他们都非常清楚，一旦复牌，他们依旧要面对残酷的市场现实。

接下来的几个月，丘建棠他们见证了中国 A 股市场最血雨腥风的厮杀，政府的救市与市场资金深层次的博弈绘成了有史以来最壮阔的场景。2015 年 9 月 27 日周日晚，宜通世纪一纸公告，定向增发收购天河鸿城，正式进入物联网领域，准备复牌。在接下来横跨国庆假期的 5 个交易日，宜通世纪重温股灾情绪，5 个无量跌停演绎着恐怖的补跌，辛苦坚守到的利润，一次性回到市场，股价跌到他们成本上方 30% 区域。第 6 个交易日低开 5% 以 26.01 元开盘后，巨额的买盘与斩仓盘，平仓盘对撤，放出历史巨量 9.91 亿元，足足把 25% 的流通筹码换了一遍。他们的第一认识就是："真正做价值成长的资金进来了！"

丘建棠他们又把逻辑梳理了一遍。收购天河鸿城以后，公司未来 3

年的业绩增长 30% 得到保障,加上主业一直收获的订单显示出公司估值的进一步提升,那么短中期市值目标要达到 150 亿元才合理。结合跌停以后巨量的成交,他们又是咬牙坚守。不是因为利润少了不服气,而是越坚守越看到逻辑的清晰和市场完全接地气。

最终,宜通世纪在 28.00 元区域稍作振荡以后,开始修复性上涨,并在 2015 年年底创出历史新高。在新高出现以后,丘建棠做出大胆决定,基于回避股灾以及盈利丰厚,在 50.00 元以上寻找逐步套现出局的决策。历时整整一年的宜通世纪一战,最终以 150% 的平均盈利完美收官(见图 1.18)。

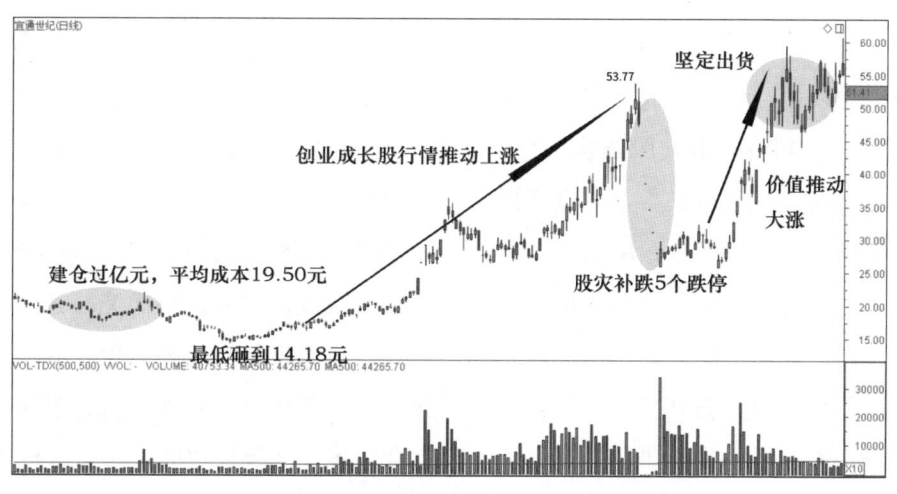

图 1.18 宜通世纪走势图(2014 ~ 2015 年)

▶ **感悟** 宜通世纪一战,丘建棠感触良多。在整整一年的跌宕中,他最深切的感触即是:陪伴"成长",有时是件非常痛苦的事。在陪伴中,你要备受常人无法忍受的煎熬,那种精神与内心所经受的摧残,甚至是"毁灭性"的。

在博弈的征途上,要坚守价值观,坚持投资高成长的理念确实不易，而反败为胜更需要高于市场的坚定理念，更需要顶住外围强大的质疑之音。相信市场中很多成功者都有一套决胜的盈利模式，只要模式可行，剩下的路，就是坚持，坚持一条可歌可泣的坚持之路。

宜通世纪的成功，在于对基本面的坚定，在于经历股灾补跌5个跌停以后的淡定，而这一切，都是价值投资理念的精髓。

股灾得失全看选股质量

2015年中期，中国股市经历了一轮因融资踩踏造成的股灾。丘建棠他们也经历过。股灾之前，他们已经在很多成长股上实现了丰厚的收益，股灾期间重仓股依次为华力创通、宜通世纪、双林股份、华测检测、报喜鸟，得失参半。宜通世纪与华测检测在股灾之前就因重大事项停牌，其他股票则跟随市场经历了一轮情绪化的暴涨暴跌。在众多持仓当中，他们都是看持股成本与市值做仓位的增减，没有全身而退，让不少利润回撤市场，算是得失参半吧。毕竟，宜通世纪和双林股份在股灾后很快创出历史新高。因此，丘建棠认为，选股质量决定着能否逃过灾难。而最受伤的是华测检测，因为股灾期间停牌，停牌之时已经有90%的持仓盈利，却因为开盘以后6个无量跌停，变得无功而返，也算是对股灾的一种无奈哭诉。

2016年以后，市场已经巨变，后股灾时代，必将迎来价值成长股的蜕变。未来，市场会如何演绎？丘建棠他们依旧在不断解读着未来的可能，但是他们的理念不会变。他们依靠眼光，依靠耐心与坚持，挖掘成长企业的旅程永远不会结束！

一幅图表，道出追逐成长股的"真谛"

> » 怎样认识成长股？又如何才能挖掘到成长股？这其中又有些什么绝妙的思路与方法？10 大要点和一幅图表，揭开了丘建棠多年追逐操作成长股的"秘密"……

在采访丘建棠的日子，听着他一个个从坎坷的经历中走向成功的精彩故事，我的心一直激荡不已。尤其是他带领团队坚定走价值投资之路，取得了一个个辉煌佳绩，令人振奋。

在听到他追逐"1023"的故事同时，我一直在想，他是怎样挖掘捕捉到市场上一只只翻番的飙涨牛股的？有什么"绝招"？

"谈不上绝招，在长期的投资过程中，我有以下 10 条体会与 1 张图表，便是这么多年来挖掘成长股的点滴经验。在此，可以奉献给广大投资者。"丘建棠坦诚说道。

以下是他提出的筛选和操作成长股的 10 大要点：

选一个朝阳行业的公司，而非选一个夕阳行业的公司。 一个行业的前景，要结合国民经济 5 年以上的预判分析，从各个行业的增长率数据去判断未来哪里是"钱堆"和"风口"，从供求关系去筛选社会商品需求的发展方向：哪些商品会供不应求，哪些商品会供过于求甚至产能过剩。比如，普通机械制造、炼油炼焦、金属冶炼、零售、酒店餐旅等行业，经过 30 年的改革开放，这些行业已经严重饱和，产能严重过剩。因此，这些行业很难成为未来经济发展的风口。

在朝阳行业中再精选背景强大、市场容量极大的细分行业。 一个朝阳行业中，有些领域刚刚起步，有些领域还在高速发展中，而有些领域则已经完全饱和和成熟，这时必须做出优选，将高速发展的细分行业作为首选。比如，通信行业发展迅猛，而且每次的技术革命都推动通信业更快的迅猛发展，通信的市场背景是全人类。

举 3 个细分行业为例：第一个是量子通讯，那是 10 年后的概念，怎么起步仍是未知数；第二个是卫星通信，刚刚起步，受众人群还处于朦胧意识中；第三个是 4G 甚至是 5G 通信，目前全国有 10 亿的受众量。那么，第三个细分行业就是当前的高速成长细分行业，其中就有挖掘的价值。

选一个毛利率偏高的公司，而且是不断技术升级的公司。毛利率偏高表明公司所处领域有较高的准入门槛，不会造成恶性竞争，而且也肯定代表着技术创新的趋势。5 年来的成长性公司，如 002252 上海莱士毛利率在 60% 以上，600276 恒瑞医药毛利率在 82% 以上，002508 老板电器毛利率 60% 以上，600519 贵州茅台毛利率在 90% 以上，002230 科大讯飞毛利率 50% 以上，它们都是优质公司。

无论公司的技术多么顶尖，如果产品不能产业化，就是断头路。以下两个案例足以说明产业化对一个上市公司的成长重要性。第一个是轴研科技，7 年前，它开始做高铁轴承的研发测试以及推进工作，至今仍未量产。虽然该公司可以生产卫星配套的精密轴承，但其成长之路却异常坎坷，大家可以对照其 7 年来的市值表现；第二个是重庆啤酒，该公司一直致力于抗癌疫苗的研发，可无法实现临床应用，也拿不到批文，每次有资金入场豪赌疫苗进展，都在轰然崩盘中结束，无法产业化已然成为其断头路。大家也可对照过去 7 年的股价走势和市值表现，对此便一目了然。

一个有梦想的董事长，甚至是有野心的董事长。他们会努力在自身领域争做龙头，甚至会打通整个产业链，实现公司在领域中的龙头地位。一个满足现状，且不求变革的董事长，会带领公司走向衰败，又谈何成长呢？科大讯飞从上市至今，演绎着成长股的典范，公司董事长一早确立在行业做大做强的决心，通过行业技术不断革命，在竞争中一家独大。2012 年，丘建棠也接触过另外一个汽车配件公司，跟其高层沟通时，他几乎无法得到正能量的反馈。每次草草几句，他们就开始喝酒说天道地。事实证明，在换了董事长以及几个高层以后，这个汽车配件公司才在 2016 年获得可观的业绩增长。由此可见，一个董事长的角色对他们挖掘成长公司的重要性。

一个务实实干的团队，并建立起优秀的管理与激励机制的环境。一个公司的体制让员工没有归宿感、荣誉感，是很难让其全心全力去为公司拼搏和奋斗的。

上市公司业绩反转至少3个季度出现增长，开始进入跟踪和评估。结合上述要素决定参与的仓位。从很多股票的成长过程中，丘建棠发现，业绩反转3个季度后，先知先觉的大资金开始建仓，此时的股价很难有大的表现，但是安全度极高。

上市公司业绩反转6～9个季度的股票，如果股价没有大幅上涨就是一个很好的潜伏标的。这个阶段机构的关注度非常高，股价可能会加速上涨，如果遇到市场趋势明朗，极大可能从此迈出主升浪的步伐。

公司业绩反转10～12个季度为一个大周期。这个时候，通常业绩饱和，公司的股价也涨了一大截，如果不能确定未来3年公司再上一个台阶，应该在这个周期内考虑逢高出局，完成周期性的投资，锁定收益（见图1.19）。

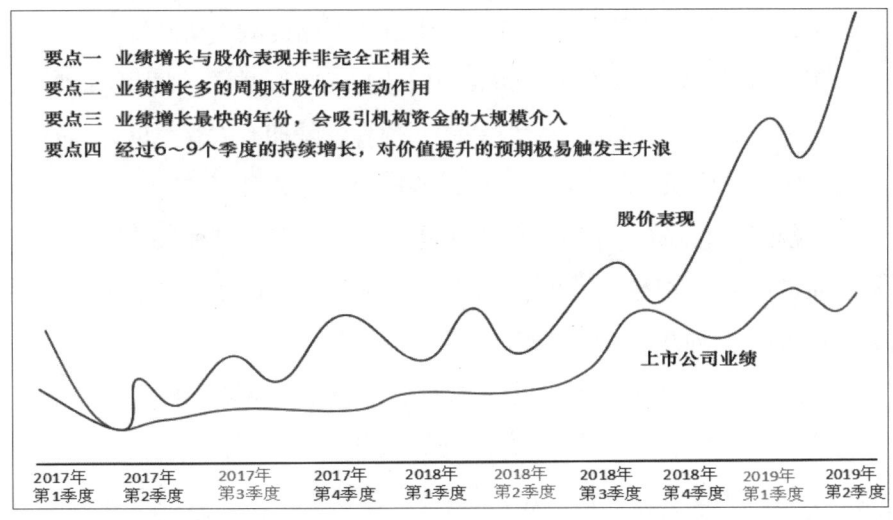

图 1.19 业绩反转周期的成长股业绩与股价的关系（预测）

上市公司业绩反转初期，市值最好在 100 亿元以下。通常一个细分行业的市值瓶颈在 300 亿～ 400 亿元，如果公司没有成为行业内绝对的垄断性企业，或者无法成为一个产业链的生态平台公司，市值很难突破 500 亿元。所以，选取高速成长阶段的股票，上涨的空间才有绝对的保障。

尾声：让更多人分享财富

从深圳到东莞，到佛山，再到鹤山、阳江、广州，最后再回到东莞、深圳，行程上千公里，采访路线整整"画"了一个圆。多日来，沿着丘建棠股市沉浮的足迹，在潜心探索他走向成功的"秘诀"过程中，我遇到了他团队的不少伙伴，一起并肩作战、共同致富的同学、朋友、证券营业部的老总，还有他的母校老师……在与他们亲切相处、深入交谈中，我无时不为他们认可丘建棠走价值之路的故事所感染。

东莞东三信富集团董事会主席刘向荣与我交谈时说："我不懂炒股，但我知道，股票投资高手一定是智者。智者就是拥有大智慧的人，有淡定的心态。我认识多年的阿丘，就是这样的一个智者。"

"说起价值投资，我以为可能就是智者在股市的一种最佳的交易选择。而最简单的'坚持'两字，道出的是股市人生的各种酸甜苦辣，所以，拥有一个好的心态很重要。"

"另外，我虽然不炒股，但我觉得投资股市，就要了解上市企业的经营状况，只有公司发展了，才有好的回报。"

东莞长红资本董事长何建佳说："价值投资路上，我的财务知识刚好是阿棠坚守路上的互补。我们这十几年来，一直在探讨价值投资模式的完善，希望能够在未来分享更多成长企业高速发展的红利。""2014
年～2015年，昌红科技是我单只股票盈利幅度最大的一次投资，超过
两倍，这让我真实地体会到了价值成长的好处。与好的企业一起成长不
容易，这要求既要有战略眼光，又要耐得住寂寞。只有这样，才能够获
得最大的财富。至于怎么评价阿棠？我对他太了解了，大学时期，我俩
是睡上下铺的兄弟。要我说，他有一个最大的优点和一个最大的缺点。
最大的优点是能吃苦，最大的缺点是太过能吃苦。"说到这里，他呵呵
地笑了。

在佛山采访时，同丘建棠一块打拼多年的原亿元投资管理团队总监
赖伟材回忆当初的艰辛时说："我就是2004年跟丘总熬到只能吃面饼，
最终遗憾地放弃创业的伙伴。与丘总一起15年来，我见证了中国股市
的起伏与发展，价值投资的路子在不成熟的中国A股市场举步维艰。
但幸运的是市场越来越成熟，这10年来我们也一起挖掘与追随价值成
长股，有心酸有煎熬，更有逐步成长的喜悦，这让我们更加坚定。正如
丘总说的，做成长股，挖掘未来价值的金矿，可能首先不是要有发现好
股的能力，而是必须先有一颗异常强大的内心。"

在鹤山，与广发证券鹤山营业部副总经理易沃强交谈中，他说：

"我1994年进入证券营业部，除了忙营业部的各种业务，根本没有
去思考股市长远的投资理念。到2006年，我认识丘总以后，发现他们
的投资理念跟普通股民完全不同，所有的因素都要考虑3至5年以上的
周期。后来，我们接触了众多股民以后也发现，在我们营业部中赚大钱
的股民都是坚定的价值投资者。

"我们营业部有一个60多岁的老股民，从2009年开始，用90万元
的本金长线投资了几个价值成长股以后，市值最高竟达到3000多万元，
复利惊人。但在2012年前后，他却经不起市场振荡和阴跌的煎熬，频
繁做短线，结果市值跌回600万元。在总结经验教训重回价值投资之路
后，到2015年，他又做到3000多万元的市值。这个股民的经历跟丘总

的经历非常相似。的确，我们自身的投资理念也是在 2006 年以后才逐步改变，并在往后的日子中，也致力于引导营业部客户树立正确的价值投资理念，很多客户因此而受益。"

鹤山某操盘团队陈华柱谈起"价值投资"时说："丘总自认识我以后，一直尊称我为'师傅'，其实我只是教了他一个星期的咏春拳。但丘总自 2010 年开始，却不断为我们传递这种清晰的价值投资理念，以及在整个价值投资过程中的淡定心态。我受他影响，从刚进入股市的懵懂，每时每刻被操作的得失与涨跌的情绪纠结着，到现在自信地在市场中坚持价值投资，通过时间去助力资本的增值，我感觉到自己长大了，快乐了。"

万联证券花都营业部总经理邹杨扬谈起坚守价值投资的理念时说："丘总是我广东商学院（现广东财经大学）的师兄，2014 年，一次很偶然的机会与他认识。当时，听说他们投资股票，经常持有一段时间，盈利翻番都还继续持股，觉得不可思议。经过两年的了解，发现在长达 18 年的股市生涯中，各种坎坷经历让他比常人更有忍耐力，其投资理念更具远见，而且对公司的跟进也相当彻底。他们真的是在投资公司。我入行迟一些，不过自己也不断去思考价值投资的模式。确实，做价值成长股的成功率能让人成长，让财富倍增。我认为成熟的投资者都在走价值投资这条路。"

把"大爱"传递给更多人

在股市人生中经受无数坎坷磨难的丘建棠，当他在事业上取得一定成绩获得一些财富后，并没有独享这份"幸福"。他一直不忘回馈社会，尤其是童年在苦水中泡大的他，无时不牵挂着粤北山区那些读不起书的贫困孩子。

在他的办公室里，我见到许多"捐资助学，功德无量""乡贤捐资教学，心系家乡图发展"的牌匾。这些都是丘建棠家乡的政府、学校送给他的。那是家乡的父老乡亲对他多年来坚持捐资助教的"奖赏"。

当我问及这些事，丘建棠深情地对我说："每次的投资有收获以后，我总想着帮家乡做点事情，比如帮村里装太阳能路灯、修桥铺路、修缮祠堂等。2009 年，科大讯飞获利以后，正值教师节，感受到自己从山沟沟出来到大都市拼搏的一路不易和意识到'读书拼出路'的山村定律，我决定在家乡广东翁源县铁龙镇成立'丘建棠奖学奖教助学基金'，每年帮助 40 多位贫困学生，鼓励 30 多位品学兼优的学生和一批优秀教师。我总认为，投资股市是我的一份事业，但是从另外的角度看，我还有另外一个事业。在不知不觉中，这个事业也已经坚持了 8 年。我想我会一直坚持下去，用微薄之力，共勉之心，让更多的孩子踏上求学之路，一路坚强同行，闯出自己的一片天！"

在广州走访丘建棠母校广东财经大学时，团委书记龚义荣充满激情地对丘建棠这个当年隔壁班的兄弟不停地夸赞："阿丘是我们广东财大的骄傲，也是大家学习的榜样。在校读书时，他把自己的衣柜改成货架，卖食品和日用小百货，供自己读完大学。他一路奋斗，成功后，不光把自己的投资理念传递给更多的师兄弟们，多年来还坚持资助家乡贫困的孩子们。他的事迹，真是一部励志书。我们在学校经常用他的奋斗精神教育同学们，激励他们向丘建棠学习，做一个对社会有用的人！"

"是家乡的热土、家乡的人民把我养育大的，是母校磨砺培育了我，我为家乡和学校做点事，是应该的。"丘建棠诚恳地说："我还年轻，我会永远铭记家乡和母校培育我的情谊，在人生的路上不断地奋斗！"

大爱无疆。愿年轻的丘建棠在投资的路上，把他成功的理念传递给更多的投资朋友，把他的"大爱"洒向更广阔的田野！

添博

> 稳健增长，
> 比大赚大亏更重要。

　　从 2 万元到 3 亿元，仅仅用了 10 年时间，他，不用任何"杠杆"，靠着自己的智慧与独特的盈利模式，竟将区区 2 万元的原始资本翻了 15000 多倍，在中国股坛创造了一个"神话"般的奇迹。在这辉煌的战绩中，究竟有着怎样的秘密？他到底有哪些鲜为人知的制胜股海的绝招呢？让我带着你，一起到杭州"天堂"，去聆听，去探寻在一个年轻交易员身上发生的那些"惊天"的故事……

投资简历
RESUME

姓名 Full name

添博，1976 年 7 月生，江西人，大专文化。

入市时间 Stock Market entry time

1997 年。

投资风格 Investment style

擅长在实盘中反复低吸强势股；打板强势股第二波；勇于介入强庄股的突破，赚取自己能把握的钱。

投资感悟 Investment insights

在交易中，一定要做到知行合一，抛弃幻想，只跟随市场。

第 2 章

从 2 万元到 3 亿元

记杭州杰出的"交易天才"
添博的股市传奇人生

引子：寻找"天文数字"背后的秘密

添博，是多年来"藏"在中国股坛的一位"天才交易员"。

我头一次听到他的名字，是在深圳。他是我的一位朋友，同时也是添博曾经的老师推荐给我的。记得当朋友兴奋地向我讲述添博从 1997 年开户、2000 年正式炒股时的区区 2 万元，到 2016 年竟"炒"到了 3 亿元的"传奇故事"时，我不禁有点惊愕。更让人不可置信的是，他并没有采用任何"外援"和"杠杆"，完全靠的是自有资金的滚动。

尽管至今在中国股坛一线采访了近 20 年，见过无数的民间高手，但乍一听到他的传奇故事时，我还是疑惑地摇头，不敢相信。

"是真的吗？"我不止一次地问这位朋友。

"是真的。我结识他多年，见证过他做过的许许多多的大牛股，一点都不会掺假。"

"能见见这位奇才吗？"我请朋友帮忙联系一下添博。

"我约约看。"

没过两天，朋友就对我说："添博说，他在成长过程中看了白老师写的《民间股神》中诸如落升等许多高手的事迹，对他曾有过很大影响，他愿意抽空来深圳交流。"

2017 年 3 月 11 日，添博应邀利用周末时间，飞到深圳。同时闻讯而来的，还有福建、广州、深圳的几位投资高手。大家相聚一起，交流炒股心得。

无疑，业绩最显赫的添博是主讲。

我听了整整两天，记录了厚厚一个笔记本，但心里还是不满足。望着面前长得白白净净"文弱书生"模样的他，我怎么也想象不出他有那么大的能量去撬动"从 2 万元到 3 亿元"的巨大"天轮"。

毕竟时间太短，对创造奇迹的过程，添博没有更多的时间让我"打破砂锅问到底"。

然而，我渴望与他"深度交流"，好好挖一挖他从 2 万元到 3 亿元所走过的心路历程。

临别时，我约他"杭州见"，他点头应诺。

一个多月后，我终于如约成行。

2017 年 5 月 6 日，当晚霞映红美丽的西子湖时，我抵达了"天堂"杭州，与添博实现"第二次握手"。

那天，我刚入住添博为我订的宾馆时，他就赶来看我了。见面方知晓，他是从江西老家参加完捐助 100 万元、为母校修建一栋教学大楼的活动，刚刚回到杭州，还没来得及回家落脚歇息。这让我十分感动。

他用西湖特有风味的佳肴为我接风后，带我沿着岸边闪烁着"流淌的千年文化，休闲的天堂画卷"的京杭大运河，徜徉在绿树遮掩溢满花香的"五彩世界"之中。末了，他还带我穿过一座挂满红灯笼的拱桥和一片密林，到他居住的豪宅区湖边的一个小亭落座。望着波光粼粼的运河水，添博思绪万千。他向我忆起了往事，从孩提时期怎样在困苦中长大，一直讲到如何上学工作，最后如何踏入股市，在其中所经受的磨难和一路走来的艰辛。他忘情地谈了很久，谈到很晚……

次日是周日，他带我走进他多年在股市鏖战的秘密"操盘据点"，拿出一摞实战日志让我看。我一看，发现哪天操作什么股票，买卖理由，大多都被详细记录在案。我还在他的一个学习笔记本上看到，他记录着他学习过的许多高手的"绝技"，其中有《民间股神·第 5 集》重点人物落升"捕捉市场热点熊市翻 5 倍多"的绝招；有《民间股神·第 7 集》"中原股神"李旭东"无数小黑马汇聚成大黑马"的战法；"股市农民"黄志伟在股市辛勤耕耘把"雪球滚大"，以及《民间股神·续集》冯毅"重仓才能大赚"的体会……

"添博真是个有心人啊。他集那么多高手的技艺于一身，这也许是他成功的一个因素吧。"我想。

交谈中，他打开面前的 6 台电脑和他个人的真实账户。当那一串诱人的"天文数字"和历史交易账单真真切切呈现在我眼前时，我确认了这一切的真实性。

随着眼前 K 线 20 年来的起伏变化，添博坦诚地述说着那逝去的岁月。顿时，他博弈股海的一幕幕以及隐没在其中的实盘操作"秘诀"，也渐渐地在我面前清晰地展现开来——

"苦海"中痴迷股市的"江西阿仔"

» 从 2000 年至 2003 年，他连续三年"稳定亏损"，从 2 万元亏到 1.5 万元，后来，又亏到 1.2 万元。他就向老婆"借钱"，

给她写"保证书"。

添博投身股市的发端，始于 20 世纪 90 年代江南的一个小镇。那是 1997 年，学医学专科的他，被分配到江南一个镇的卫生院工作，工资收入低，生活拮据。他想找个第二职业，去搞过推销，可他脸皮薄，觉得不适合自己。

有一天，卫生院一个科室主任对他说："这两年股市行情好，我买的四川长虹都赚了好几倍的钱呢！"一句话，激起了年方 21 岁的添博的"一腔热血"。他立马进城开了户，花 1000 来块钱买了 100 股的"杭州解百"。但他啥也不会，一直没操作。

他真正开始做股票，是从 2000 年开始的。当时，他把自己几年积攒的 2 万块钱投了进去，为的是搏一把，"改善一下生活"，这是他当初最朴素的想法。"那会儿，我整天盘算着，2 万块钱，一年赚 30% 就是两万六千块钱。如果 2 年、3 年呢？再想想，5 年、10 年后呢……越想，越觉得股市太诱人了。"

"真如所愿？顺利吗？"我问。

"哪有那么容易啊！我一开始想得太天真了。其实，我投身股市，就算是掉进了苦海。从 2000 年至 2003 年的 3 年间，我可是'稳定亏损'呀！"说到这，添博抬头望着操盘室里书法家为他题写的"稳健增长"4 个大字的匾牌，幽默风趣地苦笑道。

"为什么这段时间持续亏损呢？"

"没有盈利模式呀。"添博说："一会儿短线，一会儿中线，一会儿又是长线，没有人指导，净自己瞎折腾！记得我当时看中了一只软件股票，买后它一直不动，我忍不住割了，结果刚一卖掉，它就大涨。这样的事儿，经常有，数不清。"

"老亏损，就没信心了吧？"

"恰恰相反。那时自己才二十郎当的年纪，哪肯服输？失败了再来。那几年，我每年都要亏百分之三四十，甚至到百分之四五十。从 2 万元亏到 1.5 万元，我就用节省下来的工资往里填。后来，又亏到 1.2 万元，我就向我老婆'借钱'，给她写'保证书'。最终，我又把账户资金填到 2 万块钱。"

"家里还是蛮支持你的啊！"我说。

"我家境并不富裕，2002 年我结婚时还欠了 4 万元的债务。主要是爱人信任我、理解我。我实在是太喜欢炒股票了。当时没钱买电脑，为看行情，我下夜班不休息，乘车跑几十里路到城里营业部去。后来，镇里有了第一个网吧，我一有空就跑到网吧看股票行情。白天上班，晚上研究股票到深夜，第二天一大早又起床做功课。那时，真有点痴迷呀。苦是苦，可心里爽。"

一波三折，"曙光"初现

> » 经过反思，他的操作风格有了两大改变：一是把以往的"追涨杀跌"，变成"追跌杀涨"，倒过来做；二是做弱市中的强势股，并在操作上尽量做到低吸。这样做大概有 80% 的成功率。这让他终于看到了一丝曙光，对股市也开始有了信心。

添博说他在亏钱的"漩涡"里整整 3 年。自 2003 年起，股市幸运之神开始向他抛出"橄榄枝"，他开始赚钱了。

"每年赚多少？"我问他。

"不多，但进入了盈利状态。2003 年和 2004 年，每年都能赚 3000 多块钱。我的本金少，只有 2 万元。那会儿交易佣金贵，操作成本很高。我算了一下，一年下来，大约要交 5 万元的税。也就是说，我虽然只赚取了 3000 元，实际交易时要赚取 53000 元。"

"你的交易频繁吗？"

"是的。"添博算了一笔账，说了这样一件事："2 万元每天跑进跑出满仓交易，一年下来，大概有 1000 万元的交易量。而我当时的成交额达到了 750 万元，在营业部中，这样小的账户是比较突出的。算是'小资金，大客户'。年底，营业部还特意给我发了几百块钱的购物券，以示奖励。"

"2003 年、2004 年，甚至于到 2005 年大盘创新低，整个行情并不好呀，那你为何在入市亏了 3 年后开始赚钱了呢？"

"应该是心态与思维上有些变化吧。"添博回答说："经历 3 年的赔钱，我开始总结反思自己的操作出了什么问题。在此期间，我看了不少书，诸如《短线是银》和吸取许多高手的'麻雀啄食'的方法等。在行情低迷的熊市，我改变了原来买股票套牢后'死扛到底'，最后忍不住割肉的做法。比如，我过去买的航空动力，原来叫 *ST 吉发，股价从高位大跌，跌到 9.00 元，再跌到 7.00 元。我看跌得差不多了，就抢进去，一直拿着，想等它反弹。结果适得其反，它不往上涨，反倒还一个劲地继续往下跌，跌到 5.00。我实在忍不住，割了，亏损很大。后来，趋势不好，我再也不扛了。基本上是今天买，明天卖，不管盈亏，都不留在手上。即使是第二天大涨的，我也先出局，再选走势好能涨的股票买进。"

"在那种低迷的行情下，你资金量少，能做到盈利，已实属不易。你在选股上发生了什么变化？"

"主要有两大变化。一是把以往的'追涨杀跌'，变成'追跌杀涨'，倒过来做；二是做弱市中的强势股，并在操作上尽量做到低吸。"

"成功的概率大吗？"

"80% 吧。也算不错的成绩了，对我而言。那会儿，我终于算是看到了一丝曙光，对股市也开始有了信心。"

遭遇"滑铁卢"，战车再陷"泥潭"

> » 当时，市场上炒作权证之风刮得很猛。见许多人炒权证，几万元很快炒到了几百万元，他的心也动了。很快，他也不做股票了，开始炒作权证，用 8 万元的本金，跟着一群疯狂的"权友"在权证市场上开始搏杀。结果，本金被腰斩了一半，亏成了 4 万元。这次惨败，为他此后的持续盈利，上了一堂最好的风险课。

"从 2003 年始，到 2005 年的六七月份，虽说我赚得不算多，但还算是顺风顺水的，毕竟 2 万元的本金，翻了 4 倍，变成了 8 万元。然而，市场风险无时不在。就在这时，胜利冲昏了头脑的我在前进路上遭遇了滑铁卢。那是贪欲造成的。记得在我的资金达到了 8 万元时，权证品种出来了，市场上炒作权证之风刮得很猛。见许多人炒权证，几万元很快炒到了几百万元，我的心也动了。很快，我也不做股票了，开始炒作权证，用 8 万元的本金，跟着一群疯狂的'权友'在权证市场上开始搏杀。"

"顺利吗？"

"炒权证是个高度紧张的事儿。可以说，分秒都是金子。有时，撒泡尿回来，20%就没了。我每天来回要操作三四十次，成交量吓死人了。原来梦想着做上半年，8万元变成800万元，也不是不可能的事。但事与愿违，最后的结果令我很失望，8万元本金不但没多涨一分钱，而且还腰斩了一半，亏成了4万元，这是我万万没有想到的。"

"什么原因呢？"

"主要原因有两个，一是交易佣金太高，记得当时可能是8‰吧，即使有一点盈利，也都交了手续费了。二是自己喜欢跟风追高。我及时总结了用4万元买来的教训，后来转到了一个佣金比较优惠的营业部，在操作上也更加谨慎。这次惨败，为我此后的持续盈利，上了一堂最好的风险课。"

2006 ～ 2016 年：10 年辉煌实录

> » *10 年一个轮回。2006 年至 2016 年的 10 年间，是他在中国股市"突飞猛进"创造奇迹的 10 年，除极少年份出现小亏外，几乎是年年拉"大阳"。尤其在近几年，其业绩增长进入了"主升浪"，把 2 万元一直做到了 3 亿元。*

2006 年至 2016 年的 10 年间，添博一直是以超级短线为主，交易相当频繁。不夸张地说，交易单堆积如"小山"一般，根本无法将其交易详细地一一罗列出来，只能择其重点，大略将他前进的足迹记录如下：

2006 年：4 万～20 万元

自从 2005 年下半年添博将 8 万元资金投入，开始做权证后，到 2005 年年底一下腰斩到 4 万元。他总结教训，从 2006 年开始重新挑战权证品种。

不同的是，他不再追高"跟风"，也不再恋战，只做强势品种，万科、南航、宝钢、茅台……凡市场上出现过的权证品种，他几乎都操作过。当时，他还在上班，每天只能抽半小时到一个小时操作。他坚持快进快出，有时买入后能赚几分钱甚至几厘钱也操作。这样辛苦地操作，到 2006 年年底，他用 4 万元搏到了 20 万元，资金增长了 5 倍。

2007 年 1 月至 11 月：资金增至 500 万元

2007 年，市场牛气冲天，赚钱容易。在这一年，添博采取股票与权证一起做的策略，利用两把"利剑"在市场上搏杀，看哪个有机会就做哪个。这一年的 5 月 1 日劳动节前，他实现了自己人生的第一个百万梦。至今，他都清楚地记得，带他实现这一百万梦想的"功臣"是雅戈尔（600177）这只股票。他是 2007 年 4 月 24 日、26 日在雅戈尔拉升中"喘气"调整休息的两天，在 22 元的价位低吸买入。此后，该股连拉两个涨停，节后的 5 月 8 日开盘，雅戈尔继续冲高，在冲击 30 元时他趁机派发。就在这天，添博的资金账户达到了 100 万元。采访中，添博说，账户在"5·1"达到百万元很有纪念意义，"5·1"是劳动节，而他人生的第一个 100 万元，也是他多年辛勤劳动换来的成果（见图 2.1）。

"2007 年的'5·30'事件，对你是否也影响很大？"我问添博。

"'5·30'的前夜，我的资金达到了 142 万元。那天一开盘就暴跌，我的账户顿时缩水到了 130 万元，损失 12 万元。看到这样，我很警觉，

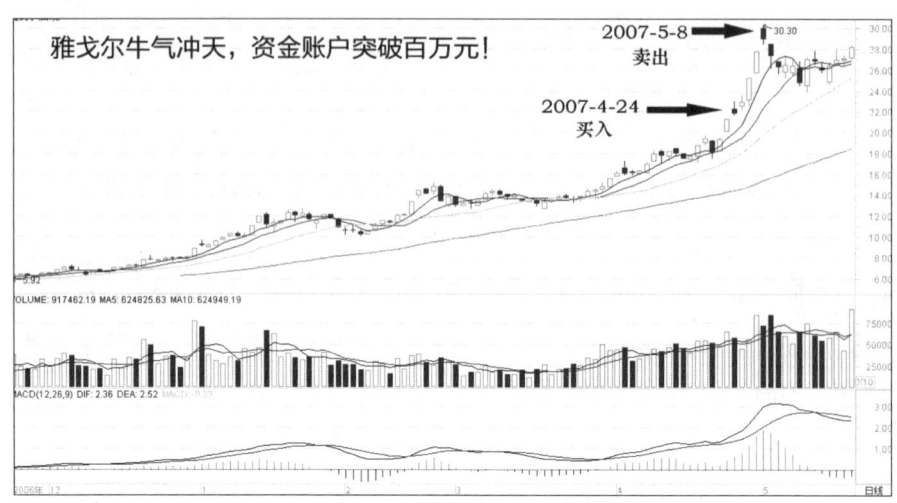

图 2.1　雅戈尔走势图

在 10：00 ～ 11：00 果断迅速离场。而且，我用账户中剩下的 130 万元在下午对权证发起攻击。到收盘时，资金又回到了 142 万元，把当天在股票上缩水亏的钱又给赚了回来。由于在下跌时离场快，避免了重大损失。

"从'5·30'至'6·30'，当时股市连续暴跌无法做，我全部改做权证。到 6 月底，我的资金不仅没受损失，而且还不断盈利，达到了 300 万元。这时，我出资金 100 万元，在市区买了我人生的第一套住房，账户里还剩下 200 万元。"说到这，添博对我说了这样一件事："我买房，跟你在《民间股神·第 5 集》写的落升买房的情形有点相似。我先交了一部分首期，用剩余的钱炒股。等要交齐全款时，我这 100 万元又赚回来了，账上很快又成了 300 万元。这等于在股市中白捡到一套房。"

大牛市中，股票与权证"双管齐下"，使添博的收益颇丰。尤其是做权证，一天操作三四十次，而股票一天最多只能操作一次，做权证一天下来，等于做一个月的股票。

成绩是可观的，但经历也是相当曲折的。在添博 2007 年的实战日志里，记录着这样一件事：那是2007年6月的一天，他拿280万元买入看好的招行权证。当时价位是3.30元，让他没有想到的是，买入后价格没有往上走，而是直往下砸，3.10元、3元、2.80元……他的心跟着价格的变动在往下沉。就这样，还没止住，价格一直砸到了2元，账户上的100万元瞬间即逝。此刻，他的心如刀割一般难受。这太可怕了。出局？还是忍着？思想斗争最激烈时，他以自己多年看盘总结的经验，很快做出判断：第一次跌下来，一定是假的！他以极大的定力忍着。果然，下午价格开始回升，到了3元以上。他开始慢慢地出，反复做"小差价"。这样，100万元在当天又失而复得，他最终以微利出局。忆起这件事，添博说出自己的实战感悟：

> 一只大牛股，当它第一次大跌时，一定是"假跌"，不要怕，不要急着割肉卖掉，即便是出货，它也一定会拉上去，骗你进去；同样，一只大熊股，第一次的大涨，不可马上追进，要警惕，它一定还会下来，切不可盲目介入。

这一年，进入11月，添博账户资金已达500万元。他在市区住上了新房。但对股市痴迷的添博，此时感觉又要做股票，还要跑到小镇上班，来回太远，有点力不从心。于是，他便决然辞去公职，开始专职做股票。

"但，我辞职时的'位置'不对，"他指着大盘走势说："你看，2007年10月16日大盘从6124点开始下跌，在我辞职的11月1日，上证指数摸高到6005点，收5914点。从形态上看，正是形成'双头'暴跌开始的位置。仅一个月时间，我就亏了100万元。到年底，甚至于击破了400万元。"我看到，他的交易日志上记录的账户资金是：396万元。

2008年：从400万到800万，大熊市业绩翻番

在2006年至2007年的大牛市中业绩翻百倍，也许不足为奇，然而，添博在中国股市经历最惨痛的2008年大熊市中业绩仍然能翻番，不能不说是个"神话"般的奇迹（这一点，他和《民间股神》第5集中重点人物"江南神鹰"落升，十分相似）。

在这年的熊市中，他抓住"牛股"刀口舔血，重点打了这样几场仗：

2008年1月，他介入了奥运板块的中体产业（600158）。1月8日，他以惯用的"低吸"手法，在该股跌7%时勇敢介入，买入价格35.90元，尾盘即拉起，第三天冲高，他以39元卖出（见图2.2）。

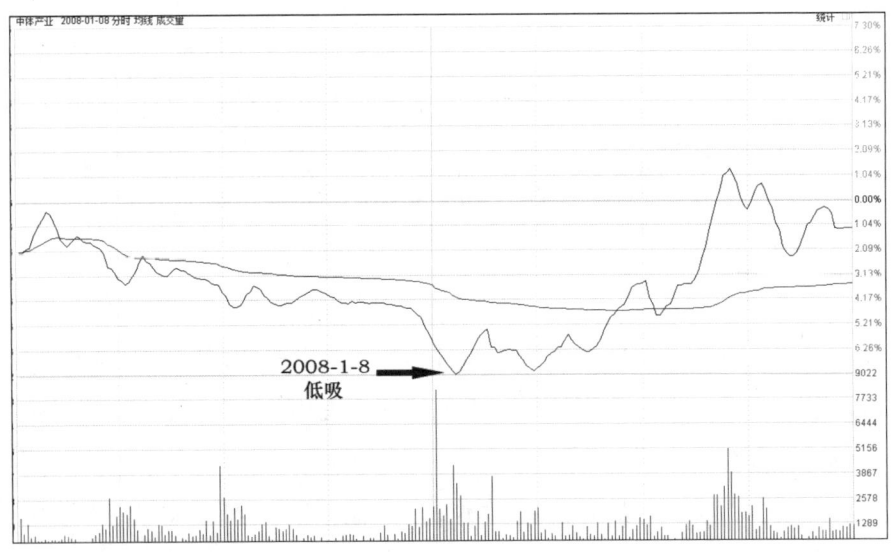

图2.2 中体产业分时走势图（2008年1月8日）

2008年2月15日，他介入弱市中的强势股西藏明珠（600873，现名：梅花生物）以12.30元价买入，第二天涨停价卖出（见图2.3）。

"为什么买它？"看着他的实战日志，我问添博。

"理由有三"，他回答说，"一是西藏明珠当时股价创出新高，连续

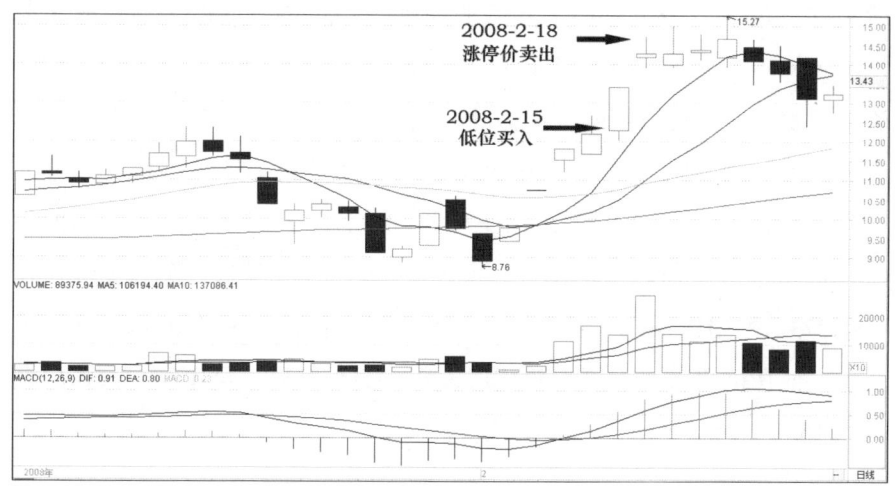

图 2.3　西藏明珠走势图

放量上涨，符合强势股特征；二是有利好；三是盘中有低点，我买在下影线上。"

此时，他的账户资金已做到 502 万元。

接着，他在 2008 年 5 月 21 日，买入了当时市场上的两只热门股：即"创投概念"的龙头股，一只是龙头股份（600630），另一只是同济科技（600846），买入后很快盈利，账户资金迅速攀升至 751 万元。

2008 年 11 月 25 日，他介入中铁工业（600528），再次获利。至年底，他的资金做到了 800 万元，实现熊市中翻番的骄人战绩。算上购房 300 万元，此时他实际上已经从当年的 2 万元做到了 1136 万元。

2009 年：资产 2000 万元，出资 500 万元购房，余额 1500 万元

2009 年大盘走出一波强劲的反弹行情。添博延续熊市的优秀表现，再接再厉。上半年，市场在国家 4 万亿元加强基建投资项目的重

大利好政策下，催生了一大批飙涨的牛股。添博重点操作的是厦工股份（600815，现名：*ST 厦工）并围绕这只股反复做。下半年，"甲流"暴发，他紧紧抓住两只受益的股票海王生物（000078）和莱茵生物（002166）。随着市场传闻"甲型流感"传播迅速，连美国都宣布进入"紧急状态"的信息的扩散，海王生物和莱茵生物进入主升浪，添博的账户资金也再度拉出"大阳"，达 2500 万元。但因他一次对佛塑科技（000973）的错误操作，顿时抹去了 500 万元利润，成了 2000 万元。这一年，他在杭州市买下第一套住房，用去 500 万元。至年底，其账户余额为 1500 万元。

2010 年：账户资金达 3000 万元

2010 年随着股指期货的推出，导致大盘连续下跌。上半年，添博的操作也出现了小亏。

下半年，他瞅准当时市场的有色、稀土、煤炭、锂电池等热点板块，先后介入国阳新能（600348，现名：阳泉煤业）、西藏城投（600773），尤其是反复操作有色板块的大龙头股广晟有色（600259），为他贡献了非常可观的利润。到年底，资金从年初的 1500 万元翻番为 3000 万元。这时，他购买了杭州市第二套房，余额 2400 万元。

2011 年：资金持平

这一年，大盘连绵下跌的趋势，使添博的操作也处于困境之中。他的资金在 2000 多万元一带上上下下地振荡。令他不能忘却的是，这一年，他踏上了一颗"地雷"：2011 年 3 月 7 日，他重仓买入兆新股份（002256），第二天就停牌，没想到，8 月份复牌后连续吃了 4 个跌停，他在第四个跌停打开时出逃。这次操作，让他损失了投入这只股票资金的 35%。

所幸的是，在国家出台"把新文化打造成国民经济支柱"的政策感召下，新文化传媒板块非常活跃，他靠操作天舟文化（300148）和中文传媒（600373）等热门股票，扳回了不少利润。年底结算时发现，全年基本没赚没亏，持平。

2012 年：资金达 3600 万元

2012 年，大盘依然不好，但市场延续新文化传媒概念的炒作，不时有热点涌出。2012 年 2 月 20 日，他介入东方明珠（600637，原名：广电信息），还有乐视网。

2012 年 6 月，他又重点操作了巴安水务（300262）。当时，国家出台治理水污染的政策，而该股正是治理污染和高送转的"双料"龙头股。短短时间，就使他获利 50%。

这一年，虽然行情难做，但添博短线操作中采取"叨一口就跑"的"麻雀战法"，几乎每天都有赚头。我看到他这一年的实战日志上记着：1 月 30 日，赚 1 万元；1 月 31 日，赚 4 万元；2 月 1 日，赚 6 万元；2 月 2 日，赚 16 万元；2 月 3 日，赚 13 万元……至 3 月底，一个多月他竟赚了 500 多万元。

至年终，大赚加小赚，他持有的资金达到了 3600 万元。

2013 年：资金达 7000 万元

2013 年大盘一直疲弱，况且受资金面紧缩的重大利空，从 5 月至 6

月，出现"雪崩式"的暴跌，至 6 月 25 日，沪指创出了 1849.65 低点。

尽管这一年大势不好，但对于传媒和文化娱乐业来说，却可以说是个生机盎然的"元年"。年初，电影《泰囧》的全球热映，点燃了文化传媒的一把圣火。这对主营为出品电影及衍生品、电视剧、视频直播和游戏的光线传媒（300251）形成重大利好，该股逆势飙升，带动华谊兄弟（300027）联袂大涨。添博不失时机介入其中，反复操作，获利丰厚。下半年，添博把操作的标的又适时地转移到以掌趣科技（300315）和中青宝（300052）为代表的创业板的"手游"热点板块上。

2013 年 10 月 8 日，他一开盘又买入了底部以涨停突破的深圳华强（000062），当天即封涨停。此后，该股连拉涨停板，短短几天，就让他获利达 35%。另外，他还成功操作了信息和软件板块的强势股拓维信息（002261），也都大获全胜。

总结 2013 年的战果，添博说，他的盈利是"上半年靠电影，下半年靠'手游'"。年底，他的账户资金接近翻倍，达 7000 万元。

2014 年：资金达 1 亿元

添博说，2014 年的上半年显得比较冷清。但他是个细心的人，在观察盘面走势中，他从一些股票的异动，发现其中不乏有大资金介入的迹象，敏锐地感到市场机会的到来。他把目光重点瞄向了证券板块，静静地等候着。

2014 年 10 月底、11 月初，他介入了自己十分看好的兴业证券（601377）和华泰证券（601688）。这两只股票走势可谓气吞山河，涨势如虹，市场表现十分抢眼，添博从中获利达 50% 以上，使账户资金一下子跃上亿元。谈到此，添博兴奋地说："这是我人生拥有的第一个9 位数！"

2015 年：资金达 2.7 亿元

2015 年对于投资者来说，是永远都难以忘怀的一年。疯牛的行情，惨烈的"股灾"，多少投资人、机构、基金在灾难中均遭受"毁灭性"打击，被埋葬于"血泊"之中。而这一年，对添博来说，也是喜悲交融。他倒不是因"股灾"受伤，而是遭遇了"人祸"。年初，他被朋友的朋友以"理财"为由，骗取了 5000 万元。他在打官司、调整好心态之后，用余下的约 6500 万元又开始进行操作。

这一年，他重点抓住"供应链"改革的几只龙头股票反复做。2015 年 1 月 16 日、19 日他介入了快递供应链的龙头股怡亚通（002183），"没想到，竟抓了一只暴涨牛股，股价从几元一下子飙升到 74.78 元！"2 月份，他介入的另一只有色板块供应链龙头股盛屯矿业（600711），也是当时在市场上走出翻倍行情的一只牛股。此外，上半年他还操作了软件板块的龙头股用友网络（600588）。该股也如同怡亚通一样，从十几元一直拉升到 74.11 元。期间，添博反复操作，获利极其丰厚（见图 2.4、图 2.5）。

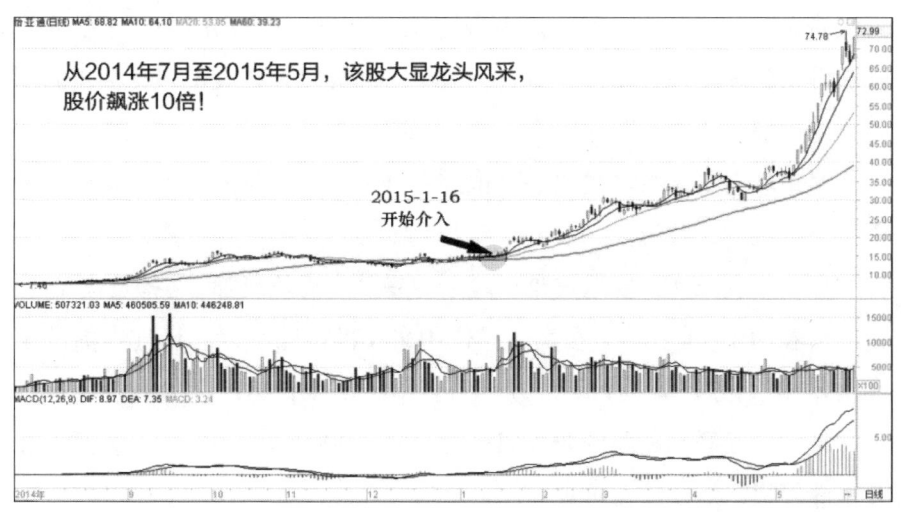

图 2.4　怡亚通走势图

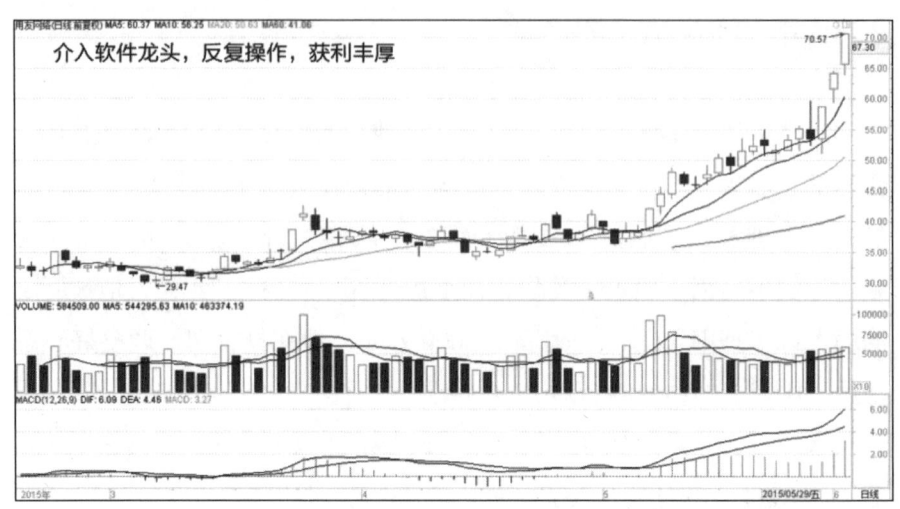

介入软件龙头，反复操作，获利丰厚

图 2.5　用友网络走势图

"2015 年 6 月份以后的股灾，对你是否也造成了很大伤害？损失大吗？"采访中，我问添博。

"有一点影响，但伤害不是很大。上半年我获得了不小的收益。当时市场疯了，有许多朋友用杠杆赚了好几倍的钱。我坚持不用杠杆，而且，对于眼前这种市场的'疯牛行情'，我预感到会出问题。于是，我从 5 月初就渐渐地开始往外撤资，只留一部分资金在股市。我杭州的别墅，就是那时买的。"

对市场时刻保持敬畏之心，也许是许多高手赢家的一个共同点，听着添博的叙述，我想。

保住胜利果实，躲避灾难风险，在暴跌之后抢反弹，"捡皮夹子"，是添博在 2015 年下半年在实战操作中采用的战略战术。用他娴熟的短线技术多次成功地"抄底"，屡屡得手。如他在 2015 年 6 月 30 日、7 月 9 日大抄互联网超跌的龙头股东方财富（300059）的底，连续抓了好几个涨停板，短线收益可观。

当然，他也并非"圣人"，在"股灾"中，他也吃过"套"，但添博不恐惧。"别人在大跌时，都吓得够呛，但他显得特别冷静，挺得住，关键是他手里拿的是强势股，不怕。"采访中，与添博同在一起操作的小薛和小沈向我如此介绍他们心目中的"英雄"。交谈中，他们还向我讲了这么一件事：

那是2015年7月4日，是个周六。面对市场连续的下跌，管理层有"利好"消息推出。这在"寒夜"中激起了投资者一丝暖意。添博就在7月6日（周一）抢入他熟悉的曾多次操作过的强势股深圳华强。当时，深圳华强的股价已从高位的93元多腰斩一半了。添博想，股价跌了一半多了，怎么也该涨涨了。

没料到，这一次，深圳华强确实没有再给添博"面子"，买入后就让他连吃了几个跌停板。有人劝他割肉跑掉，但他坚持"暴跌必有暴涨"的信念。就在他被套的第四个跌停板打开之际，他不仅没跑，反而加了重仓。可喜的是，当天该股即从跌停冲上涨停板，一天就让他赚20%。随后，深圳华强一口气竟连续4天封涨停（见图2.6）。

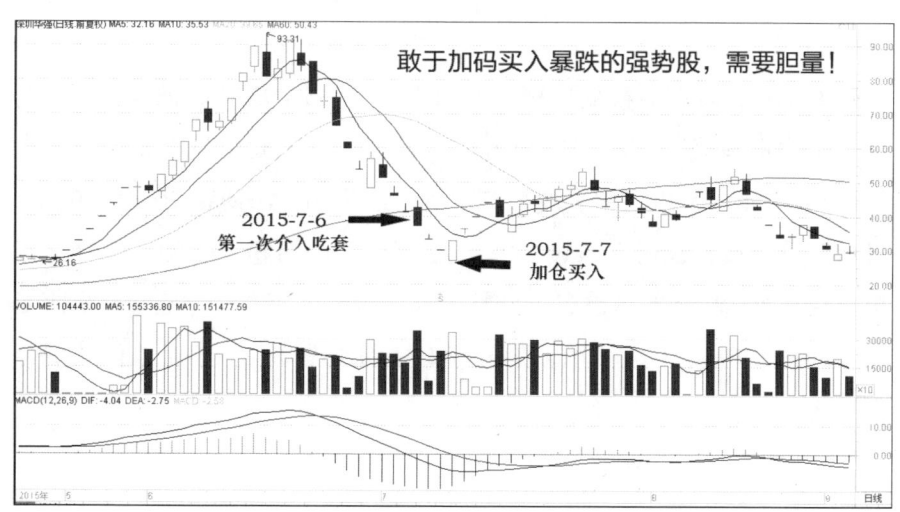

图2.6 深圳华强走势图

采访中的某天，15：00 收盘后，添博带我去爬杭州的宝石山。到达山顶后，在保俶塔下，竟遇上他的几位 "股市挚友"，也是他多年的粉丝。他们说起，在 2015 年那波疯牛行情中，起初，添博资金的增长速度并不比别人快，不少采用杠杆资金业绩翻了许多倍的还嘲笑他说，这么好的行情，你怎么才翻一倍多呀？但谁能料到，真正笑到最后的却是大赢家添博。

至 2015 年年底，他的资金增长到年初的 3 倍，达到 2.7 亿元，令人们赞叹不已。

2016 年：再创佳绩，资金跃过 3 亿元

2016 年，给添博带来最主要的盈利是在两个重要板块的操作：一个是上半年热点智能无人驾驶的操作；另一个是股权变更概念。在 "无人驾驶" 板块中，他重点操作了万安科技（002590），还轮番炒作了同一板块的金固股份（002488）、亚太股份（002284）、中原内配（002448）。

下半年，具有股权变更概念的四川双马（000935），是添博获利的另一个 "重头戏"。该股于 2016 年 7 月初启动，股价从 6 元多，一直飙涨到 42 元，是市场中表现最耀眼的一匹黑马。添博在 2016 年 9 月 5 日该股第二波打板时介入过一波。之后，在 10 月份，当四川双马这匹黑马在狂奔途中短暂 "歇息" 调整，准备再度启程之时，他又一次骑上它，两次成功地出击，让他获益多多（见图 2.7）。至年底，他的资金超过 3 亿元。

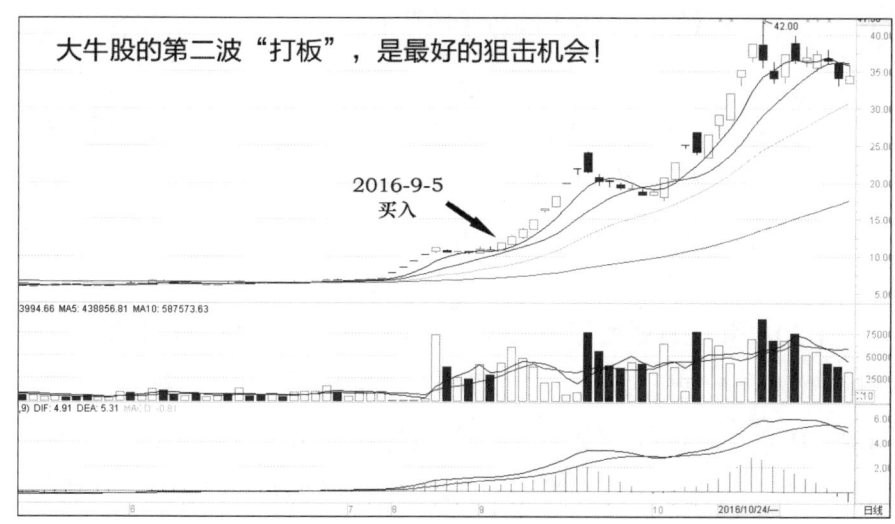

图 2.7　四川双马走势图

2017 年 1 月至 5 月 14 日：继续谱写新的传奇

2017 年，添博的实战操作更上一层楼，佳绩接连不断。自年初起，他操作的重点是"一带一路"的市场热点。其中，他操作的股票主要有天山股份（000877）、西部建设（002302）和北新路桥（002307）。

此外，他于 2017 年 1 月操作的云南铜业（000878），2 月在启动之际介入的中原证券（601375），获利都相当不菲。

10 年一个轮回，从 2006 年到 2016 年，添博把 2 万元做到了 3 亿元。如今，他决意自 2017 年起，要从"零"开始，继续谱写他股市人生新的篇章。

10 年 1.5 万倍的秘密究竟在哪里？

> » *三大盈利模式、十一大操盘秘籍，正是他能在风雨无常的股市 10 年间创造出 1.5 万倍 "神话" 的秘密所在……*

在 2017 年 3 月添博深圳之行与我初步交流和 5 月我杭州之行对他深度采访的日子里，我一直在探寻着存留在我心中的一个核心的问题：添博，从 2 万元做到 3 亿元，他何以能在风雨无常的股市 10 年间创造出 1.5 万倍的 "神话"？他的身上，到底有哪些鲜为人知的 "秘诀" 呢？

在一天深夜的交谈中，他道出了我心中积存了多日的这个 "大问号"。

"白老师，其实，也真没啥好说的。论起来，我的技术水平只能算是中等。要和市场上的一线游资比，他们有更超前的判断力、领悟力和执行力，而我只有跟随力。我 10 年能翻 1 万多倍，应该说是靠综合能力，一步一个脚印走过来的。" 添博诚恳地回答说："我不保守，你要我说一说成功的秘诀，这么多年下来，要说没有吧，那是假话，要说有吧，其实很简单，就 7 个字：抓热点，做强势股！"

接下来，在他的书房里，添博一连几个晚上，向我毫无保留地详细讲述了他的盈利模式和操盘秘诀——

三大盈利模式

添博的 "三大盈利模式"，都是紧紧围绕 "擒龙头，抓热点" 强势股使出的三把 "利剑"。

盈利模式一：强势股低吸

　　这是添博在实战中用得最多的一个盈利模式：一个板块的热点龙头或近期连续上涨的超强个股，在某一天大幅下跌时，在分时图上根据股价"跳水"的振荡走势，可分两到三批逢低点介入。

　　添博称此交易为"右侧交易中的左侧交易"。"这种短期机会的成功概率为 90%。"他强调："特别是在龙头股第一次下跌时敢于低吸，其成功率最大。""有时强势股第一天调整后，第二天上午继续跌，此时应加大仓位买入。特别是大盘不好时，调整一天半的股票较多。"这是添博对这一盈利模式强调的"操作要点"，也是他向广大读者无私奉献出的自己多年来盈利手段中最值钱的"干货"之一。

　　实战案例一：天山股份（000877）。2017 年 2 月 14 日，一带一路的龙头股天山股份，在从底部启动连拉出 4 个涨停板后开始调整，开盘后即稍向上冲高便开始下跌。接近 11：30 收盘和下午开盘后，连续出现"跳水"，添博就此开始狙击这匹黑马。第二天上午开盘后，该股低开高走，下午又继续下跌。这一天，他在开盘和下午尾盘继续加仓低吸。2 月 21 日，上午该股冲高 7% 回落，他再买进，2 月 23 日大跌，又低吸，一直到 3 月 7 日，股价跌到了 20 日均线处，他还在买入（见图 2.8，图 2.9）。

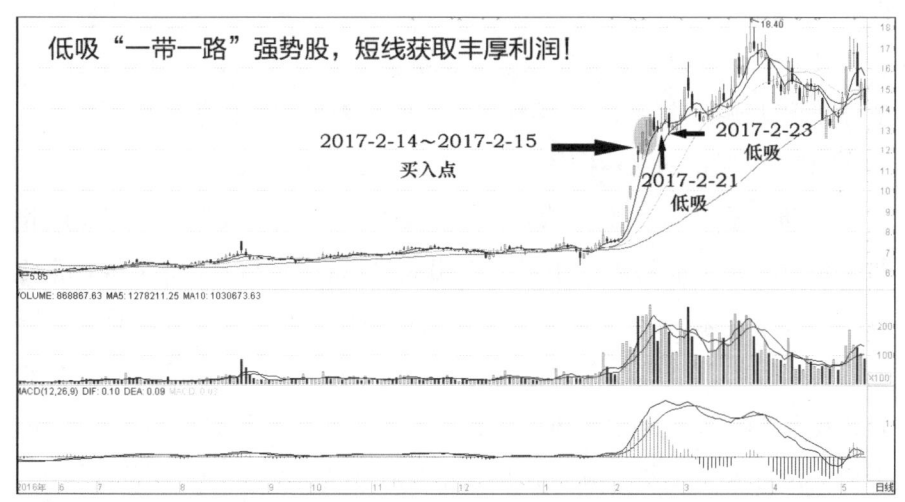

图 2.8　天山股份走势图

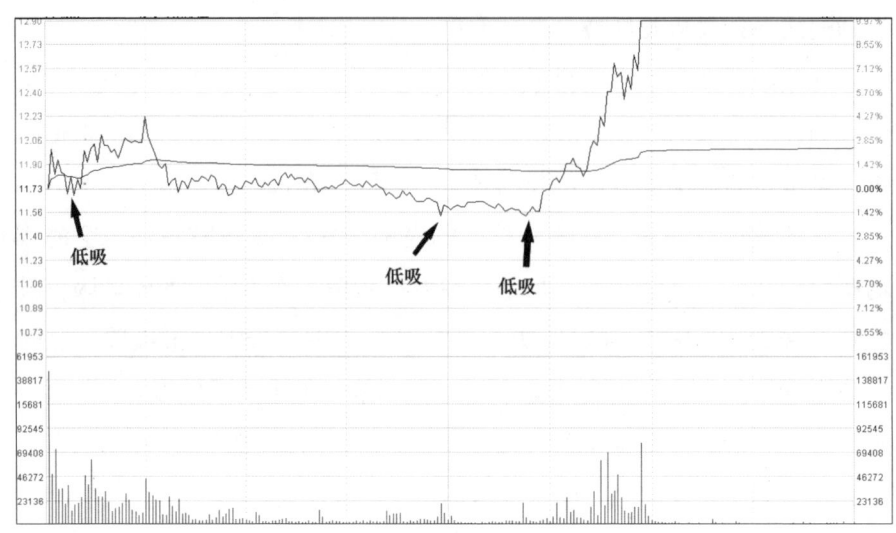

图 2.9　天山股份分时走势图（2017 年 2 月 14 日）

　　期间，他多次出手的成功率达到 100%。当被问及为何能如此神算般地操作时，他回答道："天山股份是新疆板块，是一带一路的'桥头堡'，启动后走势很强劲，只要它跌，我就敢买，心里非常踏实，而且一定会涨，能让你赚钱。"

　　"你为何在它跌到 20 日均线时还敢买入？难道不怕它高位做'头'被套？"我问。

　　"2017 年 5 月中旬一带一路国际高峰论坛会议才召开，现在还有两个月，它见顶没那么快，必然还有一段时间表现。"添博回答道。

　　"对天山股份的这种操作，你持续到什么时候？"

　　"一带一路的龙头股的表现是此起彼伏的。天山股份、西部建设和北新路桥轮番上涨的节奏不同。天山股份涨得最早最猛，后来上涨的节奏就慢了下来，这点从 2017 年 3 月 23 日、24 日两天出现的长上影线，可以看出其上涨趋势已显疲惫，上涨的力度也已不足。而就在这时，我看到西部建设（002302）在 3 月 22 日涨停，是启动的重要信号。于是，我便于 3 月 23 日从天山股份的操作中迅速转移到了西部建设上，

效果非常理想。"（见图2.10）

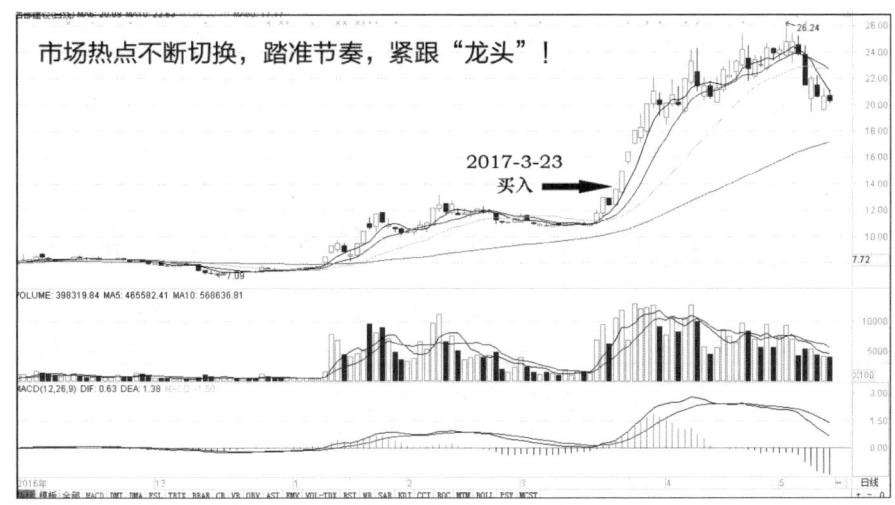

图 2.10　西部建设走势图

实战案例二：万向钱潮（000559）。 万向钱潮是新能源汽车的龙头。该股在2014年1月初启动行情后，强劲飙升，2月17日至19日，连续3天强势连拉3个"一字板"涨停。而让人始料不及的是，2月25日它却突然跌停了。2月26日开盘后低开下行，继续下跌，许多人见这阵势，恐慌出逃，而添博却看到这是一次绝佳的介入机会。于是，他在开盘后借股价下探之际果断买入。当天，该股下探后再显强势，13：00刚过，直奔涨停。此后几天股价节节攀升，短短5天，涨幅就达50%以上（见图2.11）。

实战案例三：厦华电子（600870）。 具有重组题材的厦华电子在2014年上半年走出一波稳健上涨态势，尤其到了4月份，开始放量拉升，涨势迅猛，正当其涨势如虹之时于4月23日停牌，5天之后于4月28日复牌，当日跌停。当晚，添博在晚间复盘时，觉得有点"蹊跷"：前期走势那么强势的重组股，没有重大利空消息，怎么会就此止步？于是，他决定若明日低开，介入！4月29日，果然如他所料，该

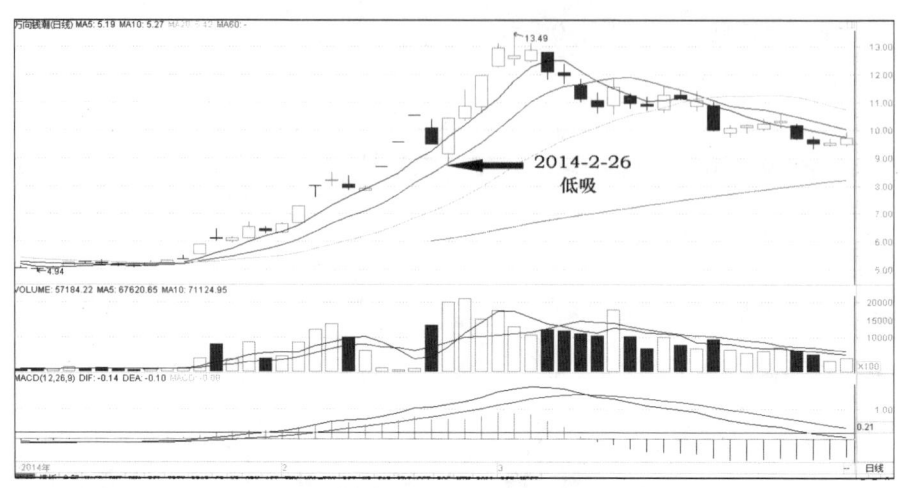

图 2.11　万向钱潮走势图

股大幅低开 8%。添博没有被吓倒，依然按事先的决断低吸买入。十几分钟后，该股开始上拉，当日以红盘报收。此时，他已赚了 8%，次日又大涨 5%，两天他共获利 13%（见图 2.12）。

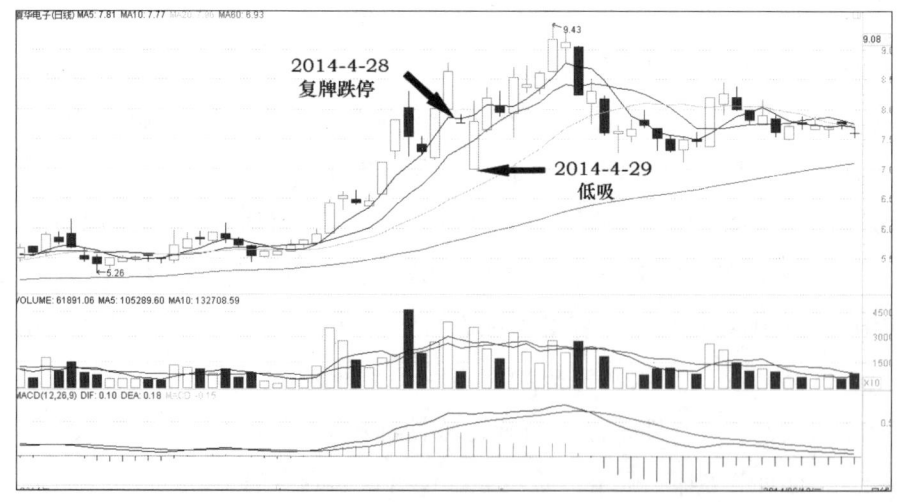

图 2.12　厦华电子走势图

实战案例四: **荣晟环保** (603165)。这是作者在采访过程中亲历的一个案例。该股在 2017 年 1 月上市后, 正值"环保风暴"兴起, 连续几个月走势十分强劲。经过短暂调整后, 它于 4 月再次飙升, 一路涨停和连续拉阳。之后, 于 5 月 4 日、5 日 5 日和 8 日, 它连续 3 天下跌, 给了一个出击的绝佳低吸机会。添博适时介入并指导股友大胆低位买进该股。果然, 此后该股连续上涨, 仅 4 个交易日, 股价从 5 月 8 日的 52.49 元, 很快拉升到 5 月 12 日的 65.99 元 (见图 2.13)。股友们齐夸添博有眼力, 有胆识。

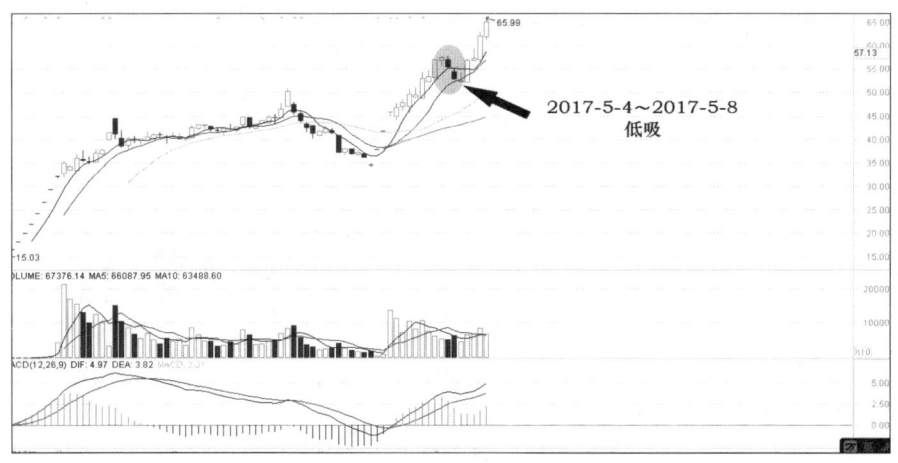

图 2.13 荣晟环保走势图

盈利模式二: 强势股第二波"打板"介入

采访中, 添博说:"我也不是神, 也不是先知先觉者, 在市场上一涌现出强势龙头股就能第一时间介入, 而更多的是当市场上表现卓越的股票走出'强势'后才发现它, 并确认其是龙头股后密切关注, 在它启动第二波涨停'打板'时介入, 也可以很好地把握盈利机会。"

实战案例一: **冀东装备** (000856)。冀东装备是在 2017 年 4 月千万人关注的"雄安新区"板块中表现最强悍的龙头股。该股自 2017

年4月5日在重大利好政策的催生下启动以后，一口气连拉7个涨停。4月19日开始，进行为时3个交易日的短暂调整后，它于4月24日掀起凶猛涨势的第二波。在其冲击涨停"打板"时，就是最佳的介入时机。如能在涨停或接近涨停时买入，盈利非常可观（见图2.14）。采访中，指着冀东装备的强劲走势图，添博兴奋地说："真没想到，第二波打板竟打出一只大牛股！"

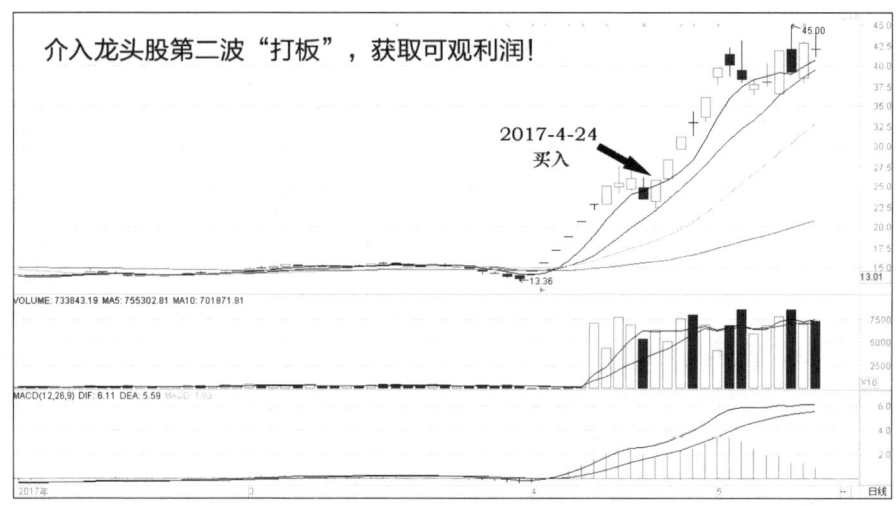

图 2.14　冀东装备走势图

实战案例二：四川双马（000935）。 四川双马是2016年下半年市场跑出的一匹"黑马"，一只耀眼的明星股。在第一波连续拉涨停之后，这匹黑马进行短暂休憩，9月5日再次冲击涨停板启动第二波，这时是绝佳的介入机会（见图2.15）。

实战案例三：精功科技（002006）。 该股于2010年8月至年底走出一波逆势上涨行情，11月19日，该股在调整之后，再次"打板"涨停，新的一波涨势开启，即时跟进，获益颇丰（见图2.16）。

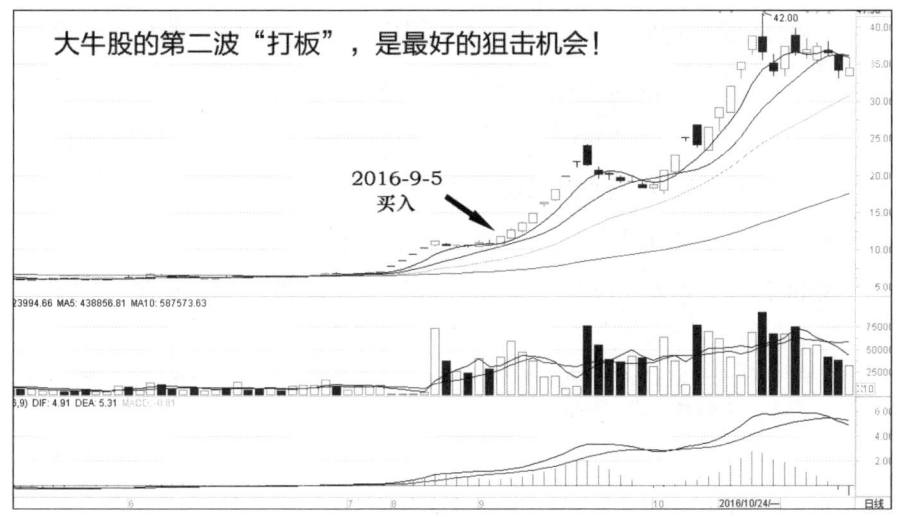

图 2.15 四川双马走势图

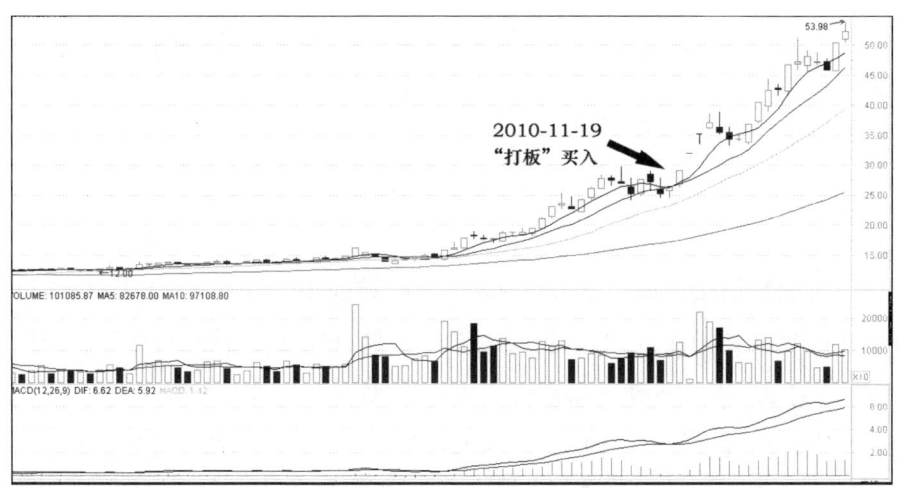

图 2.16 精工科技走势图

盈利模式三：强庄股突破介入

一些强势股，尤其是一些主力资金介入较深的强庄股，在拉升初期，一般来说，进行一波拉升后都会构筑一个"平台"进行"调整"，之后，一旦这一平台被突破，便是很好的买入机会。

实战案例一：成飞集成（002190）。成飞集成在 2010 年 7 月初主力建仓完成后，有一波连续放量拉升，且在 7 月 19 日至 8 月 4 日，在拉升途中构筑一个"平台"进行调整，8 月 5 日以涨停板的方式突破平台，当天果断介入，或第二天介入均可，此后股价涨幅巨大（见图 2.17）。

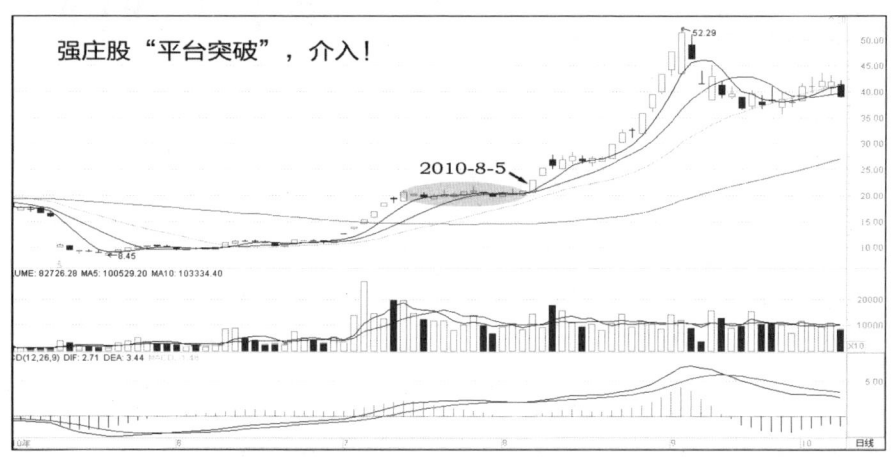

图 2.17　成飞集成走势图

实战案例二：盛屯矿业（600711）。该股主力在 2015 年 1 月 22 日以涨停突破长期盘局，之后，用 18 个交易日构筑一个大的平台进行整理，2 月 25 日，该股放量涨停，突破"平台"，第二天继续强势创新高，当天未跳水，可随时买入，后有一波 50% 暴涨行情（见图 2.18）。

实战案例三：深圳华强（000062）。该股从 2013 年 7 月至 9 月曾有两波攀升，9 月 30 日，该股缩量涨停，突破原来整理的"大平台"，国庆节后的第一个交易日 10 月 8 日开盘买入，此后有 50% 的上涨空间（见图 2.19）。

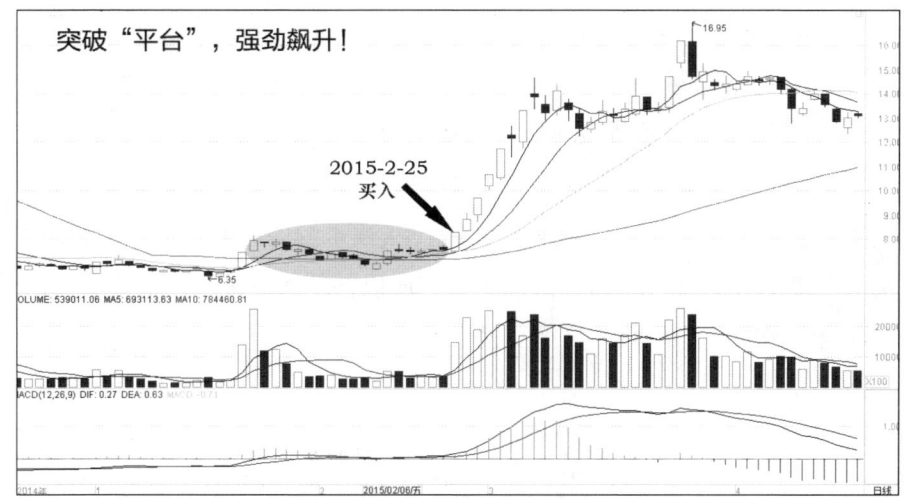

图 2.18　盛屯矿业走势图

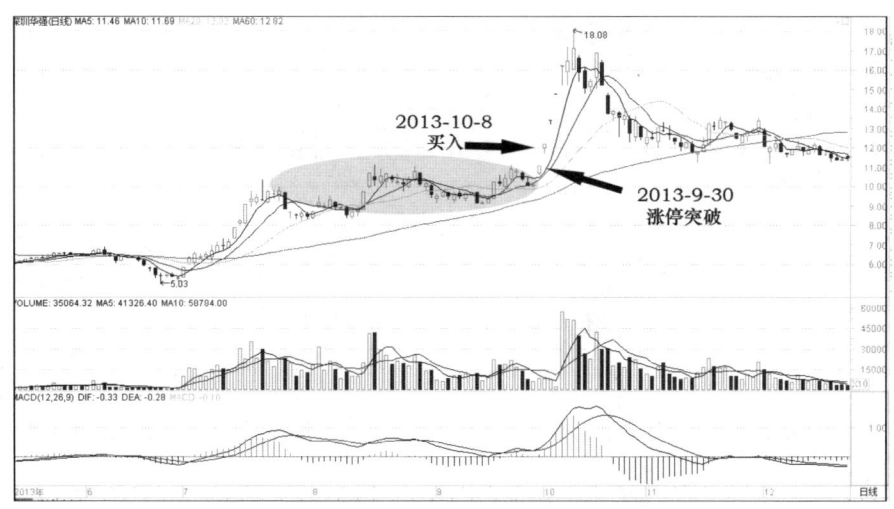

图 2.19　深圳华强走势图

盈利模式在操作上必须注意的几个要点

要点一：介入的股票，前期走势一定要很强。要求连续大阳、涨停、放量。但 "突破" 涨停当日不能放巨量。

要点二：突破后的第二天走势不能太差，以防 "假突破"。若第二天跌回，该突破不突破，就要果断止损出局。例如：阳泉煤业（600348）7 年前的一次突破，就是假突破。2010 年 11 月 1 日，该股实施涨停突破，但次日却 "跳水" 大跌，从技术形态上看，阴线 "杀入" 头天涨停的大阳线内，第三天仍下跌。所以，此次突破实为假突破，若介入必须及时止损出局（见图 2.20）。

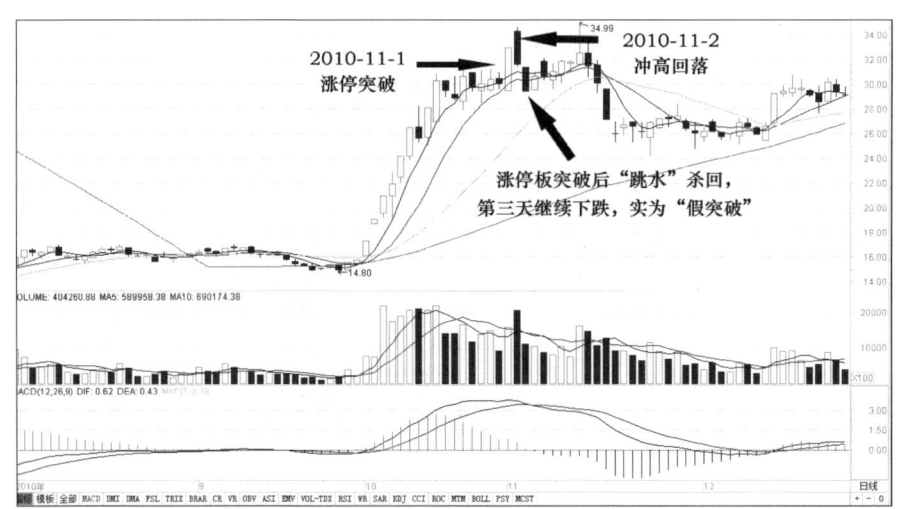

图 2.20　阳泉煤业走势图

要点三：行情极端低迷时，不要轻易追击涨停 "打板"，也不要轻易参与 "突破" 买入。

要点四：热点已退潮，也不要去 "打板"。切记，"打板" 一定要在市场氛围好的时候进行。

十一大操盘秘籍

秘籍一：只做大机会、大概率、大板块

在添博操盘的 6 个电脑显示屏旁边的"金牛"身上，醒目地贴着一张写着只做"三大"的警示语。他说，当大机会、大概率和大板块出现时，一定要重仓。例如，他在 2010 年下半年对有色煤炭、2014 年下半年对证券板块、2015 年至 2017 年对"一带一路"的重点操作，均恪守了这"三大"纪律。

秘籍二：只做"领导股"，切记：大涨的股票反而更安全

华尔街著名投资大师说过一句话：股票创新高也是一种新发展。根据调查，有 98% 的投资人在股价创新高时，都不敢进场买进股票，因为他们担心股价已经涨得过高。其实，股市有一种特性，即看来涨得过高的股票还会继续上扬，而跌到接近谷底的股票可能还会继续下滑。

在听添博谈起盈利模式时，诸如"抓热点""擒龙头""追击涨停""打板"等字眼，多日来一直不绝于耳。当看到他操作的一些飙涨股票的 K 线走势都很陡峭，我不禁问添博："这种股票走得很强悍，但介入这种票，一般人都没有'安全感'，而你内心就不怕吗？"

他回答："不怕。操作这种股票，反倒让我更有安全感。过去我也曾出于'安全'的角度考虑，总喜欢买那些跌得很厉害的股票，认为买它们会更安全。其实不然，跌得凶的还可能再往下跌，而且这些走势弱的股票不容易大涨，从它们身上赚不到什么钱。"

接着，添博又深有体会地说："倒是这些年，我以做强势股为主，反倒觉得，连续大涨的强势股，主力资金介入得深，股票越不容易跌，也更安全些。这就是你看一些股票涨了四五个涨停后突然跌下来，别人不敢买而我敢买的原因。"

秘籍三："守钱"最重要

采访中，当我问及"为什么在牛市中有不少人也赚了大钱甚至上亿元，却得而复失？为什么你却能'小钱致富'，翻了1.5万倍？"添博回答说："在股市里，任何时候，守钱比赚钱更重要。赚钱了，要保住盈利的胜利果实；赔钱了，要及时止损，保住自己的本金不受大的损失。在股灾来临前，我预感到市场太热，行情太'疯'，取出大部分资金购别墅买车，就是基于'守钱'的考虑。而我有个股友用杠杆做到一亿多元，最后却没守住盈利，又回到了几百万元的起点。还有一个朋友以70万元入市，10年下来，变成了10万元。目睹这一切，我体会到，在股市赚钱多少不重要，重要的是守住赚到的钱。"

秘籍四：及时止损，永不被套牢

在采访中，我替许多中小投资者"代言"，问添博：现在股市行情不好，许多股民朋友都陷入"套牢"的困境中，有的套了20%以上，有的套得更多、更深，你有什么良策呢？

他给出了4点建议：

◆ *要判断手中的股票下跌的幅度大不大。若跌的幅度很深，建议持有。若跌得不深，或刚套不久，就要止损出局。*

◆ *若连续下跌时间较长，比如套了20%，可采取留10%的仓位，将另外10%的仓位换到近期强势股中（一定要低吸）。留下的10%仓位，若不是热门股，建议反弹10%，走人，再去做强势股。若大盘不好，强势股一定会给你低吸的机会，可从容换股。*

◆ *若套牢亏了20%左右，千万不要想一口气扳回来，先等到回一半，反弹得差不多了，再出局，通过做强势股挽回损失。*

◆ *关注趋势，忘记成本。当趋势变了，要不计成本止损走人。*

操作上要严格按趋势做，而绝不是按你的成本做决断。

秘籍五：不听消息，不盲目操作，赚自己看得明白的钱

添博说："在股市，有许多投资者朋友总喜欢打听'内幕消息'。其实，有时'消息'会害得人倾家荡产。也有的人整天不研究，不分析，见哪个涨，一拍脑门，就追了进去。这种盲目操作，没有不失败的。我认为，在股市中要想制胜，一定要做个明白人，赚自己看得明白的钱。要坚持做到：不是我的坚决不要，看不懂的坚决不做。"

秘籍六：修好心，不急功近利，不要把海绵的水一下挤干

添博说，在股市要想成功，一定要修好心，不贪、不恐，更不能急功近利，不要借钱和融资炒股。切记，不能把海绵的水一下子挤干，做任何事，都要留有余地。

秘籍七：先投"小钱"，打好根基

添博一再强调一点：入市投资，开始一定要用"小钱"先"试水"，即使亏，也亏不到哪去，不会影响生活。等打好基础，有经验后，再逐步增大投资。他就是用投入的 2 万元"摸爬滚打"了 3 年，才厚积薄发，取得以后的成绩的。

秘籍八：严格控制好仓位

行情较活跃时，可大仓滚动操作；行情弱时，则轻仓小玩练手。

秘籍九：苦练扎实的基本功

平时要多做积累，苦练扎实的操作基本功底。比如，什么股是一个板块的，一有异动，你要在第一时间知晓是哪个板块在动，哪个是龙头股。只有对这些了如指掌，才能反应快、打击准，赚钱才能有把握。另

外，人的素质要随着资金逐渐变化而提高，否则小船载重物容易翻船。

秘籍十：慢步小跑，稳健增长

添博认为，小钱靠搏，大钱靠稳。他说："我技术中庸，没有哪一次操作比赛能进前几名，完全是靠综合能力一步一个脚印走上来的。稳健增长，是我永远的座右铭。"

秘籍十一：快乐炒股，注重养生

在采访中，我观察到添博除了操作股票外，也将生活安排得井井有条，十分注重锻炼身体。爬山、走路、练气功、学太极、练瑜伽，他长期坚持不懈。他说，身体是本钱，没有健康的身体，赚再多的钱也是徒劳。炒股不是人生的全部，要学会快乐炒股，不要给自己太大太多的压力，要多享受人生无尽的欢乐。

尾声：核心的 "秘密" 原来竟在这……

多日的采访，我到过他的豪宅，去过他的别墅，与他一起爬过山游过西湖，更在他的实战操作密室 "蹲过点"。听了他的三大盈利模式和十一大操盘秘籍，我还是不满足：我一路追寻，一直寻找，10 年，添博从 2 万元做到 3 亿多元，其中最最核心的 "秘密" 到底是什么呢？

一天晚上，在他的家里，他把我领进一间少有人进入的密室书房，从柜子里搬出载有他成功印记的一切：包括当年开户的那个已发黄的股票登记本，1 个学习剪贴本，更让我惊奇的是，还有 10 多本实战日志，一年一厚本，上面有着他每一天详细的"作业"：大盘今天有何变化、哪些板块在涨、哪些在跌、哪个是龙头、要关注的是什么，明天操作的策略……一字字，一行行，不是一天两天，而是从 2000 年到 2017 年，17 年，6000 多个日月呀！

当看到摊了一桌一地的日志，我震惊了，着实被感动了。这不是普通的日记，这里面记录的也不是普通的文字，而是他多少成功与挫折的足迹，多少在"血泪与失败"中赢得的最后圣果和鲜花！看到这一切，我终于感受到他成功的不易，也终于明白了在 1.5 万倍背后隐藏的艰辛！

是汗水！是日复一日的耕耘！

这不正是添博，人们敬慕的证券英杰身上最核心的成功秘密吗？

杨济源（"光头阳"）

> 寻找长期趋势向上的股票，
> 根据市场情绪择机买卖，
> 这就是股市获利的大概率！

在 2015 年 6 月至 2016 年年初中国股市经历的最为惨烈的 3 轮大的股灾中，他以独特的"价值投机"理念、灵活多变的超级操盘技艺和"风险第一，赚钱第二"的铁的纪律，博弈在"暴风雪"之中，不仅奇迹般地创造了"8 个月 10 倍"的辉煌，且所率 3 只基金产品全部"逆市飞扬"，拉出"光头大阳"，令世人惊叹。

本文，将向你揭示其中的奥秘——

投资简历
R E S U M E

姓名 Full name

    杨济源（网名："光头阳"），彝族。1978 年 9 月 25 日出生于贵州，在湖南长大，大学文化。

入市时间 Stock Market entry time

    1999 年 "5·19"。

投资风格 Investment style

    价值选股、择机买卖、白马里面挑黑马、牛股上面做波段。

投资感悟 Investment insights

    在股票市场，躲过"陷阱"，要比发现机会重要得多！

第 3 章
逆市飞扬

记深圳前海大概率资产管理有限公司董事长杨济源在熊市"股灾"中逆市创造股市奇迹的传奇故事

亲爱的读者朋友，当我在中国私募聚集的"前沿阵地"深圳前海，向你发出这篇具有传奇色彩的"报告"时，我的心情就好似深圳湾那滔滔翻腾的浪花一般，是激越而沉重的。

那是因为，在 2015 年至 2016 年年初，我目睹了中国证券史上最为惨烈的 3 轮"股灾"，它像 3 把尖刀，深深扎在亿万投资者的心头，致使永远永远，都无法泯灭人们对这 3 段"灾难日"的记忆：

◆ 2015 年 6 月中旬的暴跌！

◆ 2015 年 8 月 18 日再度开始的连续暴跌！

◆ 2016 年 1 月 4 日～1 月 27 日的"熔断灾难"！

这 3 段"灾难日"，分别被"命名"为：

◆ 股灾 1.0！

◆ 股灾 2.0！
◆ 股灾 3.0！

让人们始料不及的是，这 3 段极其 "艰难的日子"，来得是那么突然，那么空前，那么残酷，似飓风，似 "雪崩"，无情地摧残着正在 "成长中" 的中国股市，这块长满幼苗的 "田园"！

顷刻之间，万物凋零，血泪成河！

人们不会忘记，那段日子，A 股市场，有多少万亿资产化为了乌有，又有多少家基金公司遭遇 "清盘"，被 "消灭" 出局。在 2014 年下半年至 2015 年 6 月中旬前那段 "疯牛" 行情中，千千万万投资者赚到的 "财富"，在账面上还没捂热，瞬间就葬归了大海……

愤怒！哀叹！无奈！

然而，在股市这种风雨飘摇、大 "熊" 肆虐的日子里，仍有 "奇迹" 在发生：

有一个成立不久的年轻的私募基金，不光健康地存活着，还不断演绎着股市的 "财富神话"：它，不光创造过 "8 个月 10 倍" 和资金在两年半内回报达 3510% 的佳绩，令人瞠目，且在 "股灾期间" 发的 3 个 "基金产品" 全部跑赢大盘，出现逆市飞扬的可喜景象！

不信吗？

但，它的的确确在发生着。深圳电视台 "私募荟"、《深圳商报》和《香港商报》等媒体都曾隆重地报道了这一激越人心的真实事件。

该事件的主人公，人们都叫他 "光头阳"，其真名为杨济源，一个从贵州大山走出的彝族小伙，时年 38 岁。

故事发生的地点在被誉为 "中国曼哈顿" 的深圳前海——大概率资产管理有限公司。

引子：桃花岛，爆棚的"路演会"

2016 年 4 月 22 日。深圳。傍晚，暴雨如注。

由于天气突变的原因，我们乘坐的 4 月 22 日的飞机在深圳机场滞留了几个小时，等到达成都双流国际机场时，已是 23 日凌晨两点多钟。

此行，我跟随"光头阳"前往四川，主要是为了参加他公司的基金路演会。我要亲身感受一下投资者对我所采访的高手的反响，这也是 18 年来在中国证券一线采访中，我一直坚持的一种做法。

刚走出机场，只见迎面走来一位中年男子。"啪"地一个标准的军礼后，他随手热情地接过我们的行李："是白老师吧，一路辛苦了！我看过您写的《民间股神》系列，从照片上认得您。您是大校，我是中校，咱俩是军中的战友，现在又是投资战线的朋友，真是有缘啊！"

"你一定是张团长吧？"我问，"在飞机上，我听杨总一直念叨你。"

"是的。这次大概率的这只基金是专门为我们发的。这也是我们的一桩喜事啊！"张团长兴奋地说着。在夜幕中，我仍然能清晰地看到他那张帅气坚毅的脸庞上，洋溢着一个军人特有的豪气和喜色。

上了"大奔"，张团长的话更多了："这辆车，是我们刚买的，还没上牌照呢！"

"张团，你们可真有实力啊！这辆大奔，价格不菲吧？至少也得一百来万吧？"我问。

"搞金融投资，这些，都是洒洒水（小意思）啦！再说，这都是沾了杨总的光，都是他指导我们做股票赚的呀！这也算是股市给报销的吧！"

"团长，你一个武警中校，也喜欢上了炒股票？"

"白老师，您不是外人，咱们又是战友，"挨着我坐的张团长紧握着我的手说，"我不怕给你透露。在部队时，我就喜欢上了金融投资这一行。从部队转业后，我就开户炒起了股票。可是不行啊，没有经验，没有技术，一二十年的积蓄和老本很快就赔光了。这些年，我花了不少钱，拜过许多老师，但还是摸不着门，一直亏钱。最后，在我走投无路时，找到了深圳大概率公司，认识了杨总。多亏了他指导我们，把我们拉出了苦海。光 2015 年，他就 3 次到我们这儿来为我们授课，亲自传授他多年来炒股的绝技真招，还分文不收。说心里话，没有杨总，就没有我们的今天，早亏得都找不到北了，更别说赚什么'大奔'了。他可是我们投资路上的贵人啊！"

"哪里，是张团他们一帮老军人的悟性高。股灾时，军人执行纪律又严。现在，他们的战果都很不错啊！"听到这里，"光头阳"插话道。

一车话语，一车称赞，一路温暖。等到达目的地桃花岛时已是凌晨四点多钟了。

尽管一夜无眠，但当我走进"光头阳"此次入川的基金发行地时，顿时倦意全无：我仿佛走进了一座 800 多平方米的军营里：这里有"团长办公室"，有"政委室"，还有"参谋长室"，一切装备全是"军事化"，就连张团长用的茶缸，也是写着"为人民服务"字样的"军品"。原来，承接这次大概率基金发行的领导层，竟是一帮以张团长为首的"中国武警老军人"。这让我有一种"回家"的感觉。我想，有他们这种"特殊人才"组成的"金融团队"，投资路上将是无敌的。

正如预期，"光头阳"连创佳绩的英名，张团长严丝合缝地组织，让路演会尚未开始，会场就已"告急"：原计划 300 人，一下子挤来了 500 多人。椅子不够，人们就站着。走廊通道全是人，场外还有人不断往里挤。他们有的来自北川，有的来自成都，还有的甚至来自边远的阿坝……

这一盛况，既是大家始料不及的，也是意料之中的事。据说，"光头阳"每一次来授课，都"人满为患"；他每一次操盘技艺的传授，都让来听课的投资人获益匪浅。

路演是"真经"的传播会。"光头阳"真诚的袒露与分享，让会场掌声不断……

是夜，美丽的桃花岛宛如仙境。尽管两天没有睡觉了，但我仍无半点睡意。路演会的爆棚以及所见所闻，令我激动，令我震撼。一种使命感在督促着我：我要借着桃花岛上的月光，醮着清澈的三江水，尽快把吸引了那么多人的"光头阳"的故事，向仍在中国证券市场艰难博弈的更多的投资人传播开去——

业绩辉煌，震撼深港

> » 从2013年年初至2016年7月，A股市场熊途漫漫，博弈艰难。他却在两年半的时间里，神奇地把100万元变成了3610万元。更令人称奇的是，在2015年1月至8月，他实现了资金账户翻10倍的奇迹，在股灾期间成立的三只阳光私募基金全部大幅跑赢大盘。随着媒体的热播，这些传奇在深港广为流传……

创奇迹，8个月赚取10倍利润

让我们先从一个最为吸引人们眼球的"8个月赚10倍"的真实故事说起。尽管"光头阳"一再谦虚地说，那只是个个案，不能代表全部，但在采访中，我却感到它是这个超级短线手高超技艺的一个"缩影"。

那是2015年元旦假期，"光头阳"到湖南长沙探亲。一天，一个远房的表姐来串门。闲聊中。他们谈起"跌跌不休"的股票。表姐对"光头阳"说："这些年光顾忙你的大事业了，也不帮姐姐一把。我有个账户亏得实在太惨了，你帮我打理一下吧。"

"光头阳"打开表姐的账户一看，不禁一怔，吃惊地瞪大了眼睛："啊，腰斩一半了，只剩下 33 万元了？"

"是。这可是姐姐一辈子的心血，是全部的家当了。你救救姐姐吧！"

"阿姐，不是我不帮你。一来我太忙，二来万一做赔了，岂不伤了我们姐弟的感情，我也对不住姐姐啊！"

"阿弟，这个账户，你就当作'玩具'玩吧！即使亏光了，姐姐也不会怪你的。"她用期待的目光看着"光头阳"。

"那好吧，有你这句话，我就帮你做做试试。我尽力了，做不好，你可不要骂我这个弟弟呀！"

就这样，2015 年 1 月 7 日，"光头阳"将这一账户上亏损的股票全部清仓，开始实施操作。操盘交易实录表显示：当天 13：33，他以 4.50 元的价格，满仓买入"超级大蓝筹"中国银行（601988）。

操作伊始，并不成功。中国银行股价很快跌到 4.04 元，刚一买进就被套了 10%，这让"光头阳"有点"小紧张"，可远方的姐姐并没有怪罪他。彼此的信任，使"光头阳"放松了紧绷的神经。

1 月 16 日 13：50 左右，中国银行上冲至 5.08 元，"光头阳"在 13：54 以 5 元的价格卖出。紧接着，他在盘中发现，在刚刚除权不久的中航资本（600705）分时走势图中，股价两次实施向上突破。他觉得，这只股昨天拉出了除权后回调以来的第一个涨停板，主力有向上做多的欲望，于是便在 13：57 以 18.75 元的价格全仓介入。之后，因该股走势向上，一直没破 5 日线，他就继续持有。

2015 年 1 月 22 日 10：11，该股上涨 8% 时，"光头阳"见其分时走势呈"锯齿状"，且成交量萎缩，就以 21.50 元卖出，此时本金已由 33 万元增加到 42 万元。

过了 7 分钟，当股价回落到 21.20 元时，"光头阳"又买回了中航资本。

"为什么？"采访中，我问。

"光头阳"回答说："卖出后我又分析，这只股还有向上的空间，成交量已缩得很小。从分时图的走势看，它也获得了'支撑'，此时再度买入，成本也降低了一个多百分点，所以我盘中又买回了它。"

第二天（1 月 23 日），中航资本高开 4 个多点，在 4 个多点附近呈现"锯齿状"的振荡，"光头阳"看到阳量不足，红色量柱小于绿色量柱，这显示短线做多能量不够，便在 9：42 以 22.97 元的价格全部卖出。此时，账户资金增至 45 万元。

几分钟后，"光头阳"见证券板块的"领头羊"中信证券（600030）开盘后直拉向上，股价冲到 30.40 元后回落至 29.90 元时，便全仓介入。没想到，该股在当日收出一根长上影小阳线，收盘于 28.93 元，被套了进去。"光头阳"觉得，一般长上影的 K 线之后，多为横盘整理形态，所以，他于次日集合竞价 29.00 元卖出。果然，该股当日低开低走，次日继续下跌。此笔操作，每股损失 0.90 元，账户总资产缩至 43.8 万元。

卖出中信证券当天的 9：57，"光头阳"于 26.10 元全仓买入中航飞机（000768）。买入后，由于公司年底事情较多，一直到春节后的 3 月 2 日 11：09，他才以 27.00 元的价格卖出。这笔交易时间跨度超过一个多月，是这个 10 倍账户交易里持股时间最长的一次。

抛出中航飞机两分钟后，"光头阳"又以 16.79 元全仓买入了物产中大（600704）。该股在买入之前曾连续 4 个交易日"一字板"封涨停，2 月 26 日回调 6.25%，紧接着 27 日又再次封上涨停板，主力手法之强悍，非同一般。

"光头阳"买入物产中大后，该股股价沿 5 日均线持续上涨，3 月 9 日开盘后，该股高开高走，延续强势作风，于 9：38 冲到当日最高价 19.72 元，即开始回落。"光头阳"于 9：41 见股价跌破分时图均线支撑，便以 19.40 元卖出。

当天14：19，"光头阳"又全仓买入了大恒科技（600288），买入价为19.65元。没想到，当天该股收出了一个高位"十字星"，次日冲高即回落，跌1.83%。3月11日，大恒科技小幅高开后即一路下行，"光头阳"于10：48以18.64元的价格止损出局。此时，账户资产由之前的58.7万元缩水至55.6万元。

卖出大恒科技30秒之后，"光头阳"又全仓以18.68元的价格买入物产中大。介入后，该股走势一直沿着5日、10日均线小阴小阳振荡向上，于3月26日冲到这波小行情的最高价22.80元后开始回落。3月30日，该股低开低走，盘中接近跌破10日均线，"光头阳"被迫于13：22以20.70元的价格止盈离场，资金增加到61.5万元。

当天13：44，"光头阳"又以10.44元的价格全仓买入中国重工（601989）。该股曾在3月26日高开高走，强势封涨停，并传出重大的利好题材，股价也创了历史新高。但是，3月27日中国重工却高开低走，下跌近2%。3月30日，该股低开低走，在10：30创出当日最低价9.77元，之后分时图即呈现见底反弹走势，股价一路上行，于10：27从 –4%拉升到 +2.5%，主力做盘迹象相当明显。但在"光头阳"买入之后，该股在分时走势图上即呈现冲高回落的走势。次日，中国重工平开低走，分时图上跌破重要支撑位，且收盘跌破5日均线，"光头阳"只好于4月1日10：11，以10.00元的价格止损出局，资产再次回到60万元以下。

卖出中国重工3分钟以后，"光头阳"又以24.34元的价格全仓买入中航资本。没想到，该股买入后就开始横盘整理。4月7日，该股高开低走，盘中跌破5日均线，"光头阳"在10：15以24.50元的价格小幅止盈离场。每股微赚0.16元。

卖出中航资本两分钟后，"光头阳"又迅速捕捉到大恒科技，这是他一个月前刚刚做过的"票"，当时是止损出局的。这天，他感觉机会又来了，于是以24.38元的价格全仓买入。买入一小时内，该股即冲上涨停板。当天收出涨幅为9.52%的大阳线。4月8日，该股冲击并牢牢封死涨停板。4月9日，大恒科技高开高走，"光头阳"于9：33以29.25元的价格止盈出局。这次交易，大获全胜，资产上升到71.1万元。

4月9日当天9：44，"光头阳"又全仓以22.82元的价格买入了半个月前才卖掉的物产中大。该股于4月10日冲击涨停板，并收出9.6%的大阳线。4月13日，该股振荡上行，股价冲高到27.12元即开始回落，当天收出高位十字星。4月14日股价继续回调，4月15日低开低走，盘中直接跌破5日均线。"光头阳"判断这波上涨行情已经结束，只好在13：23以24.07元的价格止盈出局。15分钟后，"光头阳"凭借灵敏的嗅觉感觉到之前卖出的中国重工又迎来了机会，便以10.95元的价格全仓买入。次日，该股即收出9.23%的大阳线。4月17日，该股高开高走，牢牢封死涨停。4月20日，该股开盘10分钟内即冲至8.6%的涨幅然后开始回落，见此，"光头阳"于9：53以13.70元果断止盈。这一次，资产增加到95万元。

4月20日当天，"光头阳"分别于11：15、13：11以57.90元、59.60元的价格两次半仓买入火炬电子（603678）。4月22日，该股分时图冲高至5.0%即回落，"光头阳"在11：25以63.00元的价格卖出，资产增加到101.5万。这是这个账户站在100万元整数的关口，历时3个半月。

卖出火炬电子3分钟后，"光头阳"以7.65元的价格满仓买入四川长虹（600839）。不曾想，该股分时图向上冲高后持续回落，收出超长上影线的假阴线，"光头阳"判断后面几天它将横盘整理，于是在4月23日9：55该股分时图向上冲高假突破之时，以7.80元的价格止盈出逃。之后，该股果然连续4天回落。

刚出局30秒钟之后，"光头阳"又以29.25元全仓买入他看好的沈阳机床（000410，现名：*ST沈机）。该股之前有6个连续的涨停板，并暴出有重大的利好题材，这让他判断其应该还有持续上涨的空间。果然，买入后仅几分钟，该股即再次冲上涨停板。遗憾的是，该股冲高即回落，收出长上影小阳线，后面几天横盘整理将是大概率。于是，"光头阳"在 4 月 24 日 10：14，该股分时图冲高至 8.0% 附近开始回落后，止盈出局。

4 月 27 日，经过调整后的沈阳机床，价格回到了 5 日均线附近，"光头阳"在 13：05 以 28.10 元的价格再次全仓买入。买入后，该股即掉头向上。4 月 29 日，该股低开 3.5%，然后一路向上，于 10：20 冲上涨停板，但却封不住，盘中多次打开。于是，"光头阳"在 14：15 以 31.78 元的价格止盈离场。此时，账户资产增加到 120.6 万元。

4 月 30 日 9：32，"光头阳"以 8.11 元的价格再次全仓买入四川长虹，没想到该股盘中冲高回落，收出长上影假阳线。"光头阳"判断该股以后几天持续回落将是大概率，于是，在下一个交易日（5 月 4 日）以 8.03 元止损出局。这笔交易亏损了 1.1 万元。

当天，"光头阳"以 29.50 元的价格再次全仓杀入沈阳机床。次日，该股高开高走，10：30，就牢牢封死涨停板。5 月 6 日，该股低开 2%，9：36 股价冲到 32.6 元时，"光头阳"见短期获利颇丰，于是止盈出局。此时，资产上升到了 132.6 万元。

5 月 7 日 14：18，"光头阳"又以 14.92 元的价格买入苏宁云商（002024），次日以 15.18 元卖出。卖出后，该股连封两个涨停板，4 天内冲高到 20.52 元，比卖出时高了 5.34 元。"光头阳"说，这次少赚 35%，与黑马擦肩而过，很遗憾。

5 月 8 日 9：50，"光头阳"再次全仓以 29.10 元买入前几天刚刚卖出的沈阳机床。之后，该股即开始沿 5 日均线持续上涨。5 月 13 日，该股低开高走，在 10：00 冲到全天最高价 34.98 元，与前期最高价仅仅一步之遥，分时图呈现冲高回落走势，且成交量明显缩小。于是，"光头阳"在 10：26 以 34.10 元的价格止盈离场。此时，资产增至 162.1 万元。

当天卖出后，沈阳机床持续回落，从最高涨幅接近 6% 到收盘下跌

1.6%，由此可见，"光头阳"当天的判断是正确的。但由于当时大盘正处在疯狂时候，主力也急于拉高，所以在"光头阳"卖出的 5 天后，沈阳机床冲高到 43.49 元，与卖出时相差达 27%。

卖出沈阳机床 4 分钟后，"光头阳"又迅速以 11.75 元的价格买入华天酒店（000428）。5 月 15 日 14：15，"光头阳"以 12.48 元的价格卖出华天酒店，资产增加到 172.7 万元。

几分钟后，"光头阳"以 26.97 元的价格买入天成控股（600112，现名：*ST 天成）。之后几天，该股横盘整理，他只好在 5 月 20 日以 28.50 元的价格止盈出局。

5 月 22 日，他以 29.30 元的价格买入物产中大 174.7 万元，同日，又以 37.36 元的价格买入沈阳机床 6.7 万元。5 月 25 日 9：53，物产中大冲击涨停板封不住，"光头阳"以 34.02 元卖出。5 月 26 日，"光头阳"以 40.02 元卖出沈阳机床。此时，资产达到 211 万元。这是该账户首次突破 200 万元，历时 5 个半月。

之后几天，"光头阳"又持续在电广传媒（000917）、中国重工（601989）、三一重工（600031）上操作，资产小幅增长到 223 万元左右。

2015 年 6 月 1 日，"光头阳"以 34.31 元的价格满仓再次买入天成控股（600112，现名：*ST 天成）。6 月 2 日该股大幅振荡，小阳收盘。6 月 3 日，该股高开低走，"光头阳"见势不对，于 9：58，以 33.70 元的价格止损出局。1 分钟后，他又以 41.60 元的价格买入物产中大。次日，该股低开低走，在 10：00 左右跌破分时重要支撑位，"光头阳"被迫以 41.10 元的价格止损离场，资产缩水到 213.4 万元。6 月 5 日 10：06，他以 26.16 元的价格满仓买入高鸿股份（000851）。不曾想，该股当天跌破 5 日均线，6 月 8 日，低开低走，加速下跌，"光头阳"无奈在 24.20 元止损离场，资产缩水到 199.3 万元。

在连续 3 次止损出局后，该账户出现了接近 10% 的资产缩水。连亏 3 次的情况也是头一次出现。"光头阳"隐约感觉到，这似乎是市场在暗示他些什么，使得他此后的操作更为谨慎。

6月10日11：13，"光头阳"以25.70元的价格再次满仓杀入前面刚刚止损出局的高鸿股份。半个小时后，该股即封上涨停板。次日，该股高开低走，一路下行，"光头阳"以26.60元止盈离场，资产又回到207.8万元。

6月12日早盘，"光头阳"以32.70元价格买入中航资本。该股6月14日横盘，次日高开，上升无量，"光头阳"果断以33.57元止盈卖出。卖出后，该股即一路下行，到7月9日，最低价收在12.06元，跌去2/3。

这一天的账户资产值是213.9万元。请记住这一天——2015年6月15日，这是本年度3轮"股灾"的起点。

由于6月15日大盘收于5日均线下，因此，"光头阳"判断大盘将迎来一轮调整。在调整过程中，应当降低交易频率，控制仓位，所以，6月15日卖出股票后他再没有买入。

6月16日，空仓。

6月17日，看到大盘正好站在20日均线之上，"光头阳"预测会有较短的支撑，便于9：33，以38.04元的价格满仓买入物产中大。没想到，该股大幅振荡横盘后，于6月18日尾盘跳水，被迫于14：54分以36.48元的价格止损出局。此时，资产下降到205万元。

上证指数在6月18日已下跌3.67%的K线形态，跌破了20日均线，"光头阳"于是采取空仓策略。

6月23日，上证指数在跌破60日均线后强力反弹，收出长下影线的2.19%涨幅的中阳线。于是，"光头阳"在6月24日以44.95元价格满仓买入中航飞机（000768），次日以45.85元卖出。此时，资产又回到209万元。

6月25日14：37，"光头阳"以35.81元的价格半仓买入号百控股（600640）。由于上证指数在当天大幅下跌，号百控股也未能幸免，尾盘大幅跳水。6月26日该股直接低开5%，"光头阳"无奈以33.80元割肉离场。此次操作亏损 5.4 万元。

之后,"光头阳"继续采取空仓、观望的策略,直到 7 月 6 日才轻仓 60 万元以 26.20 元的价格买入科陆电子(002121)2.3 万股。7 月 7 日开盘不久,他以 26.98 元的价格卖出,刀口舔血,小幅获利 1.6 万元。接下来,继续空仓。

7 月 8 日,"光头阳"判断,大盘超跌,近日极有可能迎来反弹。他熟悉的物产中大短期也跌幅巨大,于 9:45 时盘中出现异动,有近 15 万手的巨量成交单瞬间砸开跌停板。又观察了几分钟,他确认了主力向上做盘的决心,于是在 9:52 以 12.72 元的价格买入物产中大,买入资金 126.9 万元。之后,该股连续 4 个涨停板,上涨了 63%。于 7 月 15 日 9:34,"光头阳"以 20.75 元的价格全部卖出。此时,126.9 万元的买入资本,增长到 207.5 万元。此次抄底,他获利 80.6 万元。

7 月 9 日早晨,"光头阳"判断大盘反弹并得到确认,开盘便以跌停价 7.38 元买入中国核电(601985)。该股当日从跌停到涨停,获利 20%。"光头阳"在次日以 9.02 元集合竞价卖出。此次操作,让 73.8 万元的买入资本,增加到了 90.8 万元。

直到 7 月 15 日卖出物产中大前,该账户没有再做交易。卖出物产中大后,资产增加到 300.1 万元。这是该账户首次突破 300 万元大关。

之后,由于大盘不稳定,"光头阳"继续空仓等待机会。

2015 年 8 月 4 日,他以 48.61 元满仓买入中航动力(600893)。该股当天涨停,次日早盘高开高走,"光头阳"于 9:40 在 55.00 元附近卖出。此时,资产增加到 339 万元。

8 月 5 日 10:34,"光头阳"以 13.65 元买入中国重工 327.6 万元,次日开盘即以 13.15 元止损出局。此次操作,亏损 12 万元。

8 月 6 日 9:46,在中航动力回调到 51.40 元时,满仓买入。

"雪崩"已至，胜利逃亡

2015年8月12日，"光头阳"以62.50元价格卖出中航动力。资产增至394.2万元。当天，"光头阳"又在62.00元附近分两次全仓买入中航动力，一直持有到8月18日10：03，以57.50元止损出局。

至今，他还记得，该日大盘开盘后一路下行，陆续跌破5日、10日、30日等短中期均线，收出 -6.15% 的大阴线，呈现出"断头铡刀"的K线形态。那一刻，"光头阳"判断：下一波暴跌已经开始了。

于是，他果断决定，中止这个账户的交易，让表姐第二天取钱，保住胜利果实！

此刻，账户资产定格在366.6万元！

> ▶ **结语** 该账户从33万元起，历时近8个月时间，增长到366.6万元，增值1000%。更为难得的是，其中经历了2015年6月15日开始的第一轮股灾，并且能在第二轮股灾开始的当天（8月18日），果断停止交易，取钱走人。账户在6月15日之前从33万元增长到213万元，牛市里疯狂增长，涨速之快，令人吃惊；6月15日至8月18日，账户从213万元逆势增长到366.6万元，熊市掘金，令人震撼！

两年零七个月，100万元"长"成3600万元

采访中，看着2015年至2016年中国A股市场那"惊心动魄"的K线图形，再看到光头阳在"惊涛骇浪"中创造的"8个月赚10倍"的惊人奇迹，真令人惊叹不已。然而，他的光辉战绩中，这种逆市飞扬的

事儿，又何止一件！一个 100 万元的实名账户，在熊市中两年零七个月变成 3600 万元，也无不是一桩震人心魄的奇迹！

翻开那段曾经辉煌的"战史"，这样记录着——

2013 年 1 月：账户资金达 112 万元

该月上证指数上涨 5.12%，账户获利 12 万元，月增长 12%。其中，在航天电子（600879）和中航重机（600765）两只军工板块热点股票上交易多次，该月累计买卖次数超过 70 次。账户资产增加到 112 万元。

2013 年 2 月：资产 112 万元

该月大盘宽幅振荡，最终收阴，跌幅为 0.83%，操作难度很大。账户亏损 2 万元，回落 1.8%。该月累计买卖次数超过 80 次，其中在中航重机（600765）上操作超过 50 次，可见"光头阳"当时对该股的钟爱。月末资产 112 万元。

2013 年 3 月：资产达到 128 万元

该月上证指数大幅下挫，跌幅达到 5.45%。账户逆市增长 16%。该月累计买卖次数达到 78 次，超过一半的交易集中在中航重机（600765）上，利益的大头也来源于该股。看来，"光头阳"逐渐掌握了股市跳动的脉搏。月底资产增加到 128 万元。

2013 年 4 月：资产达到 142 万元

该月大盘继续下行，跌幅为 2.62%。"光头阳"账户继续迎风增长 11%。该月累计买卖次数超过 90 次。交易集中在同洲电子（002052）、天宸股份（600620）、中航重机（600765）这三只股票上。利益主要贡献者仍然是中航重机。可见做熟一只股票，对股市盈利是很重要的。月底账户资产增加到 142 万元。

2013年5月：资产达到188万元

该月上证指数迎来强力反弹，涨幅5.63%。但"光头阳"的账户增长更快，涨幅达到32%。该月累计买卖次数达到203次，交易集中在中航重机（600765）和同洲电子（002052）这两只股票上，主要利润来源也是它们。月底资产增加到188万元。

2013年6月：资产达到204万元

该月上证指数大幅下挫，跌幅达到13.97%。月中最大跌幅接近20%，操作十分困难。令人惊讶的是，"光头阳"的账户依然能够旱地拔葱，逆市增长8.5%。该月累计买卖次数超过130次，交易重点集中在中航重机（600765）、江特电机（002176）和均胜电子（600699）这三只股票上，其中中航重机仍然是贡献大户。月底资产增加到204万元。

2013年7月：资产达到257万元

该月上证指数低位横盘整理，微涨0.74%。"光头阳"账户顺风顺水，大幅增长26%。本月累计买卖次数超过190次，交易重点集中在东方财富（300059）、中航重机（600765）、博瑞传播（600880）这三只股票上，利润也主要来源于它们。月底资产增加到257万元。

2013年8月：资产达到281万元

该月上证指数强劲反弹，涨幅达到5.25%。"光头阳"的账户也高奏凯歌，增长9%。本月累计买卖次数达到160次，交易重点集中在苏宁云商（002024）、生意宝（002095）和长江投资（600119）这三只股票上。月底资产增加到281万元。

2013年9月：资产达到367万元

该月上证指数继续反弹，小幅上涨3.64%。"光头阳"的账户借势扶摇直上，增长近 30%。本月累计买卖次数达到 140 次，其中交易重点集中在号百控股（600640）、苏宁云商（002024）、生意宝（002095）和博瑞传播（600880）这四只股票上。月底资产增长到 367 万元。

2013 年 10 月：资产达到 349 万元

该月上证指数高位整理，小幅下跌 1.52%。"光头阳"账户状态不佳，稍有回调，资产下滑 5%。本月累计买卖次数 92 次，其中交易重点集中在号百控股（600640）和内蒙君正（601216，现名：君正集团）上。月底资产下降到 349 万元。

2013 年 11 月：资产达到 358 万元

该月上证指数较上月势头有所好转，上涨 3.68%。"光头阳"的操作也略有好转，但仍跑输大盘，微涨了 2.5%。本月累计买卖次数 105 次，其中交易重点集中在号百控股（600640）、四川长虹（600839）和航天通信（600677）上。月底资产增长到 358 万元。

2013 年 12 月：资产达到 395 万元

该月上证指数进入熊市探底阶段，下跌 4.71%。"光头阳"的操作逆市前行，大涨 10.34%。本月累计买卖次数达到 130 次，其中交易重点集中在腾邦国际（300178）、贵州百灵（002424）、中科电气（300035）、华工科技（000988）上。月底资产增长到 395 万元。

2014 年 1 月：资产达到 428 万元

该月上证指数进入熊市最后探底，下跌 3.92%。"光头阳"的操作逆市大涨 8.35%。本月累计买卖次数 115 次，其中交易重点集中在时代出版（600551）、中航重机（600765）和万讯自控（300112）上。月底资产增长到 428 万元。

2014 年 2 月：资产达到 510 万元

该月上证指数进入横盘振荡阶段，大盘上涨 1.14%。"光头阳" 的操作暴涨 19.16%，一月涨幅相当于股神巴菲特一年的平均收益。本月累计买卖次数 61 次，其中交易重点集中在华工科技（000988）、天赐材料（002709）和腾邦国际（300178）上。月底资产增加到 510 万元。

2014 年 3 月：资产达到 546 万元

该月上证指数仍处在横盘振荡阶段，大盘下跌 1.12%。"光头阳" 的操作逆市上涨 7.06%。主要交易集中在金路集团（000510）、上海普天（600680，现名：*ST 上普）、杉杉股份（600884）等。总计交易 88 笔。月底资产增加到 546 万元。

2014 年 4 月：资产达到 589 万元

该月上证指数下跌 0.34%，"光头阳" 账户上涨 7.88%。本月交易 96 笔。月底资产增加到 589 万元。

2014 年 5 月：资产达到 612 万元

该月上证指数上涨 0.63%，"光头阳" 账户上涨 3.9%，小幅跑赢大盘。本月总共交易 86 笔。主要交易集中在千山药机（300216）、浪潮软件（600756）上。月底资产增加到 612 万元。

2014 年 6 月：资产达到 653 万元

该月上证指数上涨 0.45%，"光头阳" 账户上涨 6.7%，跑赢大盘。交易 98 笔，主要交易集中在成飞集成（002190）上。月底资产增加到 653 万元。

2014 年 7 月：资产达到 755 万元

该月上证指数上涨 7.48%，"光头阳" 账户大涨 15.62%，大幅跑赢大盘。本月总计交易 136 笔，主要交易集中在成飞集成（002190）、贵州百灵（002424）、千山药机（300216）上。月底资产增加到 755 万元。

2014 年 8 月：资产达到 1043 万元

该月上证指数上涨 0.71%，"光头阳"账户暴涨 38.15%，远远跑赢大盘。总计交易 103 笔，主要交易集中在深天马 A（000050）和成飞集成（002190）上。月底资产增加到 1043 万元。

2014 年 9 月：资产达到 1257 万元

该月上证指数上涨 6.62%，"光头阳"账户大涨 20.52%。总共交易 139 笔，主要交易集中在中航重机（600765）、深天马 A（000050）、北方导航（600435）上。月底资产增加到 1257 万元。

2014 年 10 月：资产达到 1298 万元

该月上证指数上涨 2.38%，"光头阳"账户上涨 3.26%，与大盘基本同步。本月总计交易 80 笔，主要交易集中在安信信托（600816）、中航重机（600765）、洪都航空（600316）上。月底资产增加到 1298 万元。

2014 年 11 月：资产达到 1366 万元

该月上证指数上涨 10.85%，"光头阳"账户上涨 5.24%，跑输大盘。总共交易 149 笔，主要交易集中在广发证券（000776）、中航重机（601989）、成飞集成（002190）等股票上。月底资产增加到 1366 万元。

2014 年 12 月：资产达到 1710 万元

该月上证指数暴涨 20.57%，"光头阳"账户大涨 25.18%，跑赢大盘。交易笔数高达 132 笔，主要交易集中在中国卫星（600118）、中国重工（601989）、安信信托（600816）等股票上。月底资产增加到 1710 万元。

2015 年 1 月：资产达到 1905 万元

该月上证指数下跌 0.75%，"光头阳"账户上涨 11.4%。主要交易集中在中国卫星（600118）、中国银行（601988）、中航资本（600705）、中航飞机（000768）上。月底资产增加到 1905 万元。

2015 年 2 月：资产达到 2030 万元

该月上证指数上涨 3.11%，"光头阳"账户上涨 6.56%，略微跑赢大盘。本月总共交易 100 笔整，主要交易集中在中航飞机（000768）、中航资本（600705）、中国重工（601989）上。月底资产增加到 2030 万元。

2015 年 3 月：资产达到 2435 万元

该月大盘暴涨 13.22%，"光头阳"账户大涨 19.95%，跑赢大盘近 6%。本月总共交易 114 笔，主要交易集中在中航资本（600705）、物产中大（600704）、中国卫星（600118）、天成控股（600112）上。月底资产增加到 2435 万元。

2015 年 4 月：资产达到 3250 万元

该月上证指数暴涨 18.51%，"光头阳"账户气势如虹，暴涨 33.47%，大大跑赢大盘。本月总共交易 112 笔，主要集中在物产中大（600704）、中航资本（600705）、中国重工（601989）、火炬电子（603678）上。月底资产增加到 3250 万元。

2015 年 5 月：资产达到 3690 万元

该月上证指数高位振荡，涨幅 3.83%，"光头阳"账户大涨 13.54%。本月共交易 119 笔，主要交易集中在沈阳机床（000410）上。月底资产增加到 3690 万元。

2015 年 6 月：资产缩水到 3485 万元

该月上证指数见顶暴跌，重挫 7.25%，"光头阳"账户下跌 5.56%。本月交易极其频繁，不断做 T，共买卖 232 笔，交易主要集中在物产中大（600704）、杉杉股份（600884）、中航飞机（000768）上。月底资产缩水到 3485 万元。

2015 年 7 月：资产达 3610 万元

该月上证指数继续暴跌，重挫 14.34%，最低跌至 3373 点。"光头阳"的账户本月触底反弹，上涨 3.6%。本月累计买卖次数超过 180 次，其中交易重点集中在中航飞机（000768）、中航动力（600893）、华丽家族（600503）、航天通信（600677）、物产中大（600704）等股票上。本月末资产增加到 3610 万元。

2015 年 8 月开始，"光头阳"将主要精力转移到阳光私募基金的管理与发行上，本自然人账户停止交易。

▶ **结语** 该账户从 2013 年元旦的 100 万元起步，历时两年零七个月，至 2015 年 7 月 31 日止，账户资产增加到 3610 万元，涨幅为 35.1 倍，回报率高达 3510%，年化回报率达到 300%，实在令人叹为观止！31 个月的交易时间里，买卖次数接近 5000 次，约 2500 个来回，意味着平均每个交易日发生近 8 次买卖，4 只股票在账户里进出。其交易频率之高，令人瞠目。"光头阳"实为不可多得的超短线高手！

华丽转身，再铸辉煌

2014年5月，"光头阳"在号称"中国曼哈顿"的深圳前海注册成立深圳前海大概率资产管理有限公司，并于2016年2月获得阳光私募基金管理人资格，正式成为私募领域的一支正规军。

自然账户做得如此惊人，那么，如今驾驭规模庞大的私募基金这艘巨轮，他是否还能够创出佳绩呢？有不少人在心里这样问。

回答，当然是肯定的。

"光头阳"的辉煌仍在继续着——

1号基金于2015年8月14日在A股的狂风暴雨中扬帆启航。

8月14日这天，上证指数伫立在4000点，1号基金正式开始交易。当日净值为0.9994元。"光头阳"判断市场仍在弱市当中，大盘冲高无量后，极有可能迎来又一波调整，一直采取空仓策略，直到8月27日才以极小的仓位参与抄底。至8月31日，上证指数收于3200点，较启动日下跌了800点，跌幅达25%。1号基金净值为1.0023元，很好地躲过暴跌，保住了本金。

2015年9月初，大盘连续收阳，国家队护盘迹象明显。加之前期超跌利空出尽，"光头阳"判断A股将迎来一波持续时间较长的反弹。于是，他在上证指数3200点附近积极建仓。没想到的是，建仓后市场又两次跌破3050点，向下寻底，导致不少个股最后一跌。基金净值也遭遇了意外的回撤。9月30日，上证指数收在3052点，1号基金净值为0.9283元。

2015年10月，上证指数迎来久违的反弹。"光头阳"也在严控风险的前提下积极参与操作。10月31日，上证指数位于3382点，1号基金净值回升到0.9990元。

2015年11月，上证指数在月初快速拉升，用四连阳将指数拉升到3650点之上，然后开始横盘，月底出现大幅跳水，于11月30日最低跌至3327点，收盘定格在3445点。当月上证指数上涨1.86%，1号基金净值爬升到 1.15 元，当月增长幅度达到 15%，远远超过大盘。

2015 年 12 月，一整个月上证指数都在围绕 3500 点进行整理，最终收于 3539 点，当月涨幅 2.72%。1 号基金净值 1.2028，增长了 5%，接近上证指数涨幅的两倍。

2016 年 1 月，元旦伊始，即迎来熔断暴跌，一千多只股票连续跌停，惨不忍睹。当月上证指数收于 2737 点，下跌 22.65%。1 号基金净值 1.1807 元，相比上月，仅仅下降了 2%，极好地体现了"光头阳"对风险的把控能力，为投资人最大限度地保住了本金和利润。

2016 年 2 月，恰逢春节长假。2 月 24 日之前，上证指数以缓慢爬升为主，2 月 25 日迎来"断头铡"暴跌，当日跌幅 6.41%。2 月 29 日继续下跌 2.86%，上证指数收在 2687 点，当月大盘整体下跌 1.81%。本月底 1 号基金净值为 1.2215 元，逆市增长 4%，再次大幅跑赢大盘。

2016 年 3 月，上证指数再次触底 2638 点后以迅雷不及掩耳之势快速反弹至 3003 点。月底 1 号基金净值为 1.2932 元，继续保持增长。

2016 年 4 月，大盘冲高回落，上证指数从 3100 点附近一路下滑至 2938 点，个股操作相当困难。月底，1 号基金净值为 1.3115 元，再次实现"逆市"增长。

▶ **结语**　上证指数从 1 号基金成立时的 4000 点一路下行至 4 月底的 2938 点，下跌了 1062 点，跌幅达 26%。1 号基金净值以 1 为原点起步，稳扎稳打，一路上行，爬升至 1.3115 元，跑赢大盘幅度达 57%，着实令人吃惊，也不免令人遐想：倘若过往的 8 个月没有这两轮股灾，1 号基金的业绩会是何等的辉煌！有没有可能演绎出另一个"8 个月赚 10 倍"的神话呢？！可惜，历史是不容假设的，股市亦然。但在这样恶劣的市场环境中，能取得这样的业绩，已经足以令人愕然。

再说 2 号基金。该产品成立于 2015 年 9 月底，正式开始交易是在 10 月 13 日。当时上证指数位于 3300 点附近，刚刚突破 9 月份的整理平台，展开一波比较凌厉的反弹。"光头阳"判断，3300 点很有可能只是这波反弹的中间点位，指数将上攻至 3600 点以上。于是，交易伊始，他便快速建立起四成左右仓位，所买个股持续上涨，10 月 15 日基金净值攀升至 1.0733 元。但是月底的几个交易日，大盘持续回落，个股也由升反跌，至 10 月 31 日，基金净值下降至 1.0174 元。

11 月初，上证指数连拉四根阳线，快速攀升至 3650 点，然后进入长期横盘整理。月底 3 个交易日大幅跳水，吞掉一个月的涨幅。"光头阳"稳中求进，将基金净值做到 1.0868 元。

12 月，大盘横盘整理，2 号基金净值继续稳步攀升，2016 年元旦前，净值达到 1.1283 元，持续跑赢大盘。

2016 年元月，A 股遭遇"股灾 3.0"，上证指数当月重挫超过 22%，2 号基金净值 1 月底为 1.1015 元，相较上个月底回落近 2%，远远小于大盘的跌幅，风险控制做得确实很好。

2016 年 2 月，上证指数仍在低位横盘，市场处于恐慌之中。"光头阳"采取轻仓短线的策略，将基金净值做到 1.1306 元。

2016 年 3 月，上证指数出现难得的反弹，指数拉到了 3000 点附近。而 2 号基金净值也爬升到了 1.1805 元。

2016 年 4 月，上证指数跌多涨少，月线收阴下跌 2.18%，前期热点也悉数沉沦，市场缺乏赚钱效应。"光头阳"在多数时间里持币观望。2 号基金微涨 2%，净值增至 1.2031 元。

▶ **结语** 2 号基金自 2015 年 10 月 13 日开始交易以来，上证指数从 3300 点下跌至 2016 年 4 月最后一个交易日的收盘点位 2938 点，下跌 362 点，下跌幅度接近 11%。2 号基金净值从 1.00

元稳步攀升至 1.2031 元，跑赢大盘 31%。"光头阳"很好地为投资人规避了风险，争取了利润，也深深赢得了基金持有人的信赖。

在采访中，我几次遇到 2 号基金持有人王女士。她讲起自己的经历时感慨地说："前几年，我在股市里亏得太惨了，几年下来做生意赚的上千万元血汗钱都搭进去了，心痛呀！后来，多亏交给杨总打理，把我过去的损失挽回了不少，就算大跌也在赚钱。他真是难得的贵人，对他，我说不出有多感激啊！"

穿越牛熊，感谢"苦难"

> » 苦难是磨砺石。在投资路上，他几经牛熊，在"苦难"中长大。永不言败和执着追求的精神，让他最终拿到了通向胜利大门的金钥匙……

泪洒淘金路

"行情低迷，为何'光头阳'能持续创造出这般辉煌的业绩？"采访中我一直带着这样一个疑问。

"我感谢股灾，感谢苦难。应该说没有苦难的磨砺，绝没有我今天所取得的一切。""光头阳"恳切地说。

的确，他是在苦难中长大的。

1978 年 9 月 25 日，"光头阳"出生在贵州黔西的一个彝族家庭。他是大山的儿子，父亲长年在外工作，他随母亲在黔西的大山里长大。彝族的传统，父辈的品格，培育了他从小吃苦耐劳和坚毅的性格。9 岁时，他这只小"山鹰"离开了故土，来到了湘江边。

"你是什么时候爱上股票投资的？"

"1999 年 5 月 19 日，这个日子我永不会忘。""光头阳"回答说。

"那时你不是还在上大学吗？"我问。

"是的。但那年的'5·19'，股市行情多火爆呀！我的 3 个姐姐都炒股票，在家时她们天天聊股票，我的心也被吹动了。从那时起，就激起了我对股票的兴趣。"

"光头阳"回忆道："大学毕业后，我决然放弃了在家乡工作的机会，正式下'海'，到证券市场的前沿阵地上海滩闯荡。"

"顺利吗？"

"哪里哟，回想起来都是泪。"

"光头阳"回忆起当年起步的艰难日子，眼睛立刻湿润了："本以为自己学了不少证券知识，想去投资公司应聘当个操盘手，结果，没一家肯要。为了生活，我的一个大学同学介绍我到他的一个朋友那里学炒外汇。结果，我大学毕业后在长沙工作一年的积蓄很快就被炒没了。我不甘心，说服了 3 个姐姐。她们疼爱我这个小弟，将 3 家人凑的十几万美金投了进来。没想到，没多久就爆仓了。十几万美金的积蓄，那是姐姐们的全部家底呀！我对不住她们的关爱，不敢对她们说钱全亏光了，泪水只能往肚里咽……"

"后来呢？"

"后来，我不敢炒了，到一家投资公司应聘业务员。那个公司股票、黄金、外汇、期货业务都做。记得一天，有一个老太太到公司找到我，拿 5 万美金委托我为她炒外汇。之前，她把卖房的钱投进来都炒亏了，只剩下 5 万美金，想找个专业人士帮她扳回来。

"我接手后，压力很大，经过 20 多天的努力，最终还是爆仓了。我心里甭提多难受了！这是我第一次为家人之外的客户操作并亏了钱，很内疚。这时，我就想好好学习一些操作知识。经过我 3 个月的软磨硬泡，公司的一个操盘手总算答应收我为徒，教了我不少操作的方法与技巧。一时之间，我感到掌握了操作的'真谛'，又开始兴奋了。这一次，我向父亲开口，让他支持我创业。父亲汇来了家里的积蓄共 1 万多美金，让我当'学费'。可是，我再次让全家人失望了！我把他们疼爱我的一片心意，全抛进了黄浦江……失望，痛苦，在那段日子里，一直在吞噬着我的心。"

"屡次失败，放弃了吗？"

"没有。"

"光头阳"说："我从小就养成了宁折不弯的性格，不想就此放弃我的理想。我又开始去开发客户。一天，我往一辆豪华轿车上的刮雨器上夹了一张'传单'就转身离开了。没想到，车里有人，那人开了车门出来，以为是撒'牛皮癣'广告的，向我猛吼了一声。我一看，是位老板模样的，我立刻向他道歉，承认错误。见我态度诚恳，看了我发的'小广告'后，他询问了一些具体投资的方法。我一一对他讲了。

"过了几天，我接到一个电话，原来是他打来的，说到公司看看。了解流程后，他对我说，他要投资 50 万美金。我顿时吓了一跳。我从没见过这么多钱啊！开始时，他自己炒，50 万美金很快亏掉了 40%，还剩下 30 万美金，按当时汇率，有 240 多万元人民币。他说要交给我打理、交易。说心里话，我当时没有多大信心，但感到机会难得，做一手交易得 1000 美金，公司得 50 美金的佣金，我可得 25 美金的佣金，相当于 200 多块钱。在这种诱惑面前，我答应了。"

"有了以往的失败教训，这次赚了吗？"听到这里，我急切地问"光头阳"。

"有了过往的教训，的确，我在操作上冷静了许多，也更加谨慎。

但那时的实战经验还远远不够，3个半月后，我又爆仓了，亏光了那个信赖我的客户所有的钱。"

"他埋怨你了吗？"

"没有。一句都没有。他看得出来，我尽力了，是市场太残酷了。他是个好人，也是我生命中的贵人。当时，他不仅没埋怨我，还推荐我去他一个从欧洲回来的金融博士兼教授朋友那里学习。他是 MBA 导师。我当了他的助手，他一点一滴手把手地教我。与他朝夕相处 8 个多月，我学到不少金融知识和先进的操盘技艺，真胜似我读 10 年书啊。"说到这里，"光头阳"望着楼外远处的前海，心潮激荡："从黄浦江到前海，多少年过去了。回想走过的路，如果没有当年经历的那些苦难与失败，我哪会有今天取得的这些成绩呢？"

我点点头，听懂了并理解了他话中的一切含意。

痛定思痛，决意走短线之路

在与"光头阳"聊起他昔日经历的"苦难"时，再看到他今天实战账户显示的辉煌成就，我不禁问起他："当年你是怎么从失败中最终走出来的？你的短线交易模式是什么时候建立的？"

他给我讲起这样一件事：

那是 2005 年 1 月 31 日。当天上证指数跌破了 1200 点，"光头阳"手里的股票深度套牢，心中十分郁闷：要过新年了，拿什么回家见父母？又怎么向各位亲友解释他们的账户交易情况？

"小杨，这几天怎么有点神不守舍？"刚刚开始指导"光头阳"的教授，似乎看出了他有心事。

"光头阳"向教授诉说了股票账户深套亏钱的事儿。

教授反问"光头阳"："你跟我学了一个多月外汇交易了，感觉有进步吗？"

"有。""光头阳"很果断地问答："进步很大。"

教授又问"光头阳"："体现在哪里？"

"光头阳"回答说："我进出场的频率更高了，亏钱的时候离场更坚决了。"

教授接着问道："你原来交易的最大问题是什么？"

"光头阳"说："赚钱时倒是跑得很快，可一亏钱就舍不得止损，硬挺着。虽然大多数时候能够扛过来，但一遇到大幅的反向行情，往往就遭遇爆仓。这样，就算赚 100 次钱，也经不住一次大的失败。"

教授又问："你开始赚钱了吗？"

"光头阳"说："还未掌握你的精髓，现在只是打平。"

教授追问："为什么打平你就觉得你进步很大？"

"光头阳"回答道："在这一个多月时间里，有两次大的单边行情我都判断错了方向。如果按以往的行为习惯，我已经爆仓了。但是按照你的交易纪律，我严格地执行了，所以躲过了爆仓。"

教授问："一天赚资产的 1% 你满意吗？"

"光头阳"说："当然满意，我计算过，一天 1%，一年可以赚 10 倍。"

教授说："那你就可以尝试一下，像外汇交易一样做股票，尽可能地做短线，这样你就不会被深套了。你有没有回看一下过去的行情，长线持股会遇到怎样的大起大落？"

"光头阳"跟教授一起打开股票行情图，看上证指数走势，联想这几年自己的交易情况：

"光头阳"从 1999 年 5 月 19 日入市，一个半月上证指数上涨了 70%，然后又跌了半年。"光头阳"在这半年里，把之前赚的钱亏光了还又亏了 30% 多的本金。2001 年 6 月中旬开始，直到 2003 年 11 月，上证指数持续下跌，"光头阳"又把 2001 年 6 月之前赚的钱亏光了还套了本金 40%。好不容易下决心止损了，便来了个 2003 年 11 月中到

2004年4月份的反弹，高位进场好不容易刚扳回一点点利润，结果没多久又再次沉入深渊，大盘一直跌到2005年初还在继续。"光头阳"被套了40%了。

回顾昔日沉痛的教训，他们又分析：如果按照外汇保证金的交易方式，快进快出，在这些年的牛熊转换里，哪怕最差的月份，也都还是有获利交易的机会。毕竟一年当中，最差也有超过10次的确定性赢利。

分析完后，"光头阳"恍然大悟。从那天起，"光头阳"就将股票交易模式坚定地转为短线交易。

"看来，这些年你坚持做短线取得了很好的业绩。在11年的短线实战中，和中长线比，你觉得它的优势在哪？"听到这里，我问"光头阳"。

"光头阳"回答道："我感到最大的优势在于：短线交易机会比中长线交易机会更多，资金使用效率更高；风险躲避得快，犯错成本更小；短线盈利目标比中长线盈利目标更容易实现。"

他接着说："11年的'短线生涯'，带给我许多激情，许多快乐，尤其在漫长的熊市和股灾中，这把短线利剑，让我尝到了用之不尽的甜头！这一切，在我们过往的业绩中都已有体现。"

价值选股，择机买卖

> » *崇尚价值选股，交易投机，他独特的短线盈利模式，把巴菲特的价值选股理念和索罗斯的投机交易风格，发挥得淋漓尽致……*

独特的"两面人"

在 17 年的证券采访生涯中，我曾采访过许多短线高手，其中 80% 以上的人都属于纯"技术"型。操作中，他们很少问股票的基本面，我常问他们为什么买这只股票？他们的回答，往往都几乎很一致："看走势，凭感觉""我们做短线，用不着费劲去研究公司是搞什么的，'一切'都在图形中反映出来"。

然而，在采访"光头阳"时，我却感到他与众有点不同：选股票时，他像个价值投资家，不弄清这家上市公司的"底细"，他不会轻易介入。这在他的交易记录中，可以清楚地看到。他介入的股票，都是左挑右选，优中选优的"金股"：成长性好，题材独特，又切中当前的市场热点；在技术角度上分析，其走势在未来还有巨大的上升空间。这在他创造的"8 个 10 倍"和"两年半 100 万元变成 3600 万元"以及所发的 3 个阳光基金产品的交易实录中，都可以发现。那些最大的"贡献者"，全是他花尽心血，从价值分析中精选出的优质股票。他说："这一切都是缘自我曾追随过一位从华尔街归来的投资大师，从他那里学到了许多价值投资的精髓。"

而在交易时，"光头阳"又极像个投机性极强的"商人"：善于"察言观色"，看市场的"脸色"行事，看个股运行的趋势决策。只要"有利可图"，就会"果断出手"，买时很坚决，卖时不犹豫。其中有些优质股票，他曾多次反复地在它们的走势中，择机买卖，反复做波段，赚取差价。

经典案例

采访中，"光头阳"在电脑上选取几个做过的实案，诠释他"价值选股，择机买卖" 的理念与操作风格——

案例 1：兴源环境（300266）。 2013 年 12 月 27 日，"光头阳" 他们发现兴源环境在涨停板上出现，打开 K 线图，发现上周四该股也是一个涨停板，而且 12 月份，它从最低点 13.70 元反弹到了 12 月 27 日的 17.03 元，反弹幅度为 24%，而同期上证指数从 2260 点跌到了 2100 点，跌幅为 7.1%，并且大盘是单边下跌。

当时，他们就在思考：是什么原因能促使它逆势大幅反弹？并且在几天之内连拉两个涨停板呢？他们上网搜索关于兴源环境的信息。但是该股当时是一只流通盘不足 3000 万的小盘股，成交量也很小，就算是近期放量的两个涨停板，成交额也不足一亿元，市场上关于它的信息实在寥寥无几。

于是，他们从行业和该股所处的板块着手，终于在该公司所处的浙江省，找到了一则有参考价值的重要新闻。新闻的标题是：《浙江将投 680 亿元治水，明年年底前消灭所有垃圾河》。看完这则新闻，他们很兴奋：消灭垃圾河治理环境，是亿万人瞩目的大事，浙江省政府高度重视，投入力度之大，前所未有。而兴源环境当时的主营业务恰恰就是生产处理淤泥污染相关的压滤机整机（产品），背负着治理垃圾河的重任。但那时，它的主营业务收入还不足两亿元，展望未来，有着巨大的发展空间。

看完这条新闻，"光头阳" 他们立马做出决定，从上海操盘室派出一位浙江籍的工作人员前往杭州实地调研。一周后，调研结果让他们更加兴奋：自浙江省政府下达文件后，全省立即掀起一个治理垃圾河的热潮。人人献计献策，各级领导、群众纷纷自发捐款，省政府先期投入的 680 亿元只是一个保底投入，实际投入可能远远超过这个数字。而兴源环境在浙江本省有很强的接单能力，并且有种种迹象显示，该公司有增加主营项目进行并购的可能性。于是，他们决定把兴源环境作为一个重要的投资标的。

买卖时间：2014 年 1 月 14 日，在该股股价回调到 16 元左右时，"光头阳"他们进行首次试探性建仓。两天后该股停牌，8 天后复牌，公布重大重组消息，股价一路上行。2 月 18 日，该股高开高走后，尾盘大幅回落，收出长实体的假阳线，他们在收盘前几分钟以 30 元左右悉数卖出。此后，他们又看到一则信息，显示浙江全省用于治水的投入将达到 4680 亿元，远远大于原来公布的 680 亿元。

于是，他们在 2014 年 2 月 27 日该股股价回调到 29.00 元附近，再次买入。该股横盘几日后，上行至 40.50 元，他们在 38.00 元附近卖出。2014 年 5 月份，该股股价回调到 27.00 元一带，他们第三次买入。此后，兴源环境一路高歌，振荡上行，一直涨至 2015 年 5 月 25日除权前的 121.90 元。在这个过程中，他们又多次进出，获得了丰厚的回报（见图 3.1）。

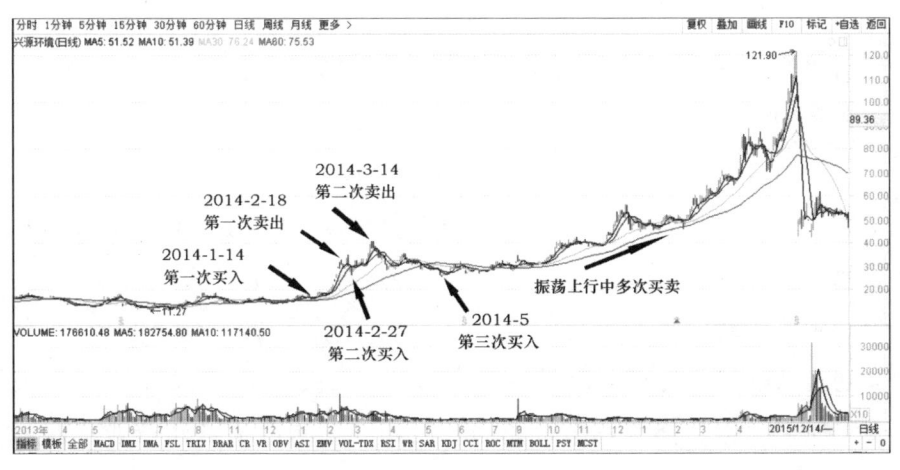

图 3.1　兴源环境走势图

案例 2：天齐锂业（002466）。早在 2012 年 7 月 9 日，国务院以国发〔2012〕28 号文件印发《"十二五"国家战略性新兴产业发展规划》。该"规划"阐述了未来 5 年的重点发展方向和主要任务：

节能环保产业、新一代信息技术产业、生物产业、高端装备制造产业、新能源产业、新材料产业、新能源汽车产业。其中新能源汽车赫然在列。

同样，在 2012 年，中国科技部发布了相关的电动车计划。该计划表明，未来 5 年将主要突破电池、电机、电控系统等关键技术，争取到 2015 年电池生产成本降至现在的一半，电动车保有量达到 100 万辆。

按照新出台的新能源汽车发展规划，到 2015 年，纯电动汽车和插电式混合动力汽车累计产销量力争达到 50 万辆；到 2020 年，纯电动汽车和插电式混合动力汽车生产能力达 200 万辆、累计产销量将超过 500 万辆。中国新能源汽车从 2012 年销量才开始突破 1 万辆，2013 年仅有 1.76 万辆，还不足 2 万辆。2014 年，被称为 "中国新能源汽车的元年"。在这一年里，中国新能源汽车生产 7.85 万辆，销售 7.48 万辆，产销量比上一年分别增长 3.5 倍和 3.2 倍；其中纯电动汽车产销比上年分别增长 2.4 倍和 2.1 倍；插电式混合动力汽车产销比上年分别增长 8.1 倍和 8.8 倍。

2015 年 9 月 16 日，天齐锂业收涨停板。这是第二轮股灾见底以来的第三个涨停板。虽然没有将股价明显拉高，但主力存在的迹象暴露无遗。并且，在这一波股灾期间，该股的最低股价为 46.81 元，而第一轮股灾时的最低价是 35.24 元，底部抬高了 32.8%，明显与大盘又创新低的趋势背离，说明主力看多做多的决心很强。同时，"光头阳" 他们根据新能源汽车行业的发展趋势预测，2015 年行业会迎来 "井喷式发展"。

锂电池是行业的上游，而天齐锂业是全世界锂电池板块的龙头，拥有品质最佳的锂矿石资源和先进的生产加工技术。这必然会让它享受到新能源汽车行业 "井喷式发展" 的最大红利。而在这两轮股灾中，它又调整得比较充分，其题材又是最具有持续性和操作性的，是价值股与题材股的最佳结合体。虽然此时其市盈率很高，但的确是最理想的买入时机。

　　买卖时间： 2015 年 9 月 17 日买进，买入价在 58.00 元左右。在 10 月 12 日，该股股价尾盘跌破 73.00 元时卖出。2015 年 10 月 30 日，在 77.00 元以上第二次买入。11 月 13 日，该股股价尾盘跌破 138.00 元时卖出。2016 年 2 月 1 日，以 125.00 元第三次买入该股，2 月 5 日早盘以 152.00 元卖出。2016 年 3 月 17 日，以 141.96 元的涨停价第四次买入。2016 年 4 月 7 日，以 176.00 元卖出。在该股上多次买卖，收益颇多（见图 3.2）。

图 3.2　天齐锂业走势图

做好价值投机要吃"四碗面"

　　谈及如何做好价值投机时，"光头阳"幽默地说："简单地说，要吃四碗面。四碗面指的是：基本面、心理面、资金面、技术面。"他接着说，掌握"基本面"，要谙熟如下内容：

宏观经济：全球经济、中国经济

国际局势：无关危机、有关危机、域内危机

全球价格：大宗商品、金属现货、重要产品

供求关系：全局性供求、局部性供求

相关政策：全国性、行业性、地区性、概念性

题材故事：概念性、板块性、区域性、单一性

重组并购：热点重组、普通重组、增发扩股

业绩增长：行业成长、区域成长、个股成长

掌握"心理面"，需要揣摩透以下市场主体的心理：

◆ 社保基金心理

◆ 保险基金心理

◆ 投资基金心理

◆ 券商自营心理

◆ 市值管理心理

◆ 私募基金心理

◆ QFII 基金心理

◆ 地下私募心理

◆ 游资大户心理

◆ 中小散户心理

掌握"资金面"，需要研究以下内容：

◆ 全球资金面

◆ 中国资金面

◆ 行业资金面

◆ 市值管理资金

◆ 私募中短期资金

◆ 游资大户游击资金

◆ 散户跟风资金

掌握"技术面",需要具备如下"功力":

中长线：大盘中长期趋势、个股中长期趋势

短线：大盘短期趋势、个股短线趋势

超短线：大盘 1 ~ 3 天形势、个股 1 ~ 3 天形势

关于"四碗面"的综合应用，针对中长线和短线，"光头阳"总结了不同的操作方法：

中长线操作时，如果出现以下情况，可以考虑买入：

基本面：行业、个股确定性成长

心理面：成长将得到哪类主力的认同

资金面：已经有或确定将有资金在行动

技术面：大盘有中长线向上趋势或在低位，个股筑底成功，有加速上攻迹象

中长线操作时，如果出现以下情况，可以考虑卖出：

◆ 基本面发生改变

◆ 技术面出现卖点

在进行短线、超短线操作时，如果出现以下所述情况，可以考虑买入：

> **基本面：**有"提升未来业绩想象空间"的政策、题材、故事、重组、提价、联动等至少一项
>
> **心理面：**以上基本面"原因"能牵动较大主力
>
> **资金面：**有或将有主力资金流入
>
> **技术面：**符合各种技术买入战法

在进行短线、超短线操作时，如果出现以下所述情况，可以考虑卖出：

> ◆ 技术上出现卖出标志
>
> ◆ 基本面上发生改变

"光头阳"短线制胜的三大"战法"

> » 他为何在风雨飘摇的股票市场中能连连创造非凡的佳绩？又为何能在漫漫熊途和股灾中趋利避险，"逆市飞扬"？他短线制胜的三大秘籍，将袒露其中的一切……

战法一：大阳碰战法

大阳碰战法是"光头阳"买入股票时最常用的一种绝技。其主要要点是：

◆ 出现涨停板或超大阳线（8% 以上光头大阳线）。

◆ 涨停板或超大阳线在 60 日均线上下 20% 范围以内。

◆ 出现涨停板或超大阳线之后 3～5 天内，股价踩 5 日均线之时。

◆ 踩 5 日均线当天，5 日、10 日、30 日均线处于多头排列之时。

◆ 大阳线之后几根 K 线需是横碰或小角度上碰 5 日均线。

◆ 大阳线之后几根 K 线实体部分最低价应在大阳线 2/3 价位以上。

◆ 买点：踩 5 日均线后，分时图走出底部形态。

◆ 最佳操作时间段为上午交易时段，底部形态时间跨度要求超过 30 分钟，若筑底时间跨度超过 1 小时的形态，可放宽到 13：30 之前。

注：大阳之后，首根 K 线为跳空高开长阴线，这时千万不可做。

经典案例

以下是"光头阳"大阳碰战法的经典案例：

案例 1：中青宝（300052）。其日线条件满足情况如图 3.3 所示：

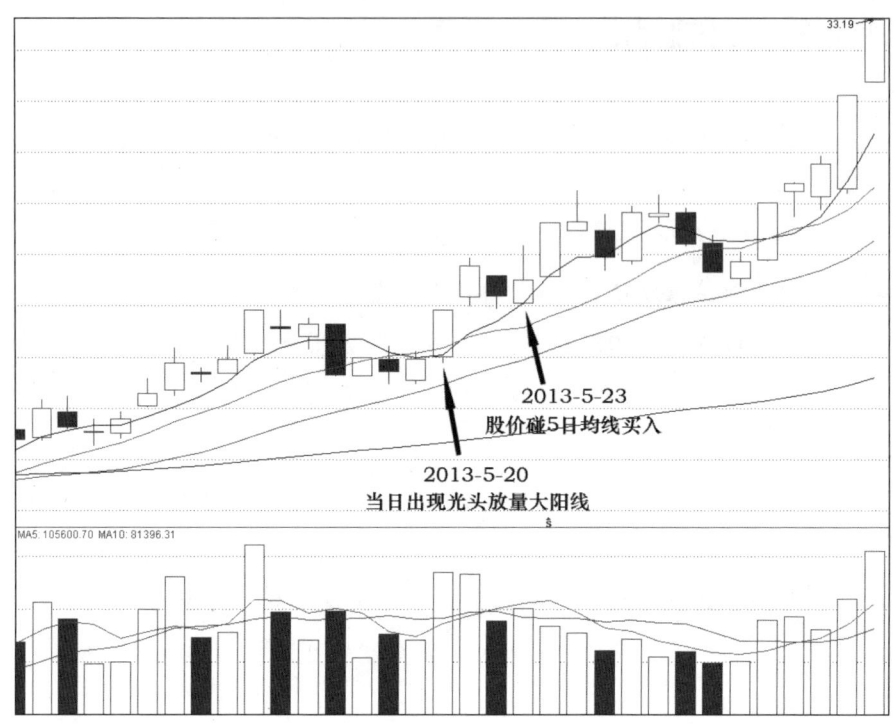

图 3.3　中青宝走势图

◆ 中青宝在图 3.3 中左箭头标示处出现涨停板。

◆ 涨停板的最低价离 60 日均线价差约 16%。

◆ 涨停板之后第三天，即图中 3.3 中右箭头所标 K 线，股价踩
　 5 日均线。

◆ 踩线当天，5 日、10 日、30 日均线呈现多头排列。

◆ 涨停板后的 3 天，K 线横向碰触 5 日均线。

◆ 同时 3 根 K 线实体最低价都在涨停板上方，符合在大阳线
　 2/3 价位以上的要求。

中青宝股票分时走势条件满足情况如图 3.4 所示：

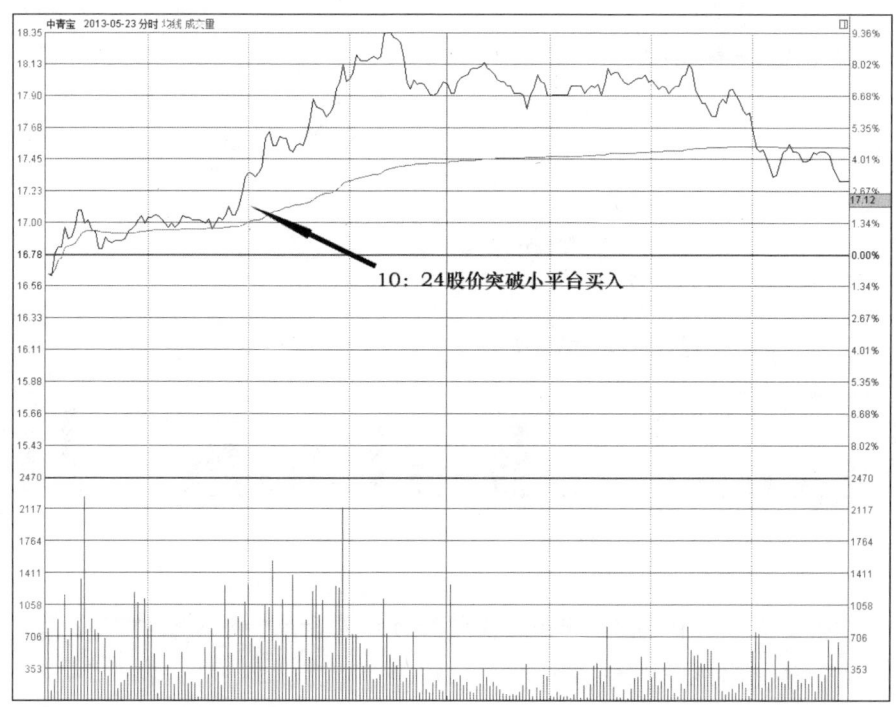

图 3.4　中青宝买入当日分时走势图

◆ 当天开盘后，股价低开高走，小幅上涨 1% 之后进行整理，
构筑出一个小平台，形成底部企稳的分时形态。

◆ 10：24 股价向上突破小平台，时间跨度超过了 30 分钟，形
成买点。

结果，中青宝从出现买点，到第二天股价涨停，有 11% 的盈利空
间，能够轻松达成 3 % 的赢利目标。

案例 2：平安银行（000001）。其日线条件满足情况如图 3.5 所示：

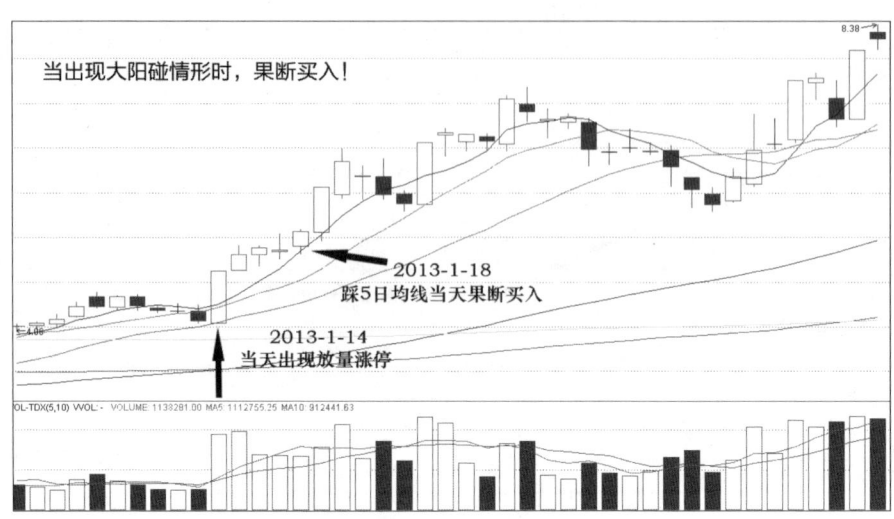

图 3.5　平安银行走势图

◆ 平安银行在图 3.5 中第一个箭头标示处出现一根放量的涨停板大阳线。

◆ 涨停板的最低价离 60 日均线价差明显在 15% 以内。

◆ 涨停板之后的第四天，即图中箭头所标 K 线，股价踩 5 日均线。

◆ 踩线当天，5 日、10 日、30 日均线呈现多头排列。

◆ 涨停板后的 4 天，K 线小角度上碰 5 日均线。

◆ 4 根 K 线实体最低价都在涨停板上方，符合在大阳线 2/3 价位以上的要求。

平安银行分时条件满足情况如图 3.6 所示：

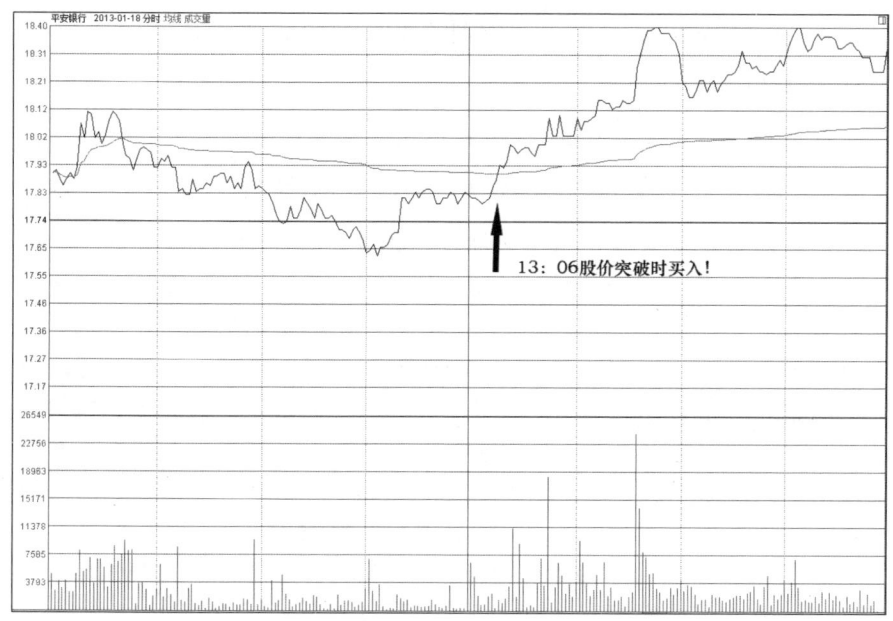

图 3.6　平安银行买入当日分时走势图

◆ 踩线当天股价微幅高开，早盘冲高 2% 之后向下进行整理，10：30 到 13：06 之间构筑了一个头肩底的分时形态；

◆ 13：06 股价向上突破颈线位，时间跨度超过了 30 分钟，形成买点。

结果，平安银行从出现买点，到第二天收盘，有近 10% 的盈利空间，能够轻松达成 3 % 的赢利目标。

案例 3：金路集团（000510）。其日线条件满足情况如图 3.7 所示：

◆ 金路集团在图中第一个箭头标示处出现一根放量的涨停板大阳线。

◆ 涨停板的最低价离 60 日均线价差为 4.8%，满足 15% 以内要求。

◆ 涨停板之后的第三天，即图中箭头所标K线，股价碰触5日均线。

◆ 踩线当天5日、10日、30日均线呈现多头排列。

◆ 涨停板后的第3天，K线小角度上碰5日均线。

◆ 3根K线实体最低价都在涨停板上方，符合在大阳2/3价位以上的要求。

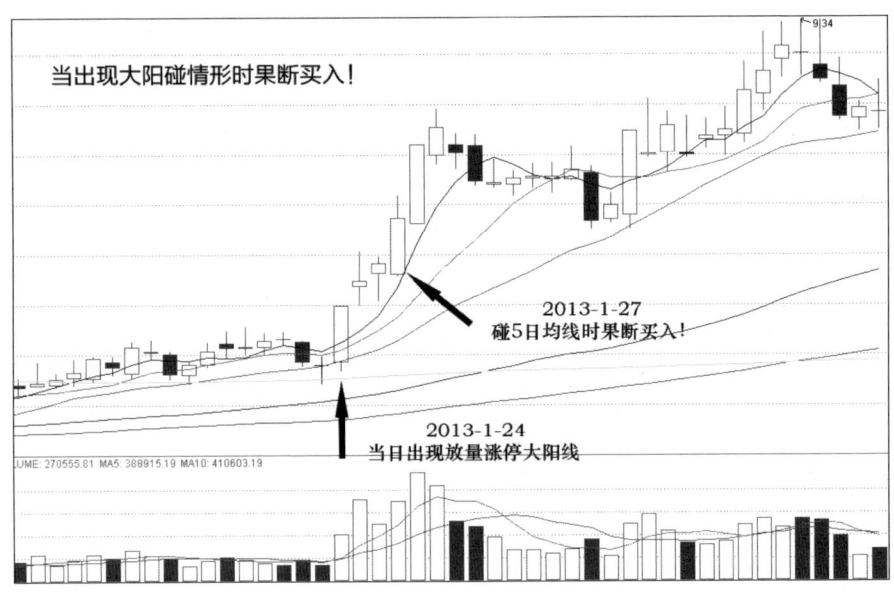

图3.7　金路集团走势图

金路集团分时条件满足情况如图3.8所示：

◆ 踩线当天开盘后，股价低位横盘振荡，到10：14构筑了一个W底的分时形态。

◆ 10：14股价向上突破颈线位，时间跨度超过30分钟，形成买点。

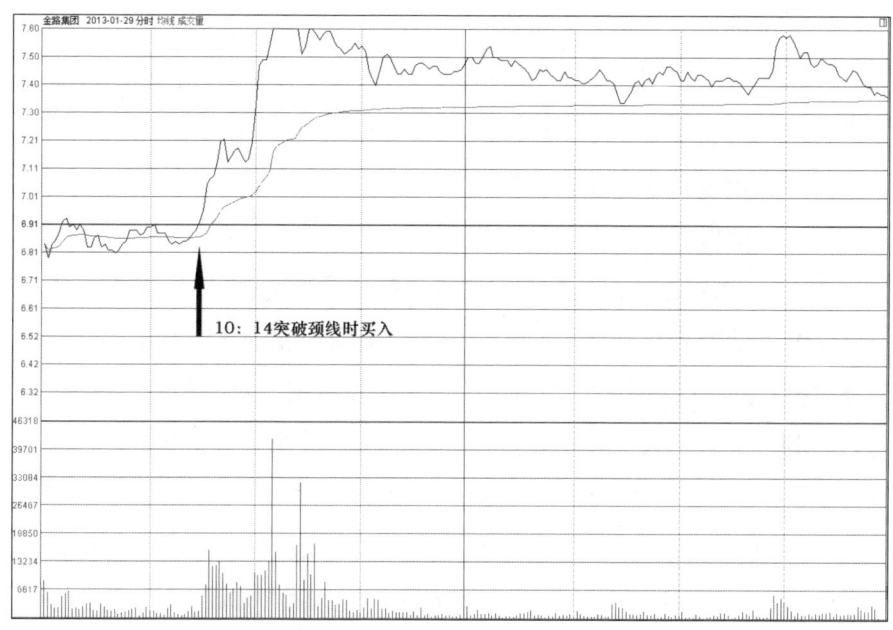

图 3.8　金路集团买入当日分时走势图

结果，金路集团从出现买点，到第二天涨停，有 15% 的盈利空间，能够轻松达成 3 % 的赢利目标。

大阳碰战法应用中的要点及易出现的错误

在采访中，"光头阳"强调："股市里要赚钱，任何一种方法都不是百分之百成功的。如果谁宣称他研究出的方法能够百分之百赚钱，那么这个人不是骗子就是疯子。当然，成功率的多少取决于多个条件，不仅跟个人的技术水平有关，还与操作心态有关，不同的心态做出来的结果是不一样的。无论如何，在股市里挣钱，虽然做不到百分之百成功，但却可以做到大概率的成功。多年来投资操盘的经验告诉我，如果长期使用一种方法达到 65% 以上的胜率，那就能持续稳定地盈利了。"

为了帮助读者提高自己的胜率，"光头阳"除了列举出如上文所示的一些经典成功案例外，还结合他之前多年培训操盘手的经验，特选出了他们练习中经常容易犯的错误来给大家参考。"光头阳"说："从错误中学习，也是提高自己操盘能力的一个很重要方法。"以下是他列举在运用"大阳碰战法"中最易犯的八大错误：

错误1：K线上还没有踩5日均线，就急不可耐地买入。如智慧能源（600869）（见图3.9），从K线形态上看，它是呈横碰5日均线之势，但是在没有踩到5日均线时，看到分时上面出现买点，就买入了。从图3.10可以看到，买入当天虽然小有盈利，但是第二天收了根中阴线，如果卖出不坚决，很难保本出局。再看踩线当天的分时走势（图3.11），并没有出现半小时以上的筑底形态，因而是没有买点的。所以，如果严格按照要求，就不应该买这只股票，后面的大跌亏损也就与你无关了。

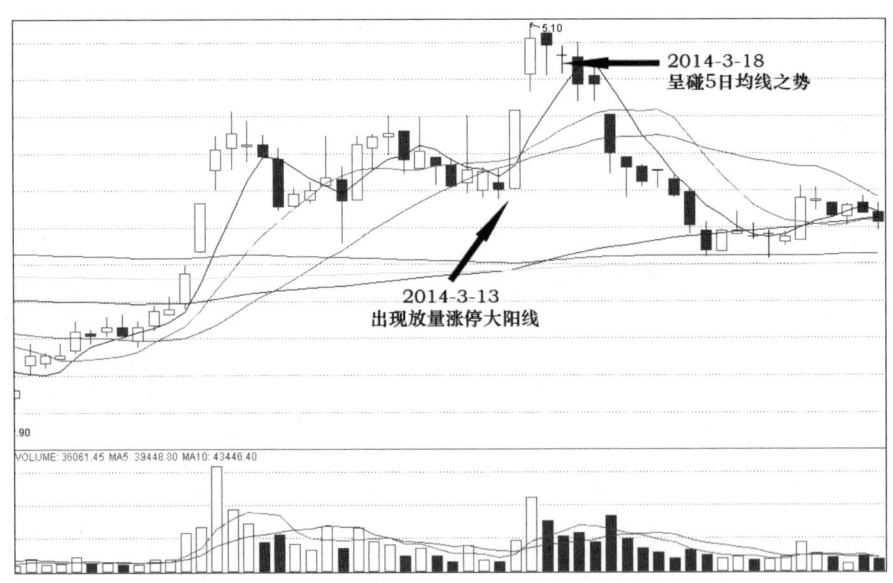

图3.9　智慧能源走势图

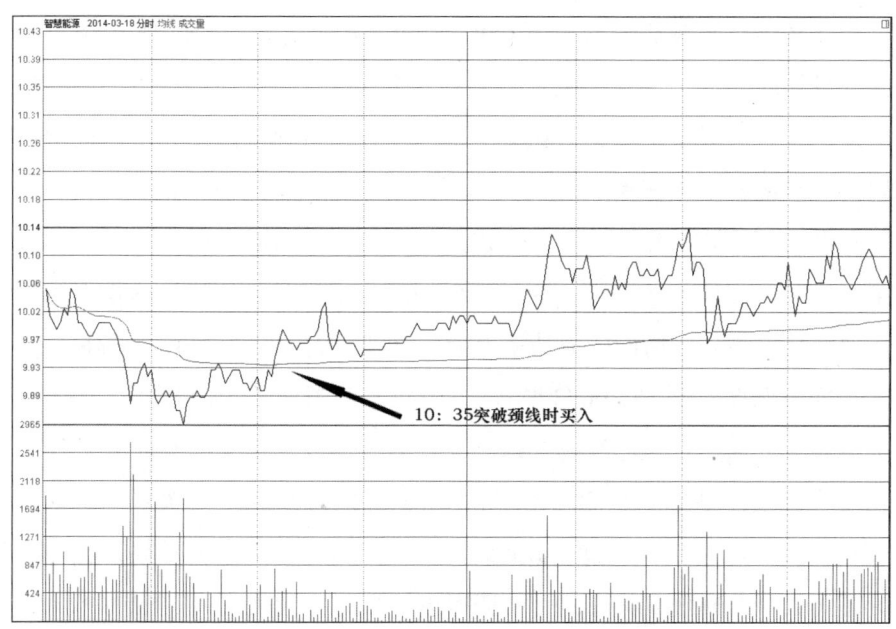

图 3.10　智慧能源买入当日分时走势图

图 3.11　智慧能源踩 5 日均线当日分时走势图

　　错误2：在K线多次踩5日均线的情况下买入。大阳碰战法要求踩5日均线当天可买入，但是如果发生多次踩5日均线的情景，就要斟酌斟酌了。一般情况下，只做第一次踩线，结合热点的话二次踩线也可以，但是如果是第三次踩线，就不要做了。简单一点说，就是"做一做二不做三"。在实战训练中，发现很多人如果第一次踩线买入后没有涨，第二次第三次还继续买入，这种情况一般都很难盈利出局。这是因为第一次成功率最高，后面的成功率递减，越到后面失败的概率就越高。

　　如案例新亚制程（002388），该股票走势图如图3.12所示，在箭头标示当天之前，K线已经两次踩到5日均线，也就是说箭头标示K线是第三次踩线。从图3.13和3.14分时图中可以得知，第三次踩线买入当天被套。买入第二天，盘中跌幅超过2%，加上前一天的亏损，已经达到超短线3%的止损价位，后面涨得再好都与你无关了。

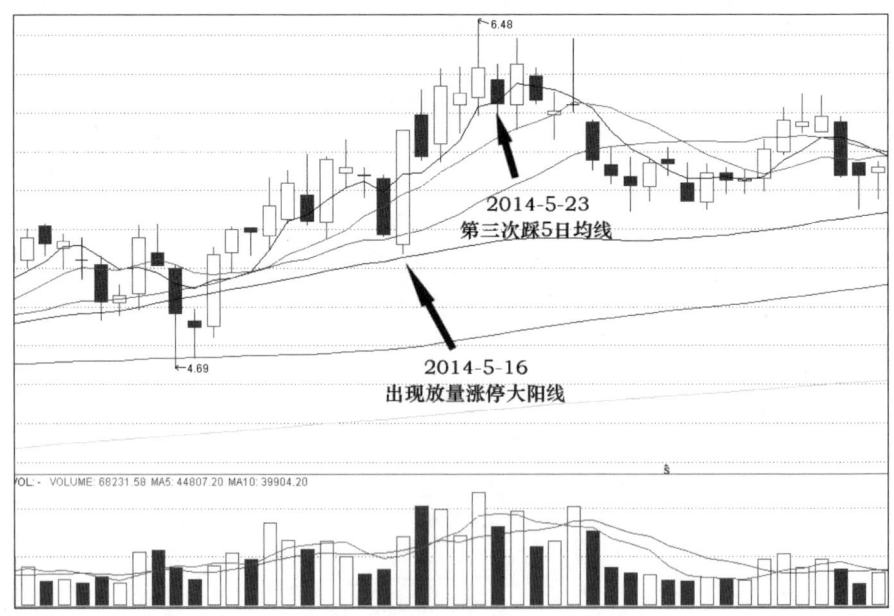

图3.12　新亚制程走势图

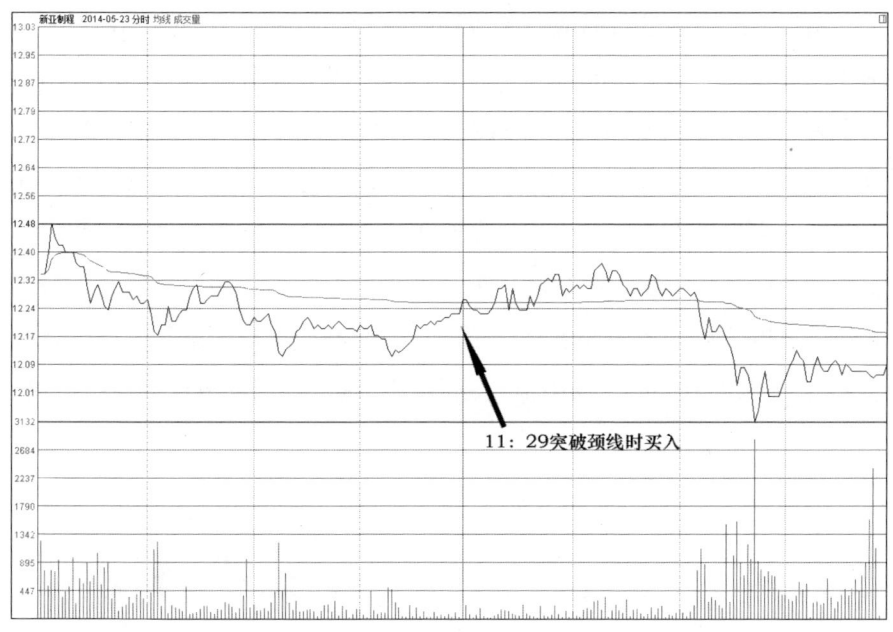

11：29突破颈线时买入

图 3.13　新亚制程买入当日分时走势图

第二天破位时止损出局

图 3.14　新亚制程买入第二天分时走势图

错误3：均线没有形成多头排列而买入。如案例深赛格（000058），图3.15中除均线外，其他条件都满足要求，并且踩线当天，分时也出现了突破买点（如图3.16）。再看图3.15，踩线当天，5日均线在10日均线、30日均线之上，但10日均线在30日均线之下，也就是这三根均线没有形成多头排列，实战中这一条是很多人都会忽略的条件，有些时候均线没有多头你可能也会成功，但是从总体上看，成功率会降低，盈利靠的是总体的成功率，而不是单只股票的暴利。这只股票买入当天就被套1%，第二天低开低走盘中最大亏损超过7%，一开盘就必须止损出局。

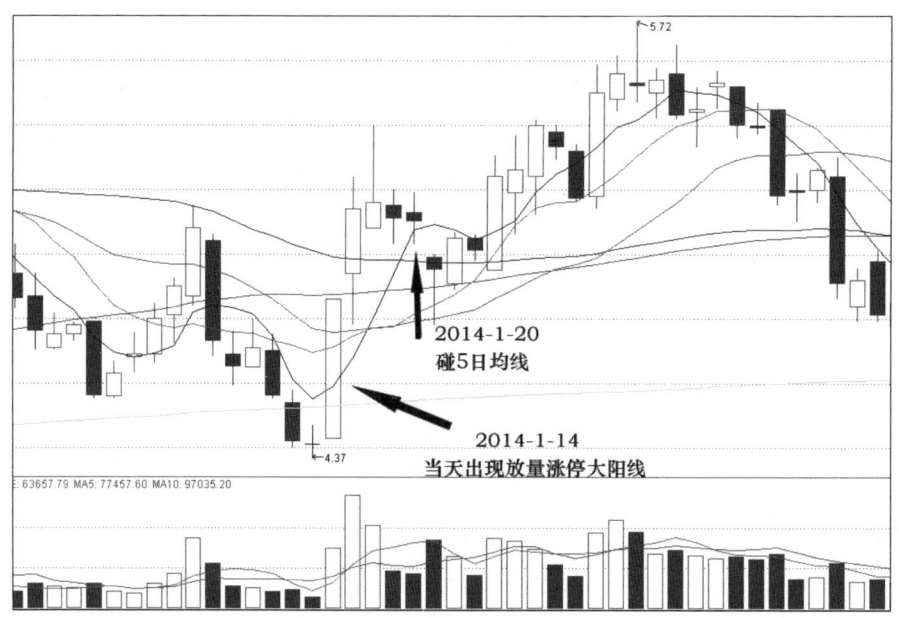

图 3.15　深赛格走势图

错误4：在K线下碰5天均线的情况下买入。大阳碰战法要求股价横碰或者小角度上碰5日均线，但在很多情况下，很多人也买入下碰5日均线的股票，下碰的股票成功率本身就没有横碰和上碰的高，而且更难以把握，因此最好放弃下碰者。

图 3.16　深赛格买入当日分时走势图

　　如案例洪涛股份（002325）（图 3.17），这只股票下碰 5 日均线没有守住，之后跌势难挡，股价一路狂泻。从图 3.18 上可以看到碰 5 日均线当天是有分时买点的，买入当天亏损 1.6%，第二天（图 3.19）如果坚决一点，在图中卖点位置出局，亏损会较小；如果犹豫，又会被打到超短线 3% 的止损位。

　　错误 5：分时构筑底部不足半小时就买入。比较心急的投资者对这一点尤为要注意。因为很多时候，开盘后半小时内，很难看出大盘或者个股的好坏，此时如果匆忙买入，很可能出现买入冲高，之后便转为跌势，或者买入后大盘走坏的情况。在这样的情况下，当天亏损三五个点是很正常的，有时候甚至会亏得更多。

　　如案例广东鸿图（002101）（图 3.20），图中箭头标示 K 线横碰 5 日均线，从当天的分时图上看（图 3.21），分时早盘走了一个小底部，并在 9：47 向上突破，此时刚开盘 17 分钟，还不到半个小时的时间。

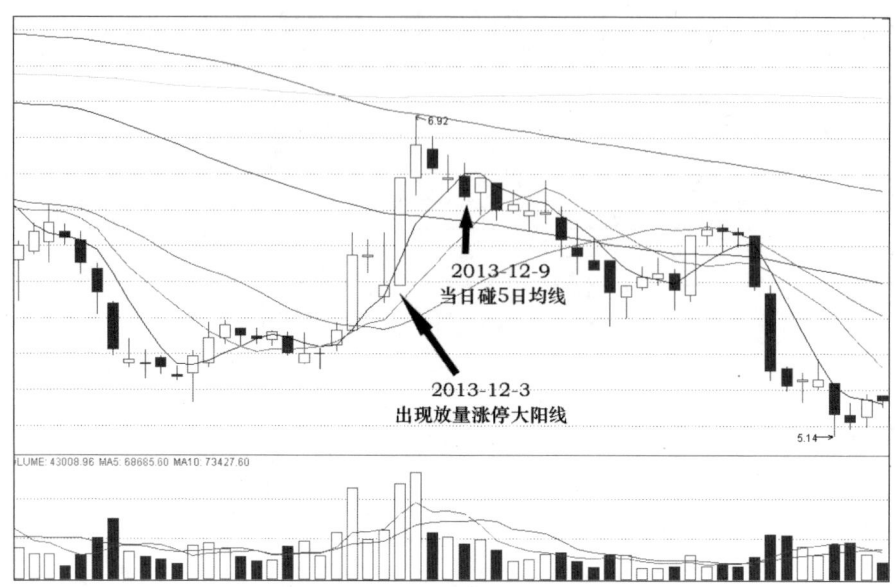

图 3.17　洪涛股份走势图

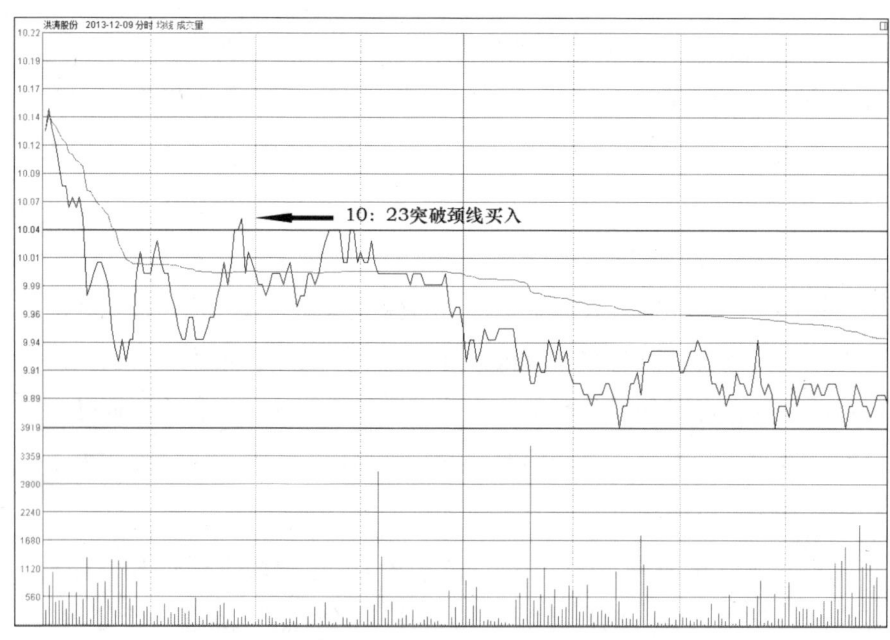

图 3.18　洪涛股份买入当日分时走势图

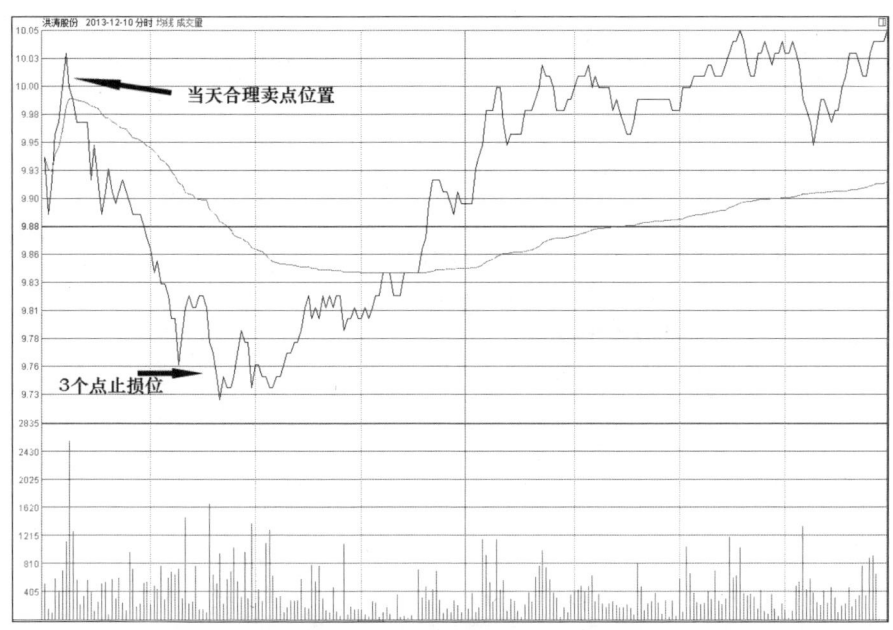

图 3.19 洪涛股份卖出当日分时走势图

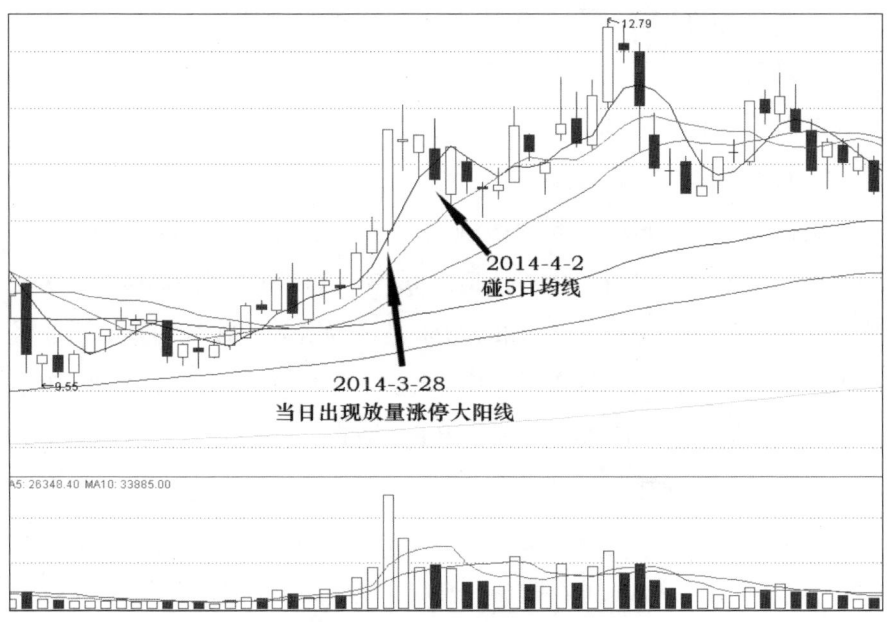

图 3.20 广东鸿图走势图

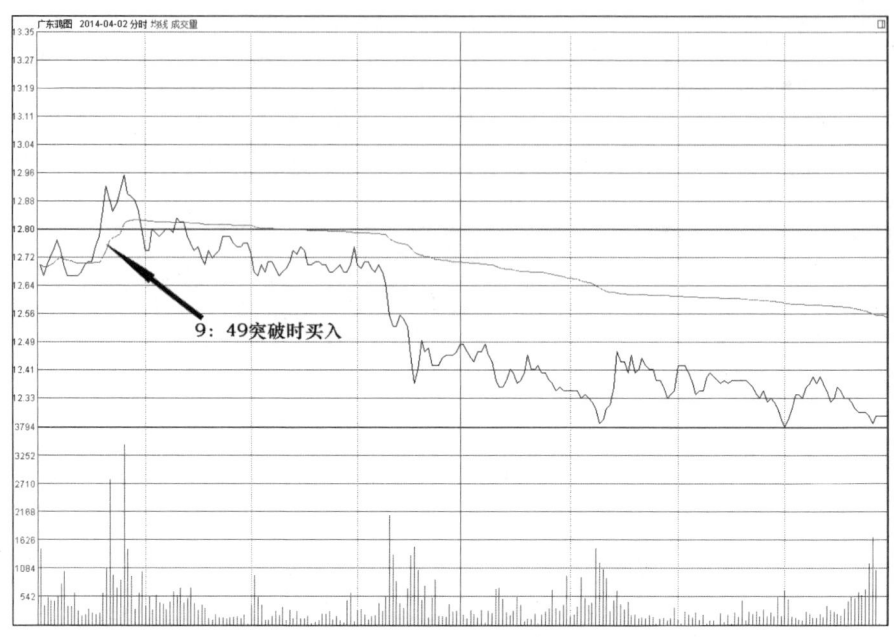

图 3.21　广东鸿图买入当日分时走势图

之后，股价冲高回落，并一泻千里，到收盘时跌幅达 4.11%。也就是说，如果当天提前买入该股，当天就可能亏损超过 4%。再看买入后第二天的股价表现（图 3.22），一开盘往下打就亏损 5%，超短线必须出局，后面再涨也与你无关。

错误 6：买点追高。 超短线强调要买在第一时间，第一买点。举个简单的例子，如果每一次买入追高 0.5%，卖出时卖低 0.5%，一次完整的交易就是 1% 的差价。如果这 1% 是你的盈利，按复利算的话，经过 100 次交易后你都能翻 2.7 倍了。当然，如果这是你的亏损，那用不了 100 次，你早就被股市消灭了。因此，在股市中，不要养成"大手大脚"的习惯，必须锱铢必较。

如案例航天动力（600343）（图 3.23），图中标示 K 线当天正好踩 5 日均线，形成大阳碰。踩线当天分时图如图 3.24，第一买点在 –0.81%，第二买点在 0.3%，而买入的位置却在 17.76 元，涨幅达 3.02%，离第一

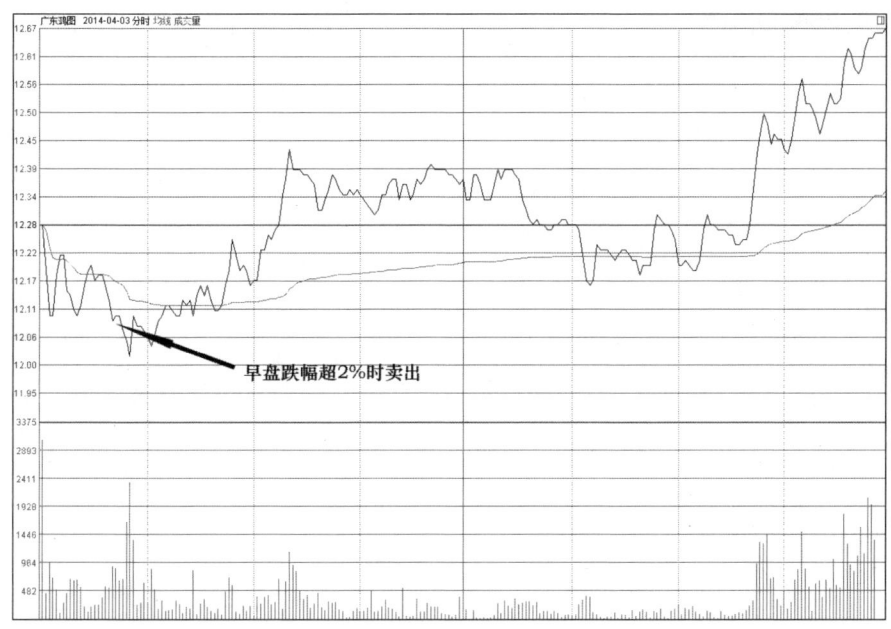

图 3.22　广东鸿图卖出当日分时走势图

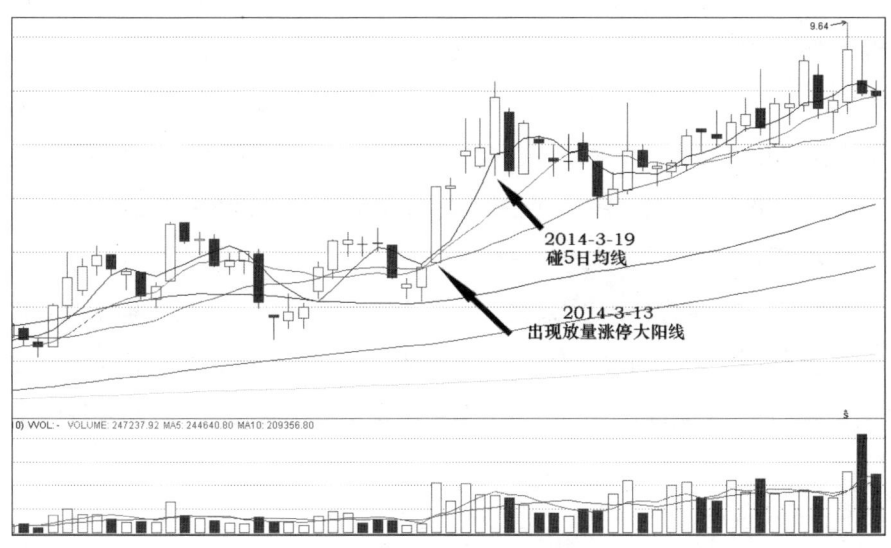

图 3.23　航天动力走势图

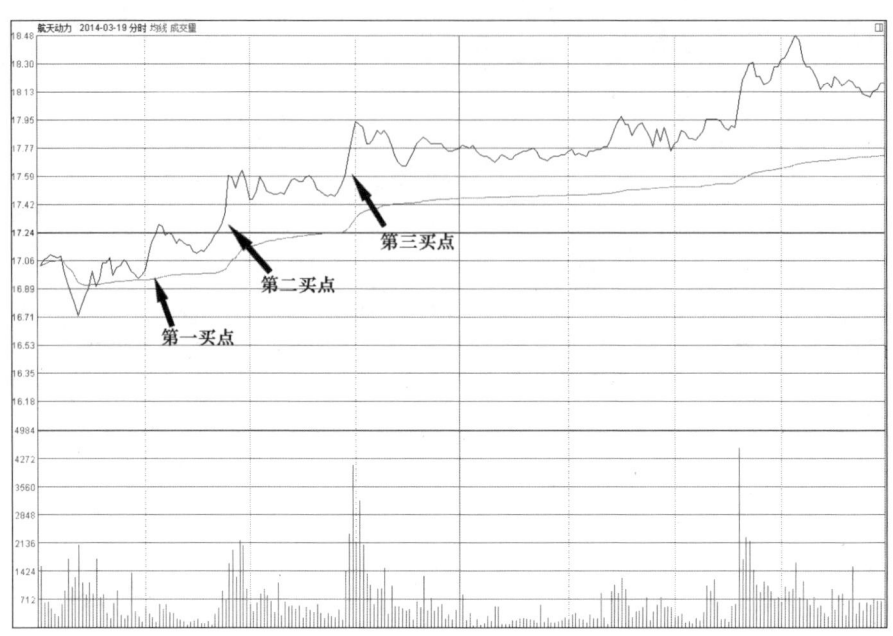

图 3.24　航天动力买入当日分时走势图

买点差 3.9%，离第二买点也有 2.7% 的空间，这就是典型的追高。结合买后第二天的分时走势图（图 3.25），以股价 17.76 元买入当天，有近 1.5% 的盈利，但是第二天股价低开低走，一天中都没有"生还"（保本）的可能，亏多亏少就要看卖出的水平怎么样了。在图中第一破位平台卖出还能控制亏损在 1%，要是不坚决，注定要跌到 3% 止损价位。相反，如果买入时在第一买点买入，当天就可以盈利 6% 以上。只要不贪，第二天及时止盈，肯定能赚到钱出来。

错误 7：分时突破时间过晚。大阳碰战法要求分时构筑底部时间至少半个小时以上，因此至少要等到 10：00 以后才可以买股。另一方面，个股分时如果迟迟不突破，等到下午甚至是尾盘才出现突破，这时的有效性就值得怀疑。因此，对于分时买点，一般要求 13：30 之前突破，13：00 后突破的，至少要有一个小时以上的底部。这样，个股当天上涨的概率才会高。

如案例捷成股份（300182）（图 3.26），从图中可以看出 K 线形态、

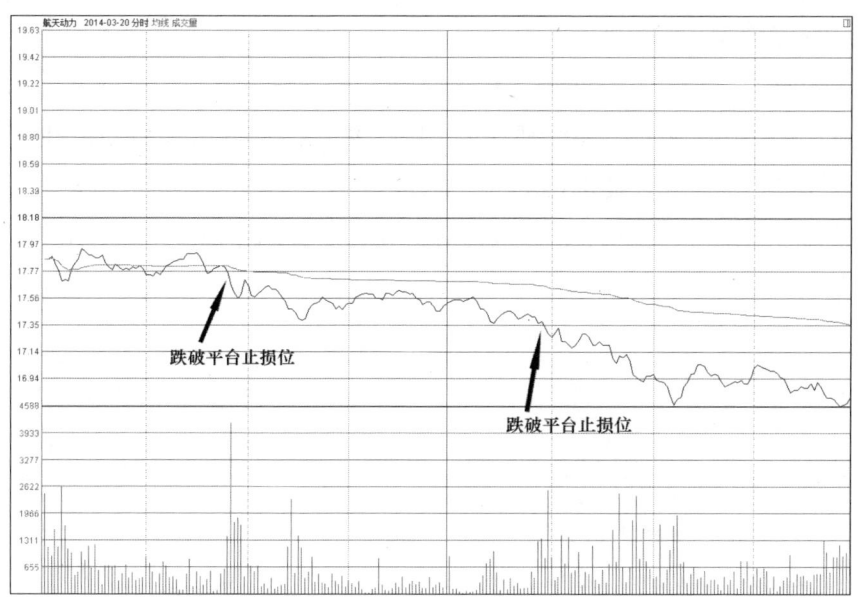

图 3.25　航天动力止损当日分时走势图

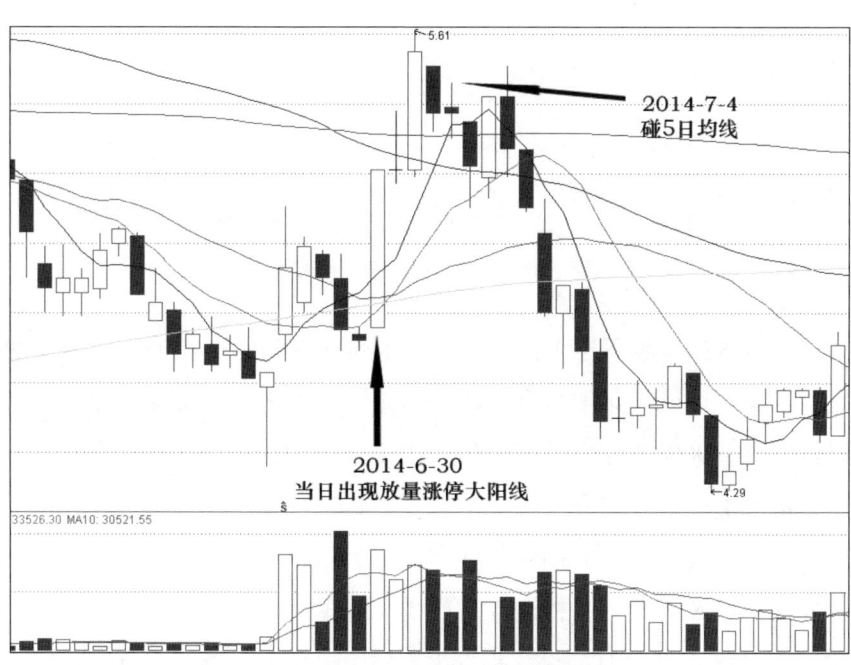

图 3.26　捷成股份走势图

均线等都是符合要求的，唯一出问题的就在踩 5 日均线当天的分时图上，见图 3.27，分时突破位置到了 14：45，接近收盘了。这样的买点就没有操作的必要，即使其他条件再好也是不能买的，因为很多时候尾盘拉高，第二天往往都要下跌。看图 3.28，买入第二天的分时走势，股价低开低走，一个小时内最大跌幅近 5%，3% 的止损位早就该出局。

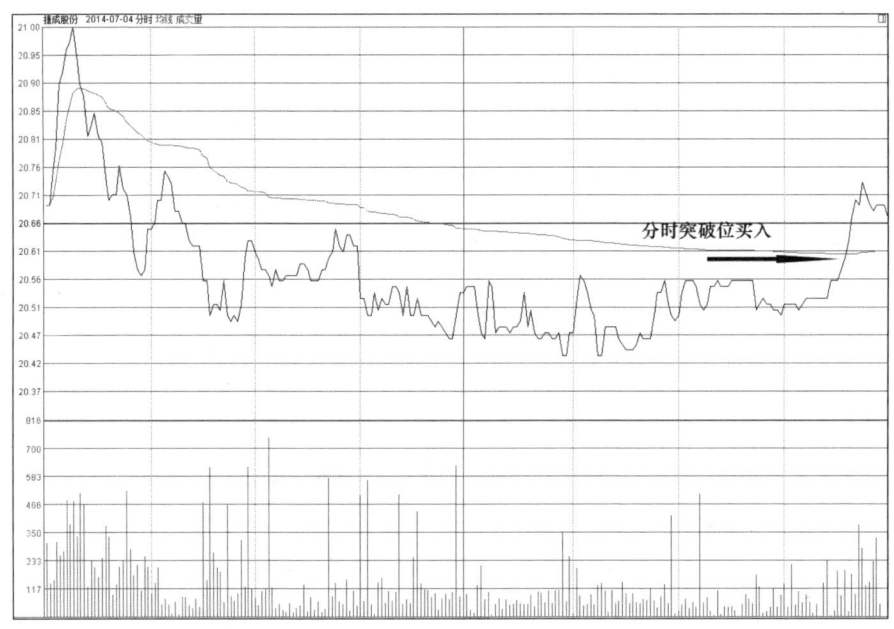

图 3.27　捷成股份买入当日分时走势图

　　错误 8：个股不与大盘结合。除了前面列举的实盘训练中出现的问题，还有一点就是必须结合大盘。毕竟，覆巢之下，难有完卵；大盘暴跌的时候，90% 以上的个股都要下跌，整个大势只有 10% 的胜率。在这种情况下，最好的方法就是空仓等待。

　　如案例安控科技（300370）（图 3.29），图中各条件都符合战法要求，涨停板之后 K 线第三天横碰 5 日均线。踩线当天的分时走势如图 3.30 所示，10：18 出现分时买点，买点出现后，一个上午虽然都没有很好的表

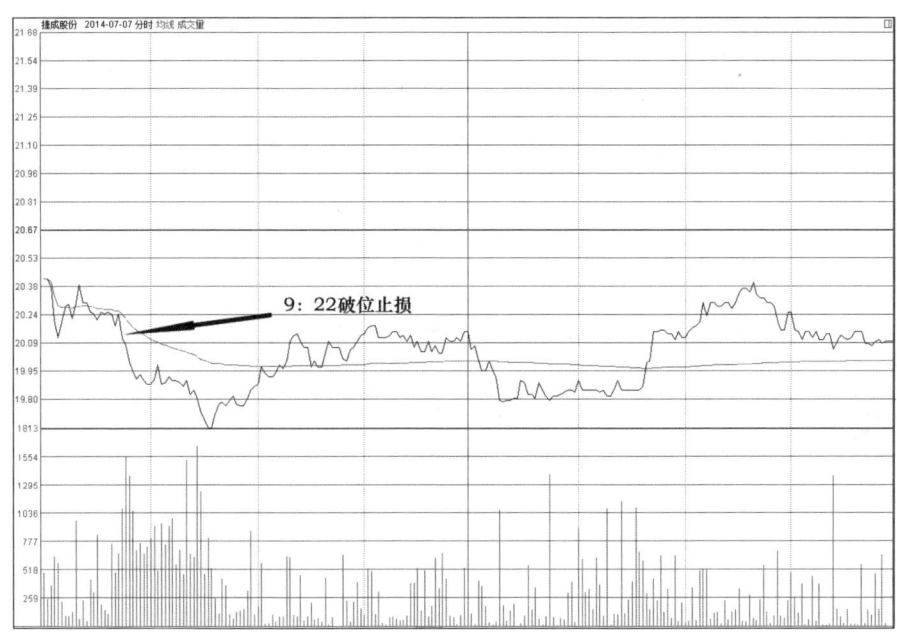

图 3.28　捷成股份买入第二天分时走势图

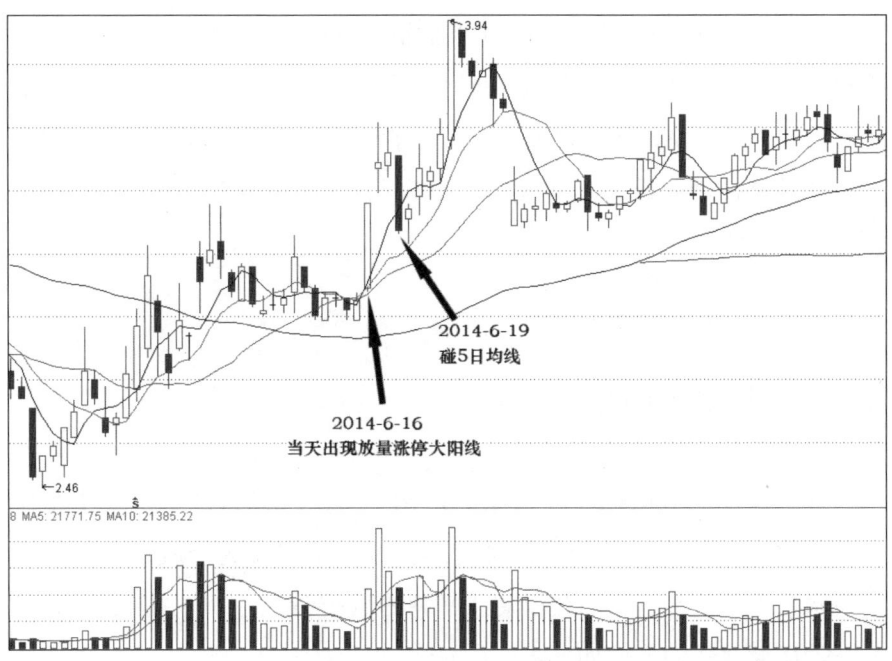

图 3.29　安控科技走势图

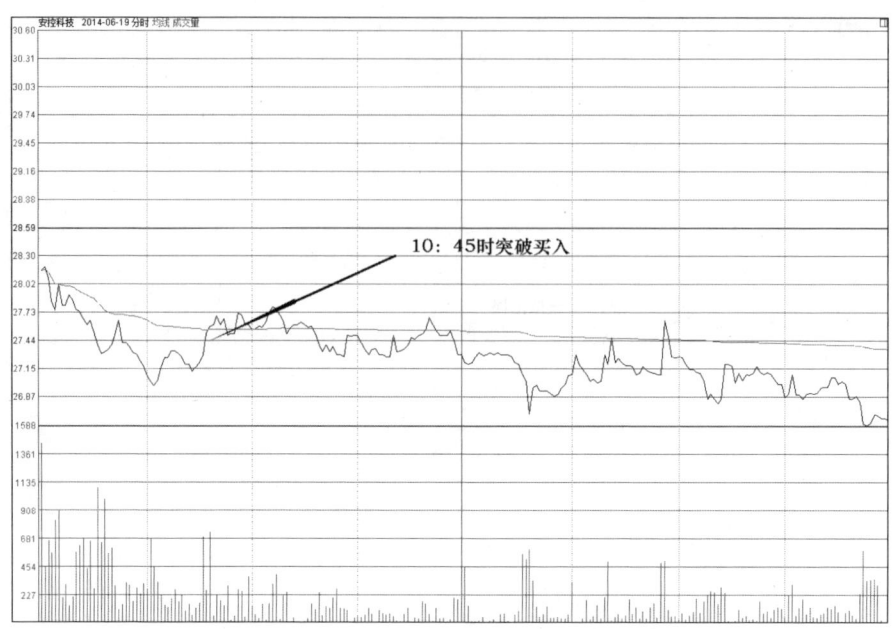

图 3.30　安控科技买入当日分时走势图

现，但也是缩量整理，但是到下午上证指数跳水（图 3.31），安控科技股价也跟着滑落，到收盘跌幅达 6.86%，当天买入亏损就达 4%。当天，上证下跌的个股有 890 只，上涨的个股只有 81 只，连 10% 都不到。如果以安控科技所在创业板计，下跌个股 318 只，上涨个股 23 只，比例更低。因此，对大盘必须要小心。

战法二：日出沧海战法

此战法属于分时图尾盘战法，适用于有涨停基因的、全天窄幅振荡的、尾盘时间突然放量突破分时阻力区向上拉升的个股，是超短线低位猎取大阳上涨、从而获得短线暴利的最佳手法之一。

使用此战法的条件如下：

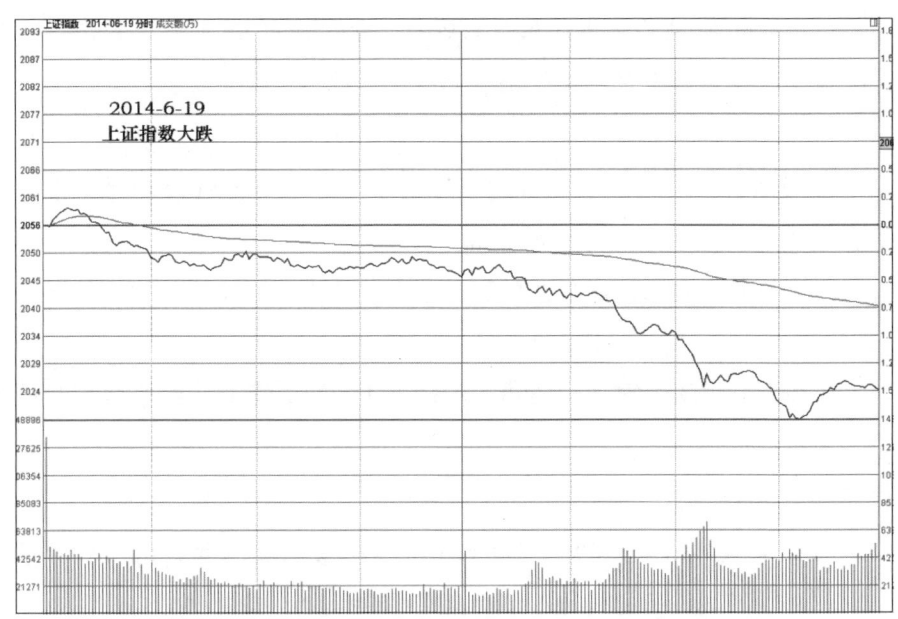

图 3.31 安控科技买入当日上证指数分时走势图

分时尾盘（适用时间：13：30 ～ 14：50）。日出沧海战
法适合在 13：30 ～ 14：50 使用。

全天涨跌幅很小（振荡幅度 3% 以内，最好在 2% 以内）。
要求涨幅小，主要是为了控制成本，避免追高。

振荡幅度内低量运行（量比 1.5 倍以内）。低量运行往往
是大涨的前奏。

尾盘放量发力、股价创日内新高时买入。创新高，代表
方向向上，此时买入阻力最小。

当时的大盘情况（5 分钟均线不可刚刚死叉）。大盘情况
良好是短线战法的基础。如果 5 分钟均线刚刚死叉，往往是不
好的预兆。

优选 K 线形态与个股所在的位置较好者。优中选优，有最
好的，不选次好的。

注：使用本战法操作单只股票，建议使用 50 万元以内的资金。如果资金量过大，则会影响主力行为，效果将打折。

一般而言，短线战法比较适合小资金运作。一旦资金变得非常巨大，短线战法的难度也会大大增加。

下面举几个日出沧海战法的经典案例，给大家说明这种战法的运用情况。

案例 1：中国中铁（601390）。 图 3.32 中箭头标示 K 线当日分时符合日出沧海形态：

◆ 该股当日从开盘的 9：30 至 14：39，分时价在均价线附近一直保持小于 3% 的振幅横盘窄幅运行。

◆ 分时横盘运行期间，基本保持缩量状态，且量比小于 1.5。

◆ 当时上证指数 5 分钟均线没有发生死叉现象。

◆ 前三个交易日该股走出三连阳，且成交量每日递增，属于看涨形态。

如图 3.33 所示，14：39 买盘增加，分时放量发力，股价向上，14：43 时创出日内新高，此时便可快速挂 "卖一" 或 "卖二" 价格买入。

"中国中铁" 当日涨近 8 个点的大阳线，从买点出现到第二个交易日，能够轻松达成 3% 的赢利目标。

案例 2：山西焦化（600740）。 图 3.34 中箭头标示 K 线当日分时符合日出沧海形态：

◆ 该股当日从开盘的 9：30 至 14：14，分时价在均价线附近一直保持小于 3% 的振幅横盘窄幅运行。

◆ 分时横盘运行期间，基本保持缩量状态，且量比小于 1.5。

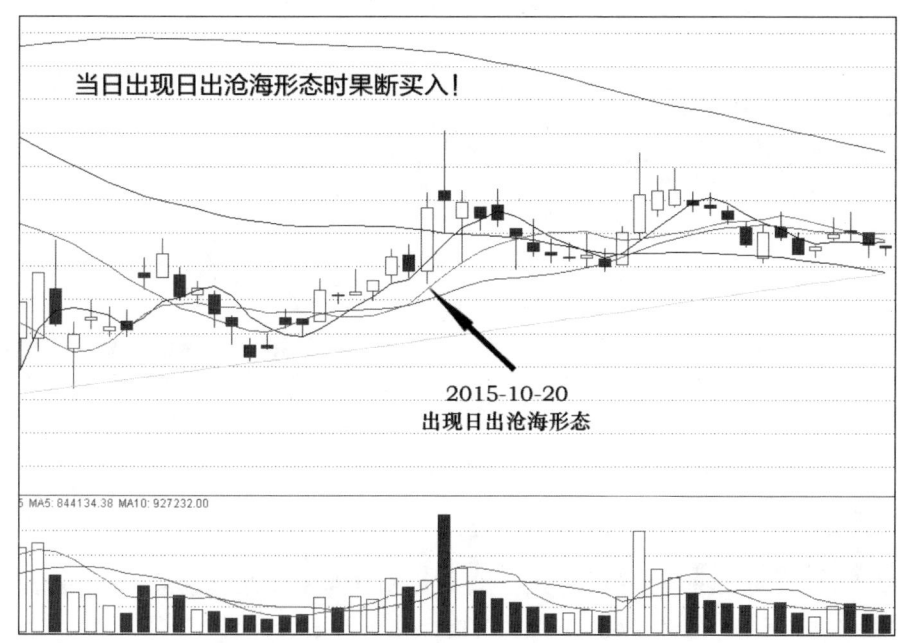

图 3.32 中国中铁走势图

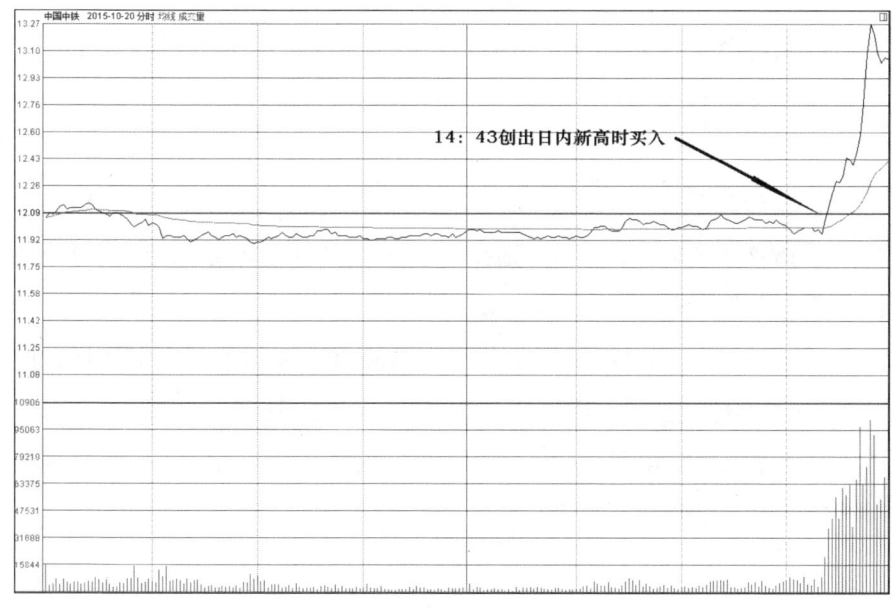

图 3.33 中国中铁买入当日分时走势图

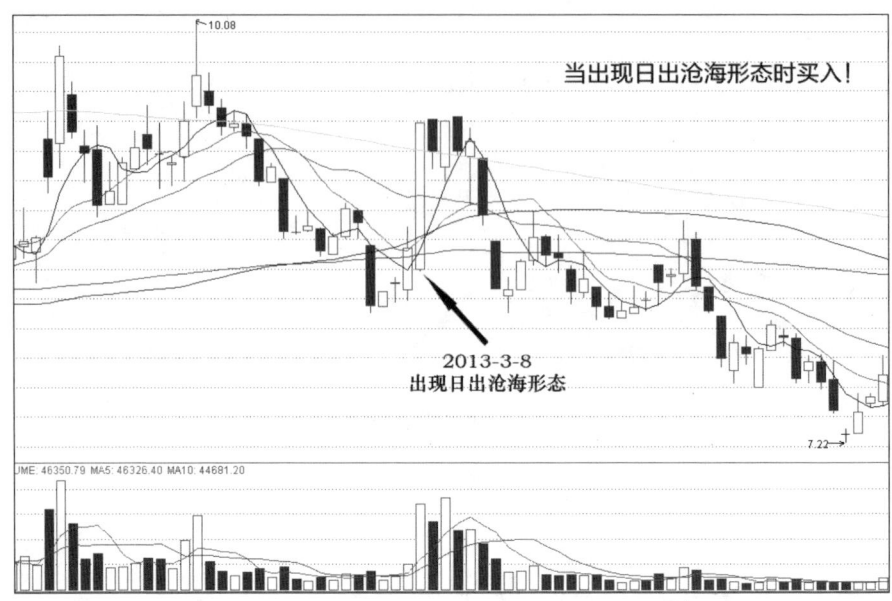

图 3.34　山西焦化走势图

◆ 当时大盘 5 分钟均线没有发生死叉现象。

◆ 前三个交易日该股走出三连阳，且成交量每日递增，属于
看涨形态。

如图 3.35 所示，14：15 买盘增加，分时放量发力股价向上，14：16
有一笔 1592 手 8.62 元的买单产生，分时放量创日内新高，此时便可快速
挂"卖一"或"卖二"的价格买入。

"山西焦化"当日以涨停价收盘，从买点出现到第二个交易日，最
高有 8.5% 的盈利空间，能够轻松达成 3% 的赢利目标。

案例 3：福日电子（600203）。如图 3.36 中箭头标示，K 线当日分
时符合日出沧海形态：

◆ 该股当日从开盘的 9：30 至 14：34，分时价在均价线附近

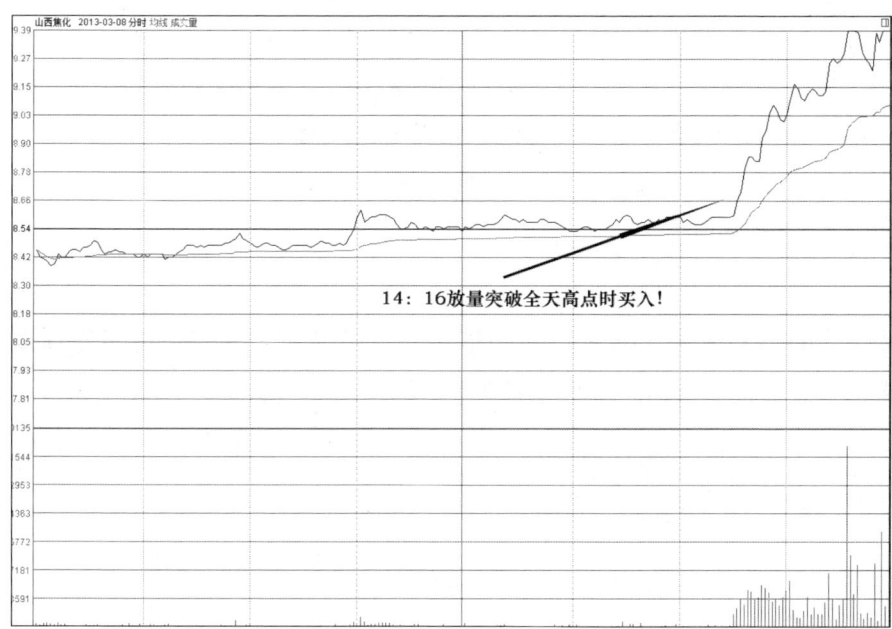

图 3.35　山西焦化买入当日分时走势图

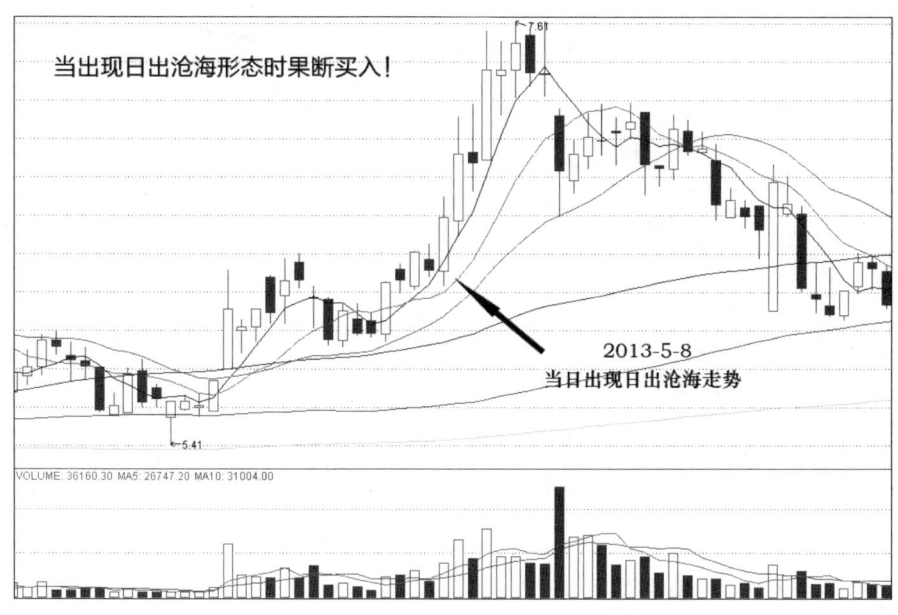

图 3.36　福日电子走势图

一直保持小于 3% 的振幅横盘窄幅运行。

◆ 分时横盘运行期间，基本保持缩量状态，且量比小于 1.5。

◆ 当时上证指数 5 分钟均线不是刚刚死叉的位置。

◆ 当日 K 线处于均线多头的位置，前期平台 6.54 元的压力位
突破在即。

如图 3.37 所示，14：35 有一笔 2125 手 6.48 元的买单产生，分时放
量发力创日内新高，此时便可快速挂 "卖一" 或 "卖二" 的价格买入。

"福日电子" 从当日买点出现到第二个交易日，最高有 11% 的盈利
空间，能够轻松达成 3 % 的赢利目标。

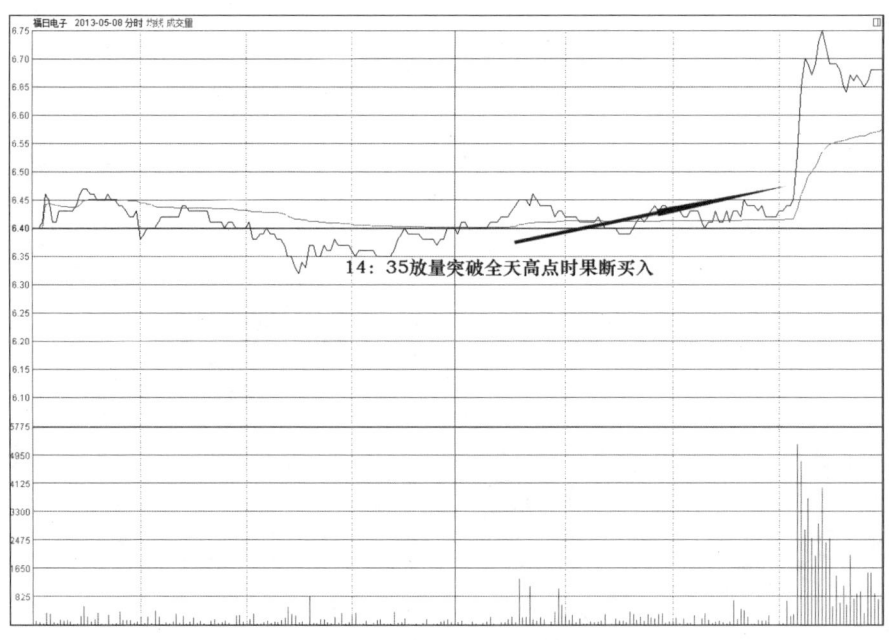

图 3.37　福日电子买入当日分时走势图

日出沧海战法禁忌

禁忌 1：分时图重心向下时买入。日出沧海分时形态以分时线围绕

均线为中轴线上下振荡最佳，全天分时走势若重心向下的，就不做。对于日出沧海的分时形态要求，窄幅振荡且低量运行，股价围绕中心上下波动，股价向上突破时实际波动并不大。如果是重心向下的，首先股价从最低价拉升到最高价本身涨幅不小，更重要的是这种情况更多是分时的反转走势，而不是日出沧海的这种蓄势爆发，因此重心向下的走势即使其他条件满足，也不能作为买入的对象。

如深天地 A（000023）（图 3.38），从 K 线图上看，日出沧海当天，K 线留有很长的上影线，这是冲高回落的走势。从买入当天的分时走势图看（图 3.39），股价高开低走，之后重心一直倾斜向下，这一点从分时上红线的走势可以看出来。下午当股价向上突破时，在 9.72 元价位买入，当时的量峰到达 1600 多手，比之前的最大量峰两倍还高，这一点也是符合日出沧海要求的。买入之后股价有冲高，但是最后回落，到

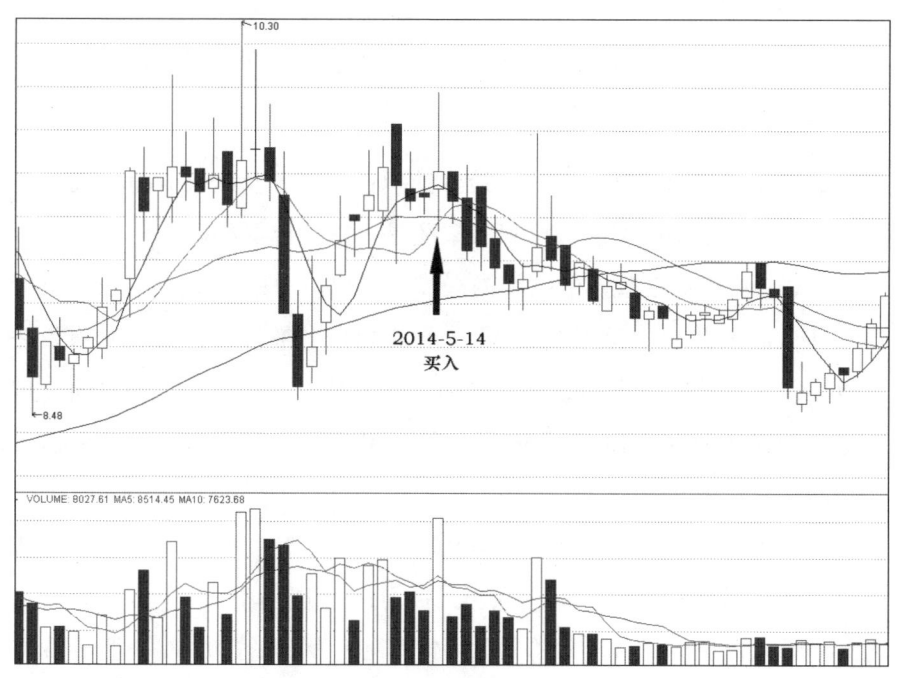

图 3.38　深天地 A 走势图

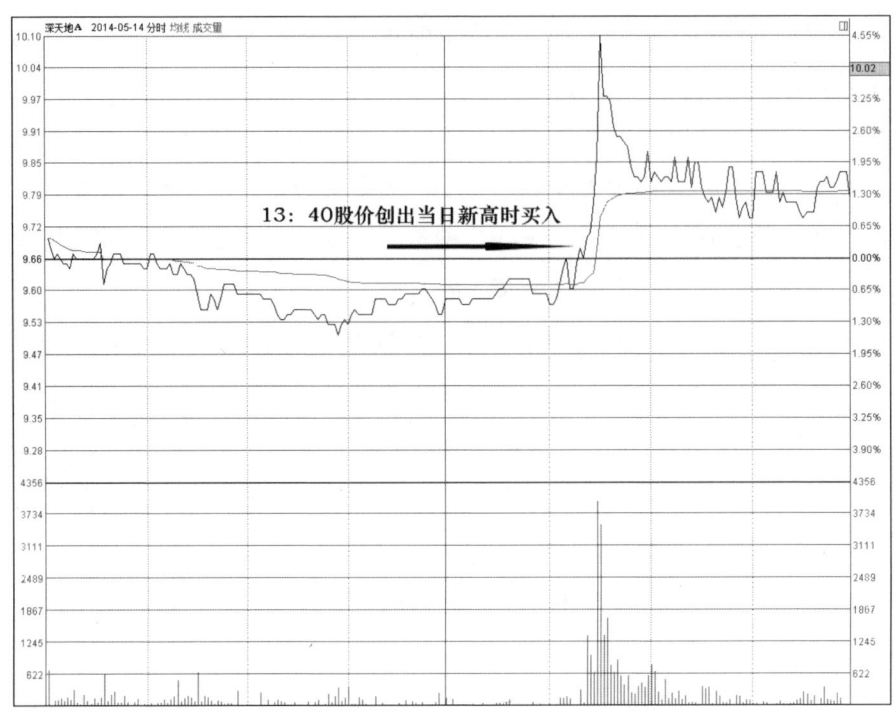

图 3.39　深天地 A 买入当日分时走势图

收盘勉强保持微幅盈利。第二天最好的卖点就是开盘跌破分时均线立马卖出，卖出如果不够坚决，这只股票还是要亏钱出局的。

禁忌 2：没有在规定的时间内操作。日出沧海的时间是在 13：30 ~ 14：50，而很多初学者在 13：30 之前甚至在上午就按日出沧海的条件来做了，这种情况下大多数是失败的。每一种方法都有规定的时间，日出沧海的操作时间就在 13：30 以后，如果在此之前操作，成功率将大大降低。

如华英农业（002321）（图 3.40），从 K 线图上看，当天是冲高回落的。抛开时间，来分析下买入当天的分时表现（图 3.41）：股价突破之前是窄幅振荡的，往上没有超过 1%，往下没有超过 0.5%，股价就是在 1.5% 的范围内波动。股价突破之前的量能几乎都是地量运行，除了

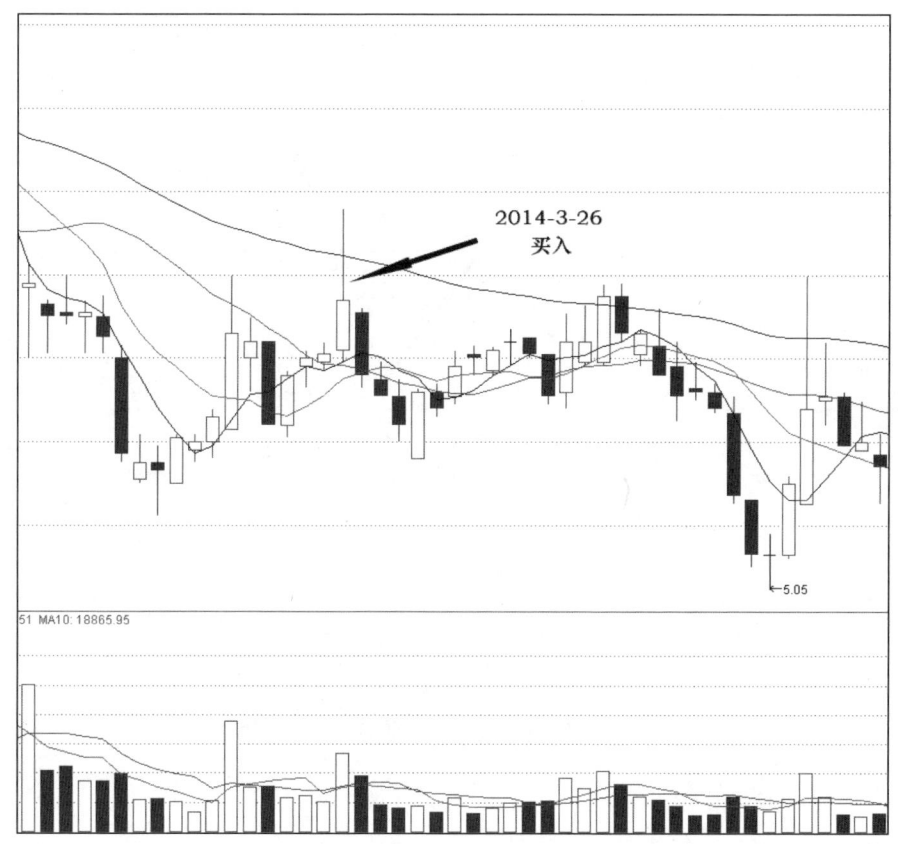

2014-3-26
买入

51 MA10: 18865.95

←5.05

图 3.40　华英农业走势图

有一根近 1000 手的量峰。股价突破之时放巨量，第一根量能就是 1000 手的好几倍。因此，前面的条件完全符合日出沧海战法的要求，如果是放在 13∶30 以后，一定是一个很好的日出沧海。但是因为在上午，这种情况下很可能会冲高回落，因为日出沧海基本是不考虑 K 线的，就是今天赚了，明天早上跑的。离开了 K 线，在上午去买风险是很大，上午冲高回落的概率要远远大于下午。

　　禁忌 3：虽然窄幅波动，但突破前股价已涨幅过高或跌幅较大，还要操作。日出沧海战法的目的，就是要在最短的时间内赚到 3% 以上的

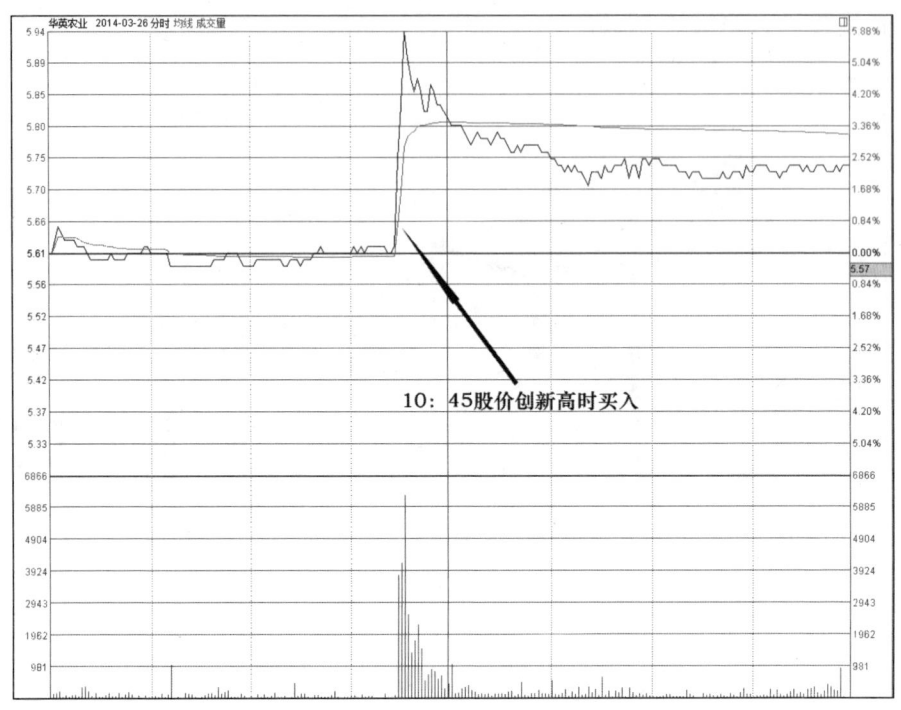

10：45股价创新高时买入

图 3.41　华英农业买入当日分时走势图

利润，因此规定了窄幅波动，涨跌幅要小。涨幅不能太高，如果涨幅高了还去买，比如在涨了 5% 时买入，你要赚 3% 必须要涨到 8%，但一天中真正涨幅 8% 以上的股票占总股票的比例是很少的。跌幅也不能太大，如果跌了四五个点，说明这只股票当天走势非常弱，这种情况下出现拉升概率也是相当低的。通过大量实践证明，窄幅波动涨跌幅在 −1% ～ 1% 最容易成功。

　　如南宁百货（600712）（图 3.42），从 K 线图上看，买入当天也是冲高回落，因而留下了比较长的上影线。看买入当天的分时图（图3.43），股价当天是高开高走，在下午向上突破之前，往下最低涨幅0.82%，往上最高涨幅3.27%，股价是在 2.5% 的范围内波动，符合要求。操作者在下午放量突破的时间，以 3.81 元的价位买入，3.81 元的

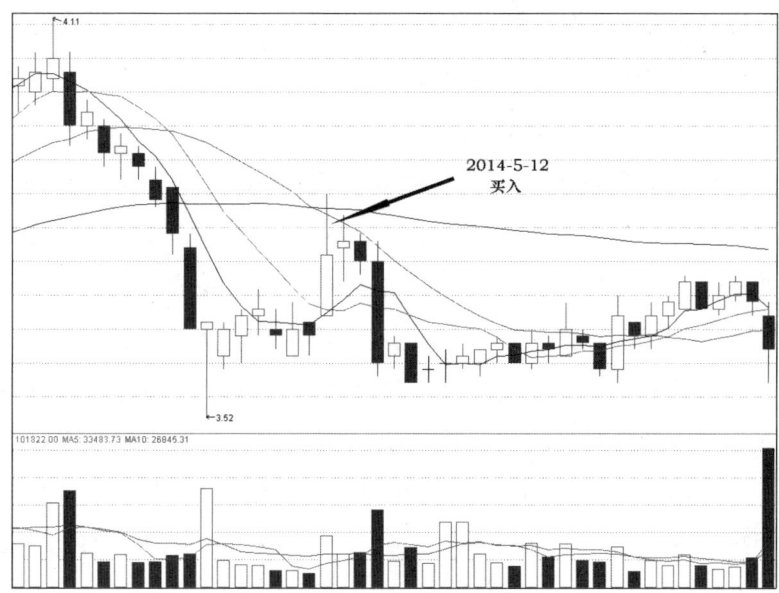

图 3.42　南宁百货走势图

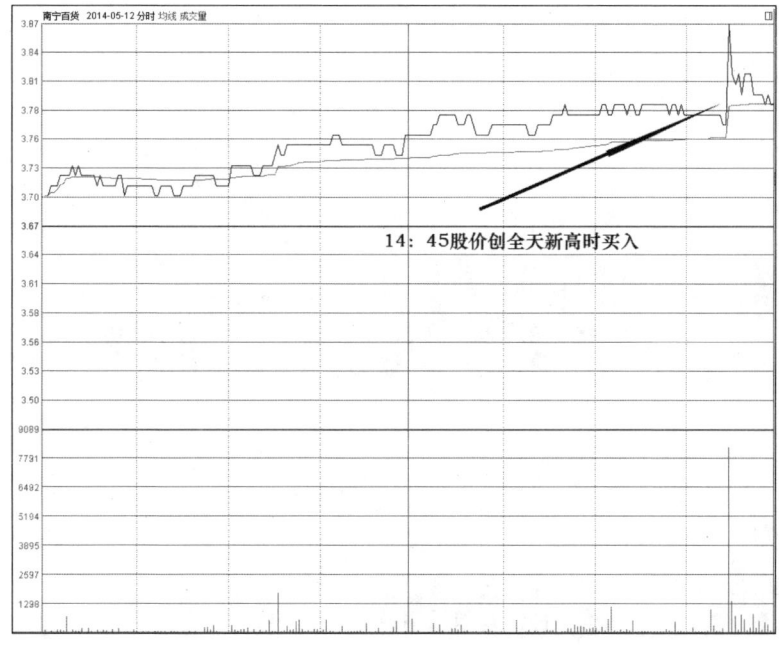

图 3.43　南宁百货买入当日分时走势图

价位是当天涨幅的 3.81%，而股价在放了一根巨量后就回落，造成当天被套，第二天如果好的话可以保本出局。

禁忌 4：错过最佳买入点，追高买入。追高这一点已经在前面的战法解析中提到过了，并且前面也说了追高的危害及原因。日出沧海战法也一样，不能追高，甚至这种战法追高的危害要远远大于别的战法的追高，因为日出沧海一般都是在短时间内完成，涨跌几分钟就能确定，几分钟就套你 3%，对你的心态影响会很大。该战法条件规定了买入的价位和时间，按照要求来有就买，没有就不动，错过了第一买点就放弃这只股票。

如金牛化工（600722）（图 3.44），从 K 线图上看，这也是一根冲高回落的 K 线。买入当天的分时图如图 3.45 所示，日出沧海之前围绕 0 轴窄幅波动，往上最大涨幅不超过 0.75%，往下最大跌幅不超过

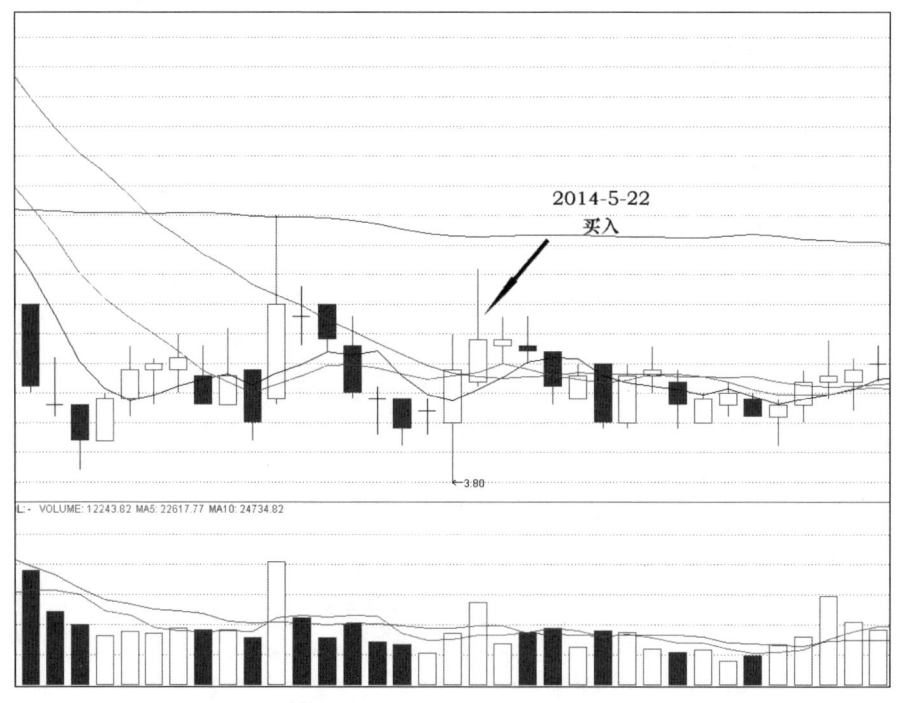

图 3.44　金牛化工走势图

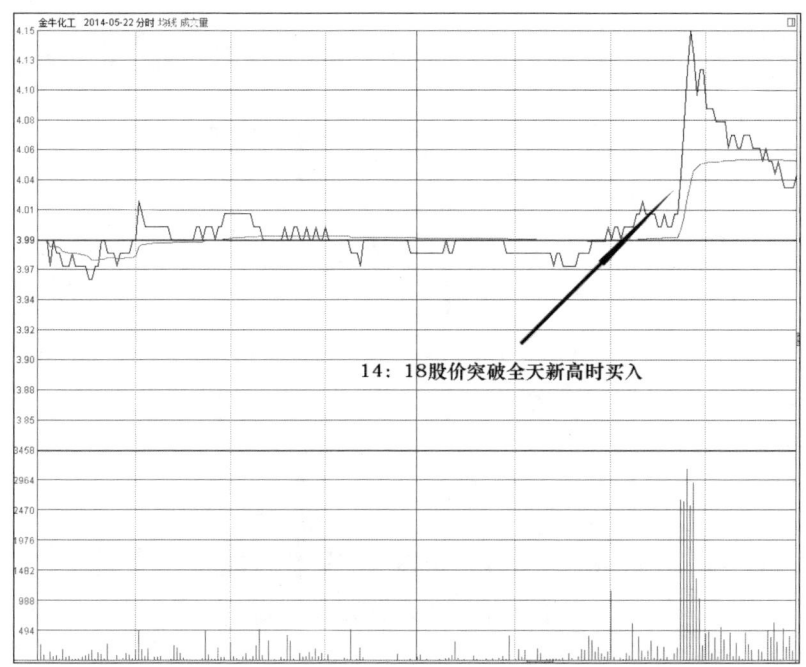

图 3.45　金牛化工买入当日分时图

0.75%，这是一种非常理想的分时走势。再看分时量能，日出沧海之前除有一根 1000 手级别的量峰，其他最大的都在 500 手左右，也非常理想。但是下午当股价向上突破之时，操作者并没有在第一时间第一价位 4.03 元买入，而是在已经放出第三根量峰的情况下，以 4.12 元的价格买入，比第一价位高出两个多点，这直接造成当天亏损了 2%，第二天只能亏损出局。而如果不追高，即使这次交易失败，也不会亏钱出来。

禁忌 5：股价突破时，量峰达不到要求时买入。股价突破时的量峰条件是日出沧海战法条件最重要的条件之一，缺少它相当于缺少了画龙点睛的那一笔，前面的条件再好也没用。因此，对于这个条件不能偷工减料，更不能忽略。一般来讲，如果前面的量峰低于 500 手，突破时必须要千手量，如果大于 500 手，至少需要倍量。

如正泰电器（601877）（图 3.46），从 K 线图上看，当天股价并没

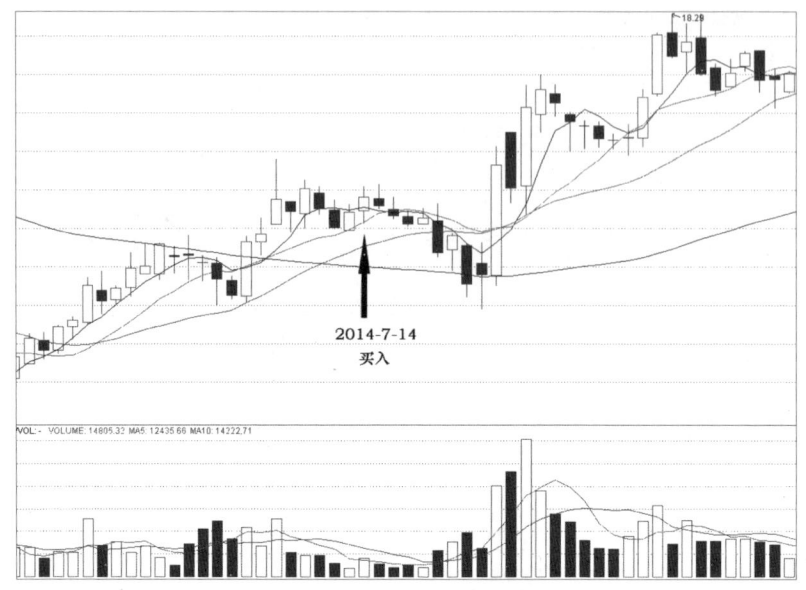

图 3.46　正泰电器走势图

有冲高，这与前面的案例明显不同。看买入当天的分时图（图 3.47），股价当天开盘低走，但并没有跌多少，而是围绕着分时均线上下波动，往上最大涨幅 0.35% 左右，往下最大跌幅 0.78% 左右，波动幅度刚刚超过 1%，分时量能最大量峰才 300 手左右。下午股价突破，操作者在 23.18 元价位买入，但此时的量峰也仅有 200 多手，明显量能不济，这是股价冲不高的根本原因，对于该股，只有当突破量能达到 1000 手以上时才可以考虑操作。虽然该股不是标准的日出沧海，但是因为买点没有追高，第二天也能安全出局。

战法三：5日均线短线逃顶法

提到 5 日均线，几乎是无人不晓，因为它太普通了。然而，正是

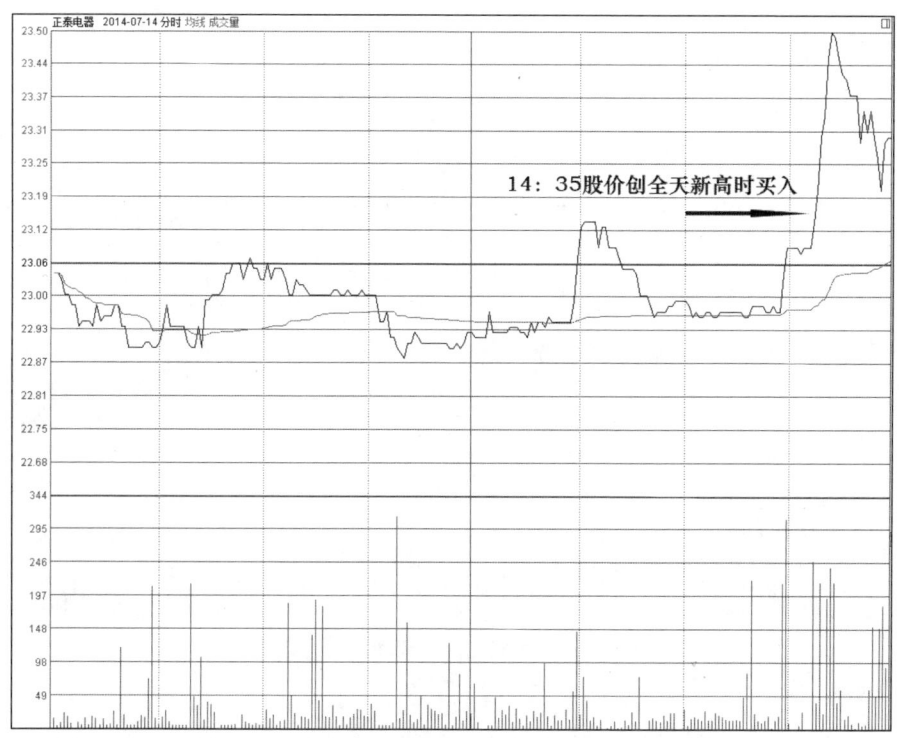

图 3.47　正泰电器买入当日分时走势图

这普通而弥足珍贵的 5 日均线，助"光头阳"在股灾中不仅成功逃顶，躲过了一次次暴跌的"劫难"，而且实现了逆市飞扬的奇迹。其神奇所在，就是他执行了 5 日均线这一短线逃顶的法则。因此，"光头阳"视它为"生命线"。

短线逃顶法则指的就是大盘指数昨日收盘位于 5 日均线之下，今日空仓；今日收盘位于 5 日均线之下，明日空仓；依此类推。

这条法则看似相当简单，却是亿万元资金亏损出来的血的教训。以 2015 年这波牛熊转换作例子，如图 3.48 所示。从图中看，只要当天大盘跌破 5 日均线，或者前一天收盘在 5 日均线之下，如果保持空仓或者低仓位，就不会受大的损失。

2015 年 6 月 15 日，大盘跌破 5 日均线，此时清仓将精准逃顶。第

图 3.48　2015 年上证指数趋势图

二天大盘大跌收于 5 日均线之下，此时应保持空仓，不做交易，以此类推。直到 2015 年 7 月 10 日，大盘站上 5 日均线，此时再做交易。这样做的效果如何呢？很显然，躲过了 "股灾 1.0"。要知道，此时不知道有多少融资客遭遇爆仓，多少人倾家荡产！

2015 年 8 月 18 日，大盘跌破 5 日均线。直到 2015 年 8 月 28 日，大盘站上 5 日均线，此时再轻仓参与。这样操作，很显然可以躲过 "股灾 2.0"！

同样的道理，2015 年 12 月 24 日，大盘跌破 5 日均线，此时清仓将躲过 "股灾 3.0"！

这就是 5 日均线交易法则的关键所在，所谓 "君子不立危墙之下"。这样操作，钱可以少赚一点，但是不容易遭遇重大的下跌。

这条法则虽然简单，但是极其实用。

恪守铁律，追逐大概率

> » 股票市场翻云覆雨，而追逐制胜的大概率，恪守操作的铁律，
> 是"光头阳"带领团队穿越牛熊，"逆市飞扬"的重要保证。

装备再优良的军队，如果没有严格的纪律，做不到令行禁止，就会像散兵游勇，无法打胜仗。如果具备高超的技艺，却不能够确保一以贯之地执行，结果就会大打折扣，稳定获利就会成为空中幻想。"光头阳"及他带领的团队，正是因为制定并执行了严格的交易纪律，方才取得了骄人的业绩。在此，已征得他的许可，特将他们的"铁律"公布出来，供大家借鉴。

仓位三三制：

◆ 单只股票持仓不得超过账户资金的 1/3。
◆ 单个行业板块持仓不得超过账户资金的 1/3。
◆ 创业板持仓不得超过账户资金的 1/3, 中小板亦然。

持仓时间：

超短线：T+2，即 3 根日 K 线内结束战斗。
短线：T+9，即 10 根日 K 线内结束战斗。
中线：20 ～ 120 根日 K 线，即 1 ～ 6 个月内结束战斗。
长线：超过 120 个交易日，即 6 个月以上结束战斗。

赢利目标与止盈：

超短线：目标 5% 以上，3% 以上可权宜止盈。

短线：目标 10% 以上，5% 以上可权宜止盈。

中线：目标 30% 以上，20% 以上可权宜止盈。

长线：目标 100% 以上，50% 以上可权宜止盈。

注：超短线、短线，须避免浮盈 3% 以上又亏损出局的情况。

止损：

超短线：−3% 以内权宜止损，最大不低于 −5%。

短线：−5% 以内权宜止损，最大不低于 −8%。

中线：−10% 以内权宜止损，最大不低于 −15%。

长线：−15% 以内权宜止损，最大不低于 −20%。

总原则：单次交易亏损不超过总资金的 3%，最大不超过 5%。

交易日志：

◆ 操盘手的每一笔交易，须有日志；日志上每笔交易必须注明以下内容：持仓风格（超短线、短线、中线，暂不支持长线）、买入原因（如基本面上的业绩、政策、新闻、题材等，或技术面或两者兼有，原则上不支持单纯技术面）、预期上涨空间、计划持仓时间、什么情况止损等。

◆ 超短线、短线的日志可在买入的当天内完成；中线必须在买入前完成。

违规惩罚：

操盘手违反以上规定任意一条款或所管任一账户回撤达到 10%，则须停止操作，进行反省、总结、学习或降低账户数额级别（因此，要求操盘手严守交易规则，并在不同时间段合理控制总体交易仓位）。若因操盘手违反以上相关规定，造成账户亏损超过 10%，则操盘手须承担相应责任。

尾声：挑战百亿，续写新篇

一晃 20 多天过去了，"光头阳"的传奇故事一直在我脑际萦绕着。临别，我问"光头阳"过往取得了那么好的成绩，下一步有何心愿与打算？

"挑战百亿！"他不假思索地回答。

这是他的心愿，也是他的目标。

他说，在发达国家的资本市场，接近 90% 的交易是由机构来完成的，而私募基金管理机构是这其中最主要的组成部分。他认为，2015 年是中国私募基金行业进入井喷式快速发展的元年。

他所创建的深圳前海大概率资产管理有限公司，坐落在有着"中国曼哈顿"之称的前海。他十分看好陆港的资本市场，并拥有在股市前线战斗多年且业绩优良的团队、和谐奋进的企业文化，深得委托人认可，可谓"天时、地利、人和"全都占了。因此，凭借深港有利的平台，他们自然也有远大的目标。其远期目标是，"做投资人一生依赖的资管公司"；近期目标是，"到 2020 年年底前，实现资管规模过 100 亿元"。

我相信，面对未来，前海在发展，大概率在前进，"光头阳" 的未来绝不是 "梦"，他的心愿一定会实现！

注：对 "光头阳" 的采访截稿于 2016 年 5 月 6 日，其后业绩可查询相关网站。

田建宁

> 人可以什么都没有，
> 但不可以没有意志！

　　他，隐居在中国西北黄土高坡的白桦林间，在风雨无常、残酷无情的股海博弈中，几经沉浮。最终，他以自己超人的聪慧和独特的盈利模式以及"西北狼"那种顽强的生命力和"轻易不出手，出手就见血"的剽悍风格，从"亏光资金，妻离子散"的"悲情世界"中拔地而起，连拉"大阳"，神奇般地将 3 万元资金裂变成了亿万元，成为绽放在中国西部黄土高坡上的一朵股市"奇葩"！

投资简历
RESUME

姓名 Full name

田建宁，网名"田野"，生于 1968 年 2 月 7 日，大学文化。

入市时间 Stock Market entry time

2003 年。

投资风格 Investment style

善于精准预判宏观经济发展趋势，对市场有敏感的洞察力，第一时间介入热点板块，尤其擅长短平快的超短线手法，狙击盘中强势龙头股！

投资感悟 Investment insights

炒股，在任何时候都要记住一句话：坚决买热点，坚决买强势股，永远不要买那些"趴"在地上不动的"蜗牛股票"！

第4章
隐没在白桦林间的"西北狼"

记中国股市奇才田建宁创造从 3 万元到 1 亿元的财富裂变传奇

引子：住在豪华别墅里的黄土高坡"穷娃子"

2016 年隆冬。古城西安。冰雪银装，分外妖娆。

在一片挺拔的白桦林和参天的雪松遮掩中，坐落着一栋豪华典雅的别墅。

别墅的主人叫田建宁，甘肃人。人们送他的绰号是"黄土高坡的西北狼"。

然而，谁也没有想到，就是在这个隐没于白桦林间深处的"西北狼"身上，却发生了一件令世人惊叹的"爆炸性新闻"——他，一个来自黄土高坡的"穷娃子"，竟将他的 3 万元资金，经过 10 年的不懈努力，迅速裂变成了亿万元！

请看这一让人瞠目的裂变过程。

证券账户资金变化

2005 年 4 月：田建宁将最初投入股市的 57 万元，亏得只剩下区区 3 万元。

2005 年 5 月至 12 月，"闭关"学习。

2006 年 2 月，开始模拟操盘。

2006 年 4 月，以 3 万元重新投入股市。

2007 年 5 月，资金达 120 万元，"5·30"回落至 100 万元。

2007 年 9 月，资金达 160 万元。此时，他从盈利中取出 90 万元，买了两套住房（一套 60 万元，一套 30 万元），剩下资金 70 万元。

2008 年 11 月，在股市暴跌中，资金从 70 万元回落至 39 万元。此时，他又取出 10 万元在老家盖房，剩余资金 29 万元。

2009 年 7 月，资金从 29 万元"拉升"至 140 万元。

2010 年 8 月，资金达 180 万元。取出 30 万元投资实业公司，取出 20 万元用于装修房屋后，资金余 130 万元。

2011 年 4 月，资金达 140 万元。

2011 年 10 月，资金达 200 万元。

2012 年 5 月，资金达 300 万元。期间，资金在 240 万元至 300 万元之间，徘徊和反复"振荡"了 6 个来回。

2012 年 12 月，资金达 320 万元。

2013 年 2 月，资金攀上 500 万元大关。

2014 年 7 月，一轮牛市起步时，资金达 780 万元。

2015 年 4 月 28 日，资金达到 1 亿元。此时，取出 3000 多万元买房置车。

2016 年，再取出 1000 万元，进行实业投资。

"座驾"变化

2003 年至 2005 年年底，"座驾"为花 40 元钱买的一辆二手自行车。

2006 年至 2007 年，花 600 元买了辆破旧的摩托车，开动时"啪啪啪"地响个不停，好似开了一辆拖拉机。

2008 年，花 2 万元买了辆已跑了 69 万公里的破桑塔纳轿车。（采访中，田建宁透露了一则让人笑破肚皮的趣闻：一次他开着车，突然看到车前方有一个车轱辘在'跑跳'。他喊道：这是谁的车轱辘不小心掉了？边说边下车。结果一看，原来是自己开的车的一只轱辘跑掉了，呵呵……）

2009 年 5 月，花 16 万元购买一辆"雪佛兰"轿车。

2012 年 5 月，将崭新的奥迪轿车开回家。

2015 年 5 月，购买一辆保时捷越野车。

2016 年 1 月，再购一辆奔驰高档轿车。

住房变化

2003 年以前，住房面积 46 平方米。

2005 年，炒股将 57 万元亏到 3 万元，老婆与其离婚，他带着儿子净身出户，失去唯一的安身住所。

2007 年，购买 102 平方米住房。

2009 年，又添置一套 148 平方米的住房。

2012 年，再买 154 平方米一套住房。

2014 年，又购置一套 148 平方米住房。

2015 年 3 月，购买钟情已久的豪宅别墅。（采访期间的一天早晨，田建宁与我在别墅区的幽径散步时，又向我透露一则趣闻：2013 年深秋的一天，当时账户只有 300 多万元的他，眼馋白桦林间正在装修的别墅，想进去"参观参观"，可门卫防守很严，不让进。他和中原证券王立德经理趁保安不注意，从墙头翻入，"溜"了进去。结果，还是被发现，遭到严厉批评并被立即赶出，尴尬的情景如在眼前。没想到，事隔不到两年，他竟然住进了梦想的别墅！）

……

3万元，变1亿元，仅仅10年的光景！

一切都梦想成真！一切都发生得这么快！真令人难以置信！看起来，这似乎是天方夜谭，但是它毕竟真真切切地发生了，且发生在祖国偏僻的西部黄土高坡上。

无疑，这是一个神话般的传奇。

同样，它，又是一部励志的诗篇。

田建宁，昔日一个黄土高坡的"穷娃子"，究竟是如何创造了从3万元到1亿元这一奇迹的呢？

黄土高坡，大雪纷飞，寒风刺骨。

田建宁带着我开着那辆保时捷越野车，沿着通往延安、内蒙古的高速公路，向他孩童时的"苦难地"和投资股海的"灾难地"疾驶着。

刮雨器不停地刮去飘落的雨雪。但，它怎么也抹不去藏在田建宁心头40余年的心痛。伴着飞舞的雪花，他含泪开始向我讲述他所度过的那不堪回首的岁月……

泪洒黄土高原

> » 童年，他经历了太多的苦难。股海博弈的大浪中，他又曾经历太多的坎坷。当亏光了所有，沦落到妻离子散时，他发誓：此生再不炒股！

狼口逃生

1968年2月7日，田建宁出生在甘肃省庆阳市宁县肖家村一个书香门第之家。兄妹七个，他上面有两个哥哥，两个姐姐，下面有两个妹妹，他排行老五。孩子多，一家人全靠当教师的父亲一个月20块钱的工资生活，家境十分贫困。

为了生活，父母亲狠着心，在小建宁5岁时，让大山里一个没孩子的远房亲戚，用自行车把他驮走了。开始，这家人对他很好，把他当作宝贝般心疼，当远房亲戚生了一双儿女后，他的"苦日子"就开始了。

每天，他要放羊，给牛割草，捡羊粪。有一回，他尿了床，养母剥光了他的衣服，罚他在雪地里冻了一天，晚上不准回屋，他只好钻进柴草堆里避寒。寒冬腊月，一个才6岁的孩子呀……

有一天，他去放羊，晚上回来，20头羊发现少了3只，遭到养父母大骂："你个该死的猴娃子（田建宁小名），今天找不回羊，你就别想回家，让山里的狼把你吃了，我们也省点心！"

茫茫寒夜，小建宁爬崖下沟，一边"咩咩"地叫着，呼唤着，一边抹着眼泪。

两天过去，他还是没有找到丢失的羊，不敢回家。肚子饿得咕咕叫，他只有喝口泉水，捋把树叶充饥。晚上，寒风刺骨，他躲到山崖上的一个洞里，把洞口用树枝树叶挡上，在洞里铺上点野草蜷缩在上面。

天亮时，突然一阵骚动惊醒了他。当他睁开眼睛时，差点吓晕过去：原来，一只母狼带着一只小狼崽来到他跟前，睁着一双绿眼，在他身上闻来闻去。此时，吓丢了魂的他，全身打着战，已来不及跑，也不敢喘气……

就在他要成为狼的口中食时，没想到，母狼在他身上闻了一阵后，竟带着它的狼崽扭头走了。快吓死的小建宁瘫倒在地上，半天缓不过神儿。

让他更没想到的事是，他被吓得还没喘过气来，下午，这只母狼又带着那只小狼崽出现在他的面前，在他身上闻来闻去。闻了一阵后，又掉头走了。也许，嫌他骨瘦如柴？也许带着狼崽的母狼看到被遗弃的小建宁产生了爱屋及乌的舐犊之情？又抑或是一种天意？40年后的今天，当田建宁带着他的团队及朋友来到这座大山里，"重访"当年两次险些被狼吃掉的山洞，回忆着童年的遭遇，令大家不禁扼腕唏嘘。

在童年的记忆中，还有一件事，让田建宁在心中永远难以忘却。上一年级时，他想要加入少先队，可没有买红领巾的两毛钱，就没能加入。第二年，他照样买不起三毛钱一条的红领巾。他心里太渴望那条红领巾了。有一天放学，他向同学借了一条红领巾带回家，系在脖子上不肯睡，激动得硬是戴着红领巾在院子里跑了整整一个晚上……

他上学很用心，可每天还要给家里捡羊粪。有时，他看书耽误了捡羊粪，又怕回家交不了差，便在粪筐里垫上一团草，在上面捡起羊粪铺一层，看起来像是满满一筐羊粪。结果，有一天被养母发现了，狠狠地把他揍了个半死。

后来，他重回到自己父母的身边。为了给家里减轻负担，他除了上学，还喂养了4头猪。放学回来，他每天都要打猪草喂猪。有一天，他上树给猪捋树叶，一不小心，坠落到山崖下的深沟里。村里人见了，惊慌地忙喊他妈妈："草草，草草（田建宁母亲小名），不得了啦，快去快去，你家猴娃掉大沟里了！"父母失魂似的和乡亲们把田建宁从沟里捞上来抬回家里，马上叫来乡村医生，发现他已没了气息。医生打了几针，他也无生还迹象。父亲只好流着泪在塬上为他挖了坑，准备第二天埋。当天晚上，他们在儿子的身上盖上衣服，等待天亮下葬。没想到，深夜，他的妈妈听到院子里一阵"吭哧吭哧"的声音，赶忙从窑屋里出来一看，吓了一跳："孩他爸，快来，猴娃好像又有气了！"他们用土法，在田建宁口里灌了一泡童子尿，又叫来村医给打了一针，天亮后送到医院给看了看，他们的猴娃居然又奇迹般地活了过来！

......

童年的万般磨难，赋予猴娃顽强的生命力，为他此后的人生注入了无尽的活力和深厚的底蕴。这也是田建宁日后在投资事业上执着追求和走向成功的坚强基石！

追梦股海

书香门第出身的田建宁打小十分聪颖。他看书一目三行，有过目不忘的本事。课文，只要看上两遍，他就能背诵。上小学时，他一直是"跳级生"。二年级、四年级、六年级全是"跳"着上的。考初中，他的成绩是第一；考高中，他照样是全校的头名。

14岁（为当兵虚报年龄为17岁，实际年龄14岁），田建宁应征入伍。在部队，他当团领导的警卫员。后来，他以优异成绩考上大学。在大学期间，他从不做作业。见此，老师上课专门针对他提问，想难为他。哪知，他次次都能对答如流，每回考试都是满分。

毕业后，他被分配到了中铁某机械工程公司搞基地建设。他以自己的聪慧，包工程，做生意，很快赚到了人生的第一桶金——57万元。

那是2003年1月，一位朋友对他说："建宁，你脑筋那么好使，我教你炒股吧！"

"我可看不懂那个什么K线，红红绿绿的，咋炒？"田建宁回答说。

"只要键盘一敲，一秒钟，噔，买进；再一敲，一秒钟，噔，卖出，就这么简单！"朋友说，"你人聪明，一学就会，肯定能赚大钱！"

在朋友的鼓动下，田建宁心动了。他拿出2万块钱，决意先到股市"投石问路"。

证券营业部里，熙熙攘攘，上千只股票，看得人眼花缭乱，买什么好呢？

这时，他看到有只叫 "云南铜业" 的股票，心想，它是产铜的，看着也比较顺眼，就买它吧。当时，云南铜业跌了 1%。田建宁买入不久，它就开始涨了，下午，竟拉升了 9%。看到自己第一次买的股票大涨，田建宁心里像灌了蜜一样甜。第二天开盘，该股又往上冲，在上涨了 0.2% 时，他见好就收，卖掉了云南铜业，赚了 2000 元钱。只操作了一天就挣了 2000 元钱，他兴奋极了。要知道，他那时一个月的工资才四五百元，这可顶得上他 4 个月的工资呀，可比上班轻松多了！他高兴地对朋友说："我的妈呀，股票市场真是不得了，像这种赚法，我还上什么班呢？"

第一次尝到甜头和盈利的诱惑，让田建宁喜爱上了股市。

然而，股市并不青睐所有喜欢它的人。不懂任何证券知识和操作技术的田建宁，开始遭到了厄运。接下来的操作，再无一例赚钱，全是一买就赔，一赔就割。半年不到，他投入的 2 万块钱，只剩下了 2800 元。

但已经痴迷股票的田建宁不肯就此罢休。他又投入了 5 万元，不光想尽快捞回本钱，还要实现自己在股市 "赚大钱" 的黄金梦想。

此生不再炒股

回忆往事是痛苦的。为了 "热爱" "痴迷" "梦想赚大钱"，田建宁曾付出了巨大的代价。

"那时炒股，我真真是胡球地炒呀！" 田建宁操着一口浓浓的西北话，叙说 10 年前炒股赔钱的迷茫岁月："我犯过所有散户犯过的错误。每天都在追涨杀跌。见哪只涨得快，追；一见跌了，割！记得有一天，看到一只股票快涨停了，我就追了进去，想着逮住个涨停板，明天再涨的话，一准能赚不少钱。可万万没想到，这只股冲到涨停板没一会儿就打开，而且往下直跌，到下午，从涨停板一下子竟变成了绿盘，收盘时跌了2%，让我当天就亏了12%。第二天一开盘，这只股直接'跳水式'下跌，跌得我心痛。眼看要快跌停时，我都快疯了，一刀下去，把它割了。两天不到，我就赔了21%！

"赔了钱，我说不出有多痛苦，不吃饭，不睡觉，抽了一夜的烟。天亮时，我做出了一个大胆的决定：报复股市！把我剩下的最后50万元资金全部押进去，赚个涨停板，扳回在股市失掉的7万块钱，以后好好工作，从此再不炒股了！

"那段时间，我急着想赚钱，达到了痴迷的地步。没了心思工作，一天到晚趴在电脑上看，我一心只想找涨得快的'黑马'。有次锅里煮稀饭，我在看股票，稀饭煮糊了，锅烧着了，我才发现。还有一次，我急着到证券公司去交易，开着的水龙头都忘关了，结果水灌了一屋子，从门里一直流到了楼道……

"结果，越想赚钱越赚不到钱。你看着一根大阳线追进去，'嘭嘭嘭'，麻溜地（很快的意思）给你跌3根大阴钱。那会儿，我是真真地在追涨杀跌，就这样胡球地炒，股市也把我给整炸咧（西北方言：舒服的反意）。

"到2005年4月，我先后投进股市的57万元钱，最后只剩下了3万元钱。惨啊……"

说到这里，刚强乐观的田建宁眼圈红了："白老师，你不知道，更惨的是炒股把我的家都炒没了呀……"

"是吗？"

"嗯。"田建宁哀叹道，"我把家里的钱赔光了，爱人最后知道了，她怎么也不相信，说你这么聪明个人，能把家里的钱生生地给赔光了？我说不出啥话，把账户拿给她看。她流着泪，没再说一句话，摔门而去……

"第二天，她就和我扯了离婚证。我给她提出唯一的要求是：房子归你，把剩下3万块钱给我留下。就这样，我带着儿子和3万块钱离开了家门。

"那是我一生中最难忘也是最痛苦的时刻呀。那天，我注销了自己的股票账户。当时，站在黄土高坡上，我望着万山沟壑，对天发誓：此生再不炒股！"

顿悟上海滩

> » *迷茫中，路在何方？上海滩 "闭关" 半年的学习和反思，点燃他心中的希望，让他找到了股票操作的 "真谛"*

黄浦江边的深思

没有什么比人生路上做出错误的选择更痛苦的了。田建宁十分懊悔自己当初选择了炒股这条路。他怎么也想不到，正是自己做出的这一选择，毁了他的人生。如今，家没了，老婆没了，房子没了，钞票没了，脚下的路究竟在哪里呢？

他迷茫，徘徊。许久许久，他茶不思，饭不想，夜夜失眠，情绪跌落到了最低点。

就在这时，他被单位派往上海参加为期半年的工程培训班。

那是 2005 年的 4 月。黄浦江，微风荡漾，一派明媚春光。然而，这一切在从黄土高坡来的田建宁眼里，全都 "黯然失色"，他的心里仍在滴血。望着滚滚东去的黄浦江，他禁不住眼里盈满泪水：葬进股海的57 万元，可是一家人的全部家当啊，就这样让他给付之东流了……

一天，他的一位高中同学来看他。当得知他在股票市场的遭遇，向他讲述自己创业的经历，对田建宁触动很大。那位同学是清华大学的优秀学子，大学毕业后放弃了学校分配的优越的工作岗位，下海创业，也曾遭遇两次重挫，损失了数百万元的血汗钱，但最终他挺了过来，在上海滩创下了自己的一片天地。他结合自己的经历，勉励着眼前失意的老同学："建宁，失败了不怕，在哪跌倒就要在哪爬起来。人称咱甘肃人是'西北狼'，这绰号可不是白给的，要发狠，要倔强，失败了要总结教训，站起来，重做咱黄土高坡的硬汉子呀！"田建宁听着老同学的一番话，连连点头。

回到住处，田建宁再次拿出随身携带的《巴菲特传》细读。这本书，是他多年来一直喜爱的一本励志书。刚刚跨入 11 周岁，巴菲特便跃身股海，并购买了平生第一只股票。一路拼搏，却充满坎坷，当年申请哈佛他遭到了拒绝，股票博弈中也并非一路顺利。1969 年 6 月，美国股市直下，渐渐演变成了股灾。到 1970 年 5 月，巴菲特持有的每种股票市值都要比上年年初下降 50%，甚至更多。1970 ~ 1974 年，美国股市像个泄了气的皮球，没有一丝生气，持续的通货膨胀和经济的低增长使美国经济进入了"滞涨"时期。然而，一度失落的巴菲特却并没有气馁，相反，他暗自欣喜异常，因为他看到了财源即将滚滚而来——他发现了太多的便宜股票。

对照心中的偶像，田建宁反思：在失意面前，巴菲特显现的是投资大师的胸怀，寻找的是未来更多更大的投资机会，而自己为何在股市中遭到挫折就一蹶不振了呢？财富的获得和积累，有一个过程，巴菲特也贫穷过，被人"可怜"过。他真正聚集巨大的财富是 55 岁以后，"暴发"在六七十岁。而自己今年才 37 岁，人生还有大把的机会，为何就谈"放弃"呢？

同学的勉励，世界投资大师巴菲特执着追求的人生，强烈地撞击着田建宁那颗伤痕累累的心。他决意勇敢地站起来，面对失败，面对人生，去完成未竟的事业！

寻找股市"真谛"

　　田建宁对生活、对未来重新树立了信心。在上海培训的半年里，他把大量的空余时间泡在书城和图书馆里，遍读中外有关金融、经济和世界许多投资大师的名著。他说，那段时间，他读的书，足足可以用一辆车拉。在书海中，他要反思自己，要总结自己股市失败的原因，要寻觅股票投资的真谛。

　　他研究欧美经济发展史，研究以日本、中国台湾为代表的亚洲经济发展史。尤其是在研读美国百年经济发展史和日本经济史时，他开始弄明白了"股市是经济发展的晴雨表"这句话的真正含义。在20世纪50年代，由于经济的高速发展，美国曾迎来了一波长牛行情。道琼斯指数和标普500都上涨了5倍之多，整个股市的交易持续扩张，屡创新高，成长型股票成为美国股市的投资热门股。这主要表现在3个方面：

　　第一，股票指数快速上升。1948年4月3日"马歇尔计划"签署。同年6月，道琼斯指数开始上行，到1952年6月30日"马歇尔计划"结束，道琼斯指数从1949年的200点不断上涨，1954年一年内就上涨百余点，并冲破25年的最高点381.27点。之后的20世纪60年代，道琼斯指数持续上涨，直到1964年的2月28日第一次收到800点之上，尔后也多次上弹1000点大关并保持在800点之上。而标普500在这个黄金年代的走势也基本上与道琼斯指数保持一致。

　　第二，交易量的快速膨胀很大程度上反映了当时的股票行情的持续向好。在1954年的一年内，股票交易量达到了1931年以来的最高值，其总交易量为5.73亿股。一直到1959年，股票年交易量超过了10亿股。在整个牛市期间，交易量持续放大，并在1968年刷新了1929年创下的最高纪录。

第三，在20世纪50年代至60年代的牛市中，机构投资者迅速发展。1950～1970年，共同基金的数量由98只增长到361只，基金的规模由25亿美元扩大到480亿美元。而另一个机构投资者——养老金计划在1970年将其覆盖范围拓展到私人部门劳动力的45%，股票市场的资金来源更为广泛也更加长期化，其长期上涨推动力不仅逐渐增强，其社会影响力也日益增大。

在这个黄金时代，成长型股票成为美国股市的投资热门，这些成长型股票主要包含以下几类：

◆ 主营高新电子技术的公司，典型代表有德州仪器和摩托罗拉。

◆ 完成并推动每股收益上升的公司。

◆ 植入市场热门新型概念的企业，典型代表有"大众营销"概念的学生营销公司和"老年护理概念"的美国四季护理中心。

◆ 稳健成长的行业巨头企业，典型代表有以通用电气、宝丽来、可口可乐、麦当劳等知名公司构成的最有吸引力的50种股票。近年来"苹果经济"的高速发展更是如此。随着"苹果"业绩的神速提升，其股票价格也飙升至相当于几千元人民币的惊人价位。

同样，日本战后经济的高速增长，使日本企业获得了巨大的竞争力。新工业产品的普及使国民的物质生活丰富。尤其是优质的电子产品、家电产品和汽车迅速占领了国内外市场，并催生了电子、家电和汽车股票的同步飞速上涨。

"既然股票市场是经济发展的晴雨表，那么，要真正了解股票市场，必须透彻了解国家宏观经济发展的趋势。这是股市的真谛，也是能否做好股票的关键。"采访中，田建宁如是说。

在采访中，我深切地感受到，田建宁是一位叱咤股市风云的超级短线手，但他与众不同的地方在于，他十分重视研究国家宏观经济，准确地把握其发展趋势。

2012 年 2 月，他应邀参加一个知名的经济论坛。当时，他是与会唯一一个以"民间经济学家"的身份去的。会议仅给了他 9 分钟的演讲时间。在这短短的 9 分钟里，他以博学的经济知识、独特的视角，透过对宏观经济发展的趋势，预判未来 5 年 GDP 的走势，观点新颖，与众不同，几乎颠覆和"得罪"了在场的所有专业的经济学家，以至于他从台上下来后，人家都不愿跟他一块吃饭。但后来的事实，验证了他的观点的正确性。事后，人们不得不佩服他眼光独到，对未来经济发展形势，比专业的经济行家还"看得透"。

从 3 万元到 1 亿元的裂变历程

> » 从 2006 年 4 月至 2015 年 4 月的 9 年间，中国股市几轮牛熊转换。他凤凰涅槃，东山再起，以超乎常人的智慧和惊人的速度，将 3 万元资产裂变到 1 亿多元。在无尽的风雨中，他是怎样度过那跌宕的岁月，从黯然的低谷，走向春光明媚的春天的呢？

都说，从平凡到优秀是件不易的事。然而，要从优秀到卓越，就更是难上加难。就好比攀登珠穆朗玛峰一样，也许不少人可以登上四五千米的高峰，但真正能登上珠穆朗玛峰顶的人，却是少之又少。

田建宁就是一个不畏挫折、出类拔萃的卓越西北汉子。在失败之后，经过半年时间，他认真地反思和总结自己的投资教训，立志东山再起。

2005年12月，从上海滩归来的田建宁，重新投资股票市场。再次置身股海，他完全脱胎换骨，从过去每天追涨杀跌盲目"胡球地炒"，到理智、大胆、谨慎地操作。从2006年2月，他先开始进行两个月的模拟操盘。之后，从2006年4月始，他便把自己当时仅有的3万元资金，再次投向股市。至此，他开启了向着梦想之地的艰难而辉煌的跋涉历程——

2006年4月27日：账户资金3万元

把自己当时仅有的3万元资金，再次投向股市。

2006年5月17日：账户资金增至5万余元

2006年4月27日，他买入山东黄金（600547），买入价格22.70元，买入1300股。卖出时间2006年5月17日，卖出价格42.10元，获利2.4万元。

买入原因：国际黄金大幅上涨，世界经济复苏，实体经济对黄金的需求量增大。

卖出原因：成交量变小。SKDJ指标（慢速随机指标）到80钝化，进入超买区，股价和量能背离。

2006年6月6日：资金增至7万余元

2006年5月25日买入中船防务（600685）7000股，买入价格5.60元，卖出时间2006年6月6日，卖出价格7.70元，获利1.4万元。

买入原因：周期股进入调整，题材股进行补涨。

卖出原因：SKDJ 到 80 钝化，进入超买区。股价和量能背离。

2006 年 7 月 6 日：资金增至 8 万元

2006 年 6 月 15 日买入同方股份（600100）8000 股，买入价格 8.55 元，卖出时间 2006 年 7 月 6 日。卖出价格 9.80 元，获利 0.95 万元。

买入原因：主板调整，科技股进行补涨。

卖出原因：成交量变小。SKDJ 指标到 80 钝化，进入超买区，量价背离。

2006 年 10 月 11 日：资金增至 16 万余元

2006 年 8 月 7 日买入航天科技（000901）20000 股，买入价格 3.98 元，卖出时间 10 月 11 日。卖出价格 8.10 元，获利 8.2 万元。

买入原因：主板调整，题材股补涨。

卖出原因：成交量变小。SKDJ 到 80 钝化，进入超买区，量价背离。

2007 年 6 月 11 日：资金增至 60 万余元

2006 年 11 月 13 日买入云南铜业（000878）15500 股，买入价格 10.10 元，卖出时间 2007 年 6 月 11 日，卖出价格 38.50 元，获利 44 万元。

买入原因：世界经济复苏，中国经济高速增长，对资源的需求日益增大。

卖出原因：成交量变小，SKDJ 到 80 钝化，进入超买区，量价背离。

2007 年 9 月 13 日：资金首次突破百万元大关，增至 136 万元

2007 年 7 月 12 日买入中国远洋（601919，现名：中远海控）3.3 万股，买入价格 17.10 元，卖出时间 9 月 13 日，卖出价格 40.50 元，获利 76 万元。

买入原因：中国是一个进出口大国，世界经济进入增速周期，中国是一个制造业大国，航运运输需求非常大，行业进入上升周期，MACD发出买入信号。

卖出原因：股价打开涨停板，第一时间卖出（见图 4.1）。

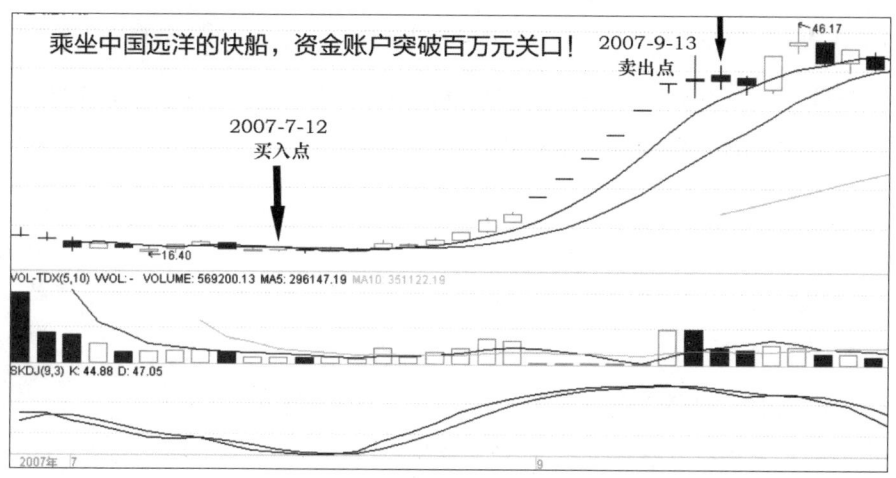

图 4.1　中国运洋走势图

2007 年 9 月 24 日：资金增至 170 万余元

2007 年 9 月 14 日，买入江西铜业（600362）15000 股和北方稀土（600111）17000 股，买入价格分别是 41.60 元和 39.10 元。2007 年 9 月 19 日卖出北方稀土，卖出价格 48.00 元，获利 15 万元。继续持有江西铜业，2007 年 9 月 24 日卖出，卖出价格 54.50 元，获利 19 万余元。

买入原因：世界经济复苏，中国经济高速增长，对资源股的需求日益增大，中国是一个稀土出口大国，出口加大，两只股票进入主升浪。

卖出原因：大盘已经进入超买区，量价背离。

2007 年 9 月 26 日：提取资金 90 万元，剩余 70 万元

2006 年 4 月到 2007 年年底资产大幅增长，但没有逃离"5·30"

大跌，资产缩水约 20 万元，但一直持有云南铜业，对资产影响不大。2007 年 9 月 26 日，取出 90 万元用于购置房产。

2008 年金融风暴中：大盘暴跌，资产缩水至 39 万元

金融风暴中，大盘从 2007 年 10 月 16 日的 6124 点下跌到 2008 年 10 月 28 日 1664 点。其间，70 万元分别买入浦发银行、保利地产、云南铜业、沈阳机床（现名：*ST 沈机）等股票。上证指数跌到 1664 点时，田建宁的账户资产缩水到 39 万元。

资产缩水原因：

◆ 对大盘下跌的深度估计不足。

◆ 有贪多的心理。

◆ 没有及时规避暴跌风险。

◆ 对美国发生金融危机研究不够透彻。

◆ 对中国经济下行压力准备不足。

2008 年 11 月：提取资金 10 万元，剩下 29 万元

2008 年 11 月初，取出 10 万元给老家农村盖房，账户资金剩余 29 万元。

2009 年 2 月 20 日：资金增至 62 万元

2008 年 11 月 3 日，买入海螺水泥（600585），买入价格 17.00 元，买入 16000 股，卖出时间 2009 年 2 月 20 日。卖出价格 38.20 元，获利 33 万元。

买入原因：美国发生金融危机后，中国经济下行趋势严重，中国用 4 万亿元对基础建设进行投资，对水泥的需求量日益增大。

卖出原因：股价已反弹至年线附近，SKDJ 指标形成双头，涨幅偏大，量价背离（见图 4.2）。

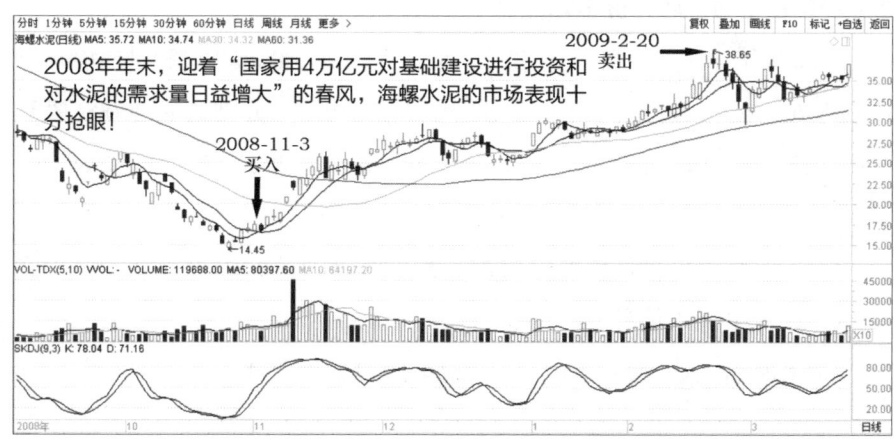

图 4.2　海螺水泥走势图

2009 年 6 月 8 日：资金再次突破百万元关口，增至 105 万元

2009 年 2 月 23 日，买入浦发银行（600000），买入价格 16.45 元，买入 30000 股，卖出时间 6 月 8 日。卖出价格 31.00 元，获利 43 万元。

买入原因：银行贷款日益增大，业务发展较快，银行业利润发生快速增长。

卖出原因：成交量变小。SKDJ 到 80 钝化，进入超买区，量价背离。

2009 年 7 月 27 日：资金增至 150 万元

2009 年 6 月 9 日，买入兖州煤业（600188），买入价格 15.10 元，买入 65000 股，卖出时间 7 月 27 日。卖出价格 22.10 元，获利 45 万元。

买入原因：MACD 形成双底，股价盘整到 60 日均线附近，5 日、10 日、20 日、30 日、60 日均线进行黏合。

卖出原因：成交量变小，SKDJ 到 80 钝化，进入超买区，量价背离。

2009 年 12 月 15 日：资金增至 200 万元

2009 年 7 月 30 日，分别买入五粮液（000858）和古井贡酒（000596），买入价格分别为 23.00 元和 22.10 元，分别买入 20000 股和 35000 股，卖出时间 12 月 15 日。卖出价格分别为 29.80 元和 32.80 元，获利 50 万元。

买入原因：中国经济高速发展，酿酒行业进入高速发展期，股价调整到位，发出买入信号。

卖出原因：成交量变小，进入超买区，量价背离。

2009 年 12 月 15 日：提取资金 60 万元，剩余 140 万元，空仓半年

资产达到 200 万元后，田建宁取出资金 60 万元，用于购买机械进行实体投资，剩余 140 万元。由于大盘进入高位，即将进入调整，再加上公司外派出差，无法看盘，空仓半年。

2010 年 8 月 5 日：资金增至 180 万元

2010 年 7 月 6 日，资金 140 万元，买入阳泉煤业（600348），买入价格 12.70 元，买入 110000 股，卖出时间 8 月 5 日，卖出价格 16.50 元，获利 41 万元。

买入原因：股价超卖，SKDJ 指标进入 20 钝化 8 个交易日。

卖出原因：成交量变小。SKDJ 到 80 钝化形成双头，进入超买区。

2010 年 8 月 30 日：提取资金 50 万元，剩余 130 万元

2010 年 8 月底，由于上证指数 SKDJ 指标进入 80 超买区，MACD 出现 "顶背离"，空仓一个月。取出 50 万元用于装修房屋和投资实业公司。

2010 年 10 月 26 日：资金增至 230 余万元

2010 年 10 月 8 日，买入阳泉煤业（600348）38000 股和广发证券

（000776）20000 股，买入价格分别为 17.00 元和 32.00 元。卖出时间 10 月 26 日，卖出价格分别为 29.50 元和 60.00 元，获利 102 万元。

买入原因：5 日、10 日、30 日、60 日均线黏合发散向上，股价一阳穿四线，发出买入信号。

卖出原因：成交量变小。SKDJ 指标到 80 钝化 9 个交易日，进入超买区，量价背离（见图 4.3，图 4.4）。

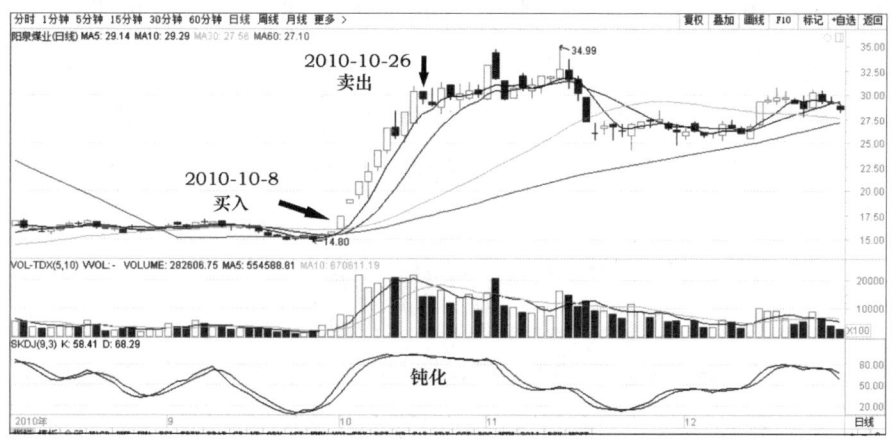

图 4.3　阳泉煤业走势图

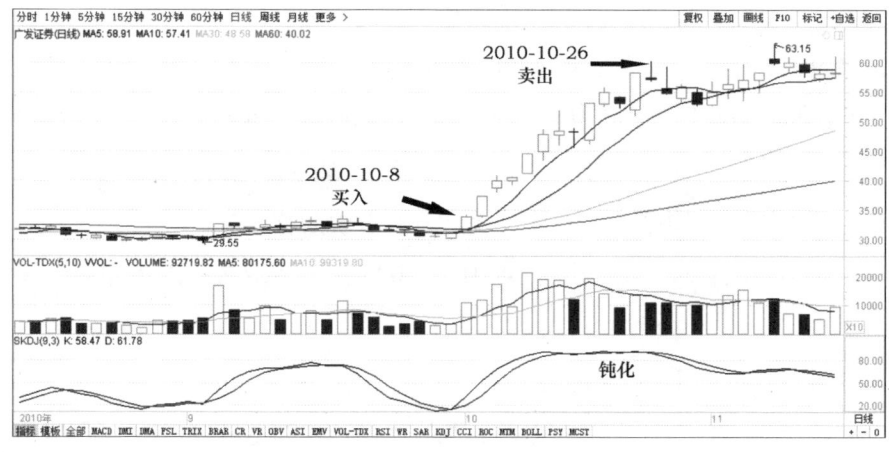

图 4.4　广发证券走势图

2010年11月10日～2011年1月20日：资产缩水至195万元

从2010年11月10日至2011年1月20日，上证指数从3124点下跌到2676点。下跌过程中没有及时卖出，资产缩水15%，资产缩水至195万元。

2011年4月19日：资金205万元

2011年1月20日，分别买入中国平安（601318）20000股和中国人寿（601628）30000股，买入价格分别为49.50元和20.80元，卖出时间4月19日。卖出价格分别为53.00元和22.00元，获利10万元。

买入原因：SKDJ进入20超卖区，60分钟底背离。

卖出原因：成交量变小。SKDJ到80钝化，进入超买区。量价背离。此次选股不太理想，获利较少，分析原因，总结经验教训。

2011年4月19日～2011年6月27日：空仓

2011年4月18日，上证指数创出3067.46点的阶段性高点后，从次日开始了一轮下跌，至2011年6月20日创出2610.99点的新低。大盘已跌破各种均线，为躲避风险，田建宁从2011年4月19日至2011年6月27日，采取空仓观望做法。

2011年11月2日：资金增至305万元

2011年6月27日，买入中视传媒（600088）160000股，买入价格12.20元。卖出时间11月2日，卖出价格18.50元，获利100万元。

买入原因：国家大力发展文化产业，股价超卖。

卖出原因：成交量变小。SKDJ到80钝化形成双头，进入超买区。

2011年11月10日～2012年1月5日：空仓

2011年11月10日～2012年1月5日，上证指数反弹至60日均线附近，SKDJ指标进入80附近。这时，由于大盘进入下降通道，选择空仓观望，等待指标进入超卖区，60 分钟 MACD 3 次底背离后再买入。

2012 年 3 月 5 日：资金增至 400 万元

2012 年 1 月 5 日，分别买入中核科技（000777）80000 股、中国重工（601989）200000 股，亚星锚链（601890）100000 股，买入价格分别为 17.30 元、4.58 元和 7.10 元。卖出时间 3 月 5 日，卖出价格分别为 23.20 元、6.45 元和 9.10 元，获利 100 万余元。

买入原因：SKDJ 指标进入 20 附近，股价进入超卖区，60 分钟 MACD 底背离。

卖出原因：股价反弹至阻力位，股票进入到空头排列，抢把反弹撤退。

2012 年 4 月 11 日：提取资金 70 万元购买轿车，剩余 330 万元

2012 年 3 月 5 日，买入浙报传媒（600633，现名：浙数文化）20000 股，买入价格 16.50 元。卖出时间 4 月 11 日，卖出价格 19.95 元，获利 69 万元。

买入原因：此股在上升通道运行。

卖出原因：复牌后第二个涨停板卖出。

此日取出获利资金，用于购买奥迪轿车一辆。

2012 年 10 月 1 日：资金缩水至 260 万元

2012 年 4 月 15 日 ~ 2012 年 10 月 1 日，分别买入银行、券商、保险、地产、煤炭、有色等周期股，资金严重缩水至 260 万元。这段时间亏损的主要原因是：

◆ 股票套的较深，不愿割肉走人。股价运行到一个阶段，破位时没有及时止损出局。

◆ 对周期行业板块分析错误。

◆ 贪多的心理。

2013 年 2 月 25 日：资金 350 万元

2012 年 12 月 10 日，分别买入中南传媒（601098）100000 股、中文传媒（600373）100000 股和时代出版（600551）50000 股，买入价格分别为 8.60 元、12.55 元和 8.95 元。卖出时间 2013 年 2 月 25 日，卖出价格分别为 10.10 元、19.80 元和 10.20 元，获利 90 万余元。

买入原因：超跌反弹。

卖出原因：成交量变小。SKDJ 指标到 80 钝化。股价反弹至下降通道的上轨。

2013 年 2 月 25 日 ~ 2013 年 6 月 13 日：空仓

2013 年 2 月 25 日 ~ 2013 年 6 月 13 日，大盘进入下降通道的上轨，空仓观望。

2013 年 10 月 21 日：资金增至 630 万元

2013 年 6 月 13 日，分别买入逆势上涨的生意宝（002095）10 万股、三五互联（300051）13 万股和永清环保（300187）12 万股。买入价格分别为 18.50 元和 5.70 元（复权价格），7.00 元（复权价格）。卖出时间 10 月 21 日。卖出价格分别为 35.40 元、12.10 元和 10.00 元，获利 280 万余元。

买入原因：国家经济进入转型，大力发展互联网，由于北部地区雾霾比较严重，对环保行业加大投资力度。

卖出原因：成交量变小。SKDJ 指标到 80 钝化，进入超买区，量价背离。

2014 年 2 月 28 日：资金突破千万元大关，猛增至 1220 万元

2013 年 12 月 26 日，买入视觉中国（000681）40 万股、中文传媒

（600373）20万股。买入价格分别为11.25元和9.40元（前复权）。卖出时间2014年2月28日，卖出价格分别为25.20元和11.45元，获利590万元（见图4.5、图4.6）。

买入原因：股票已经进入主升浪。

卖出原因：股价头部已经出现，MACD 60分钟顶背离，发出卖出信号。

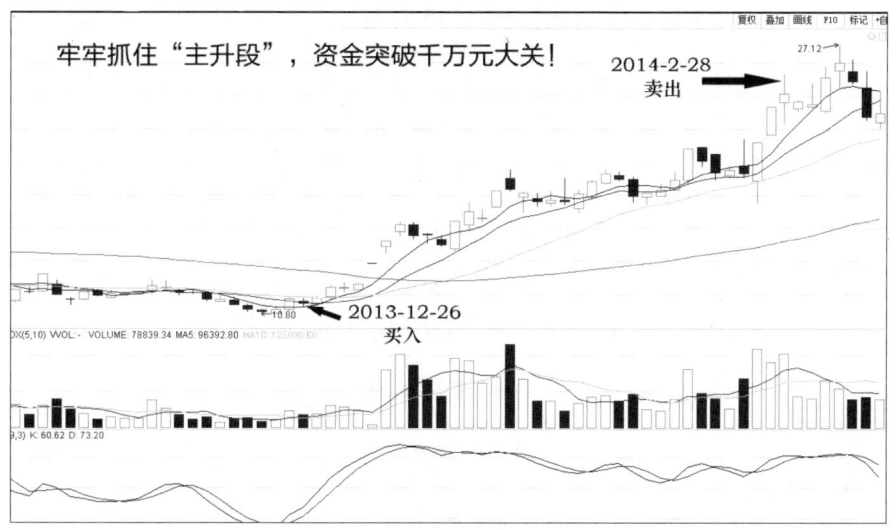

图4.5 视觉中国走势图

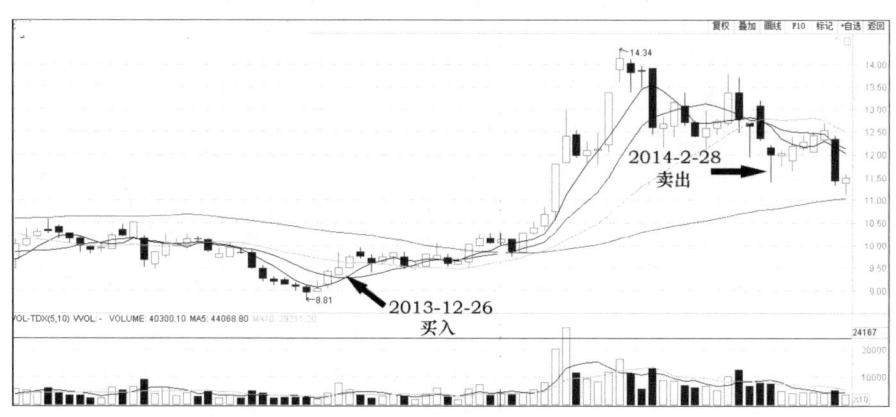

图4.6 中文传媒走势图

2014年3月：提取资金200万元，剩余1000万元

2014年3月初，取出200万元购置房产，账户资金剩余1000万元。

2014年3月初~6月10日：空仓观望

在此期间，因工作原因无法看盘，空仓观望。

2014年12月22日：资金增值到4000万余元

2014年6月11日，资产1000万元，融资800万元，可用资金1800万元，分别买入中国中铁（601390）、中国交建（601800）、中国建筑（601668）、中铁二局（600528，现名：中铁工业），买入价格分别为2.56元、3.70元、2.98元、4.57元。分别买入52万股。2014年12月22日卖出，卖出价格分别为9.80元、15.00元、7.00元和15.50元，共盈利1700万余元（见图4.7、图4.8、图4.9、图4.10）。

买入原因：一带一路是中国的民族产业。

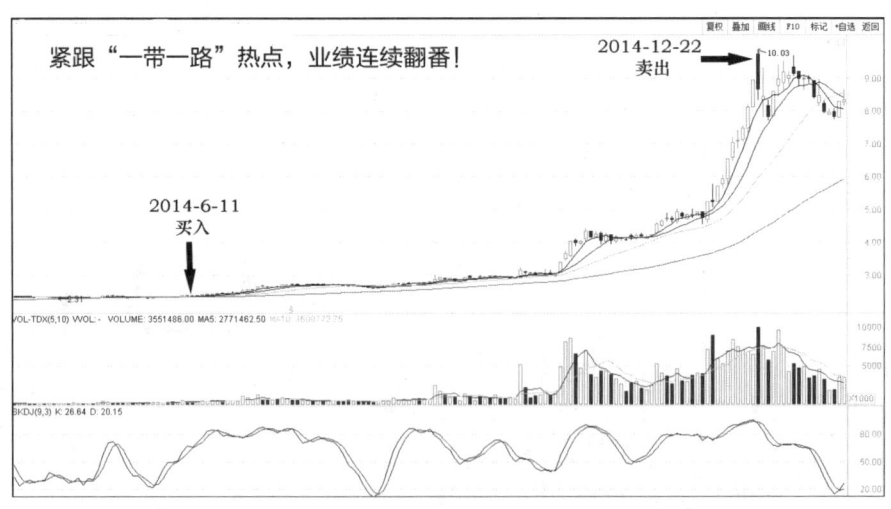

图 4.7 中国中铁走势图

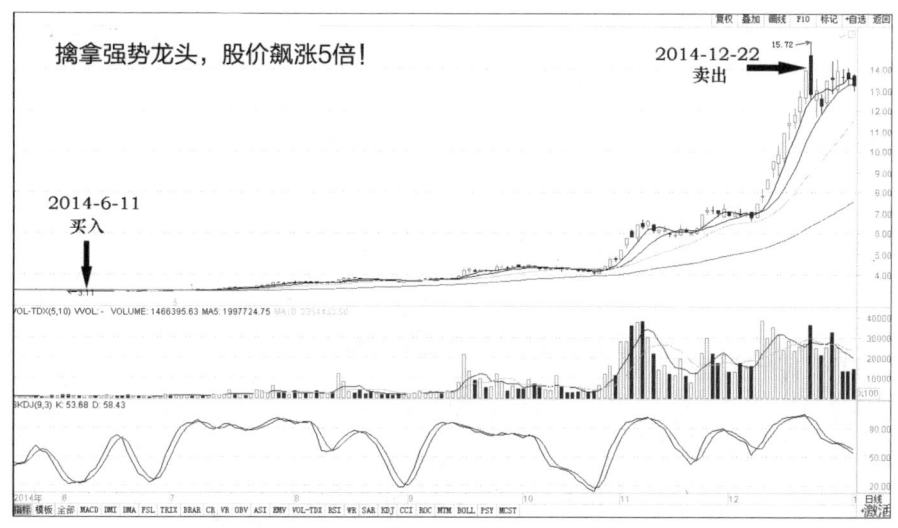

图 4.8　中国交建走势图

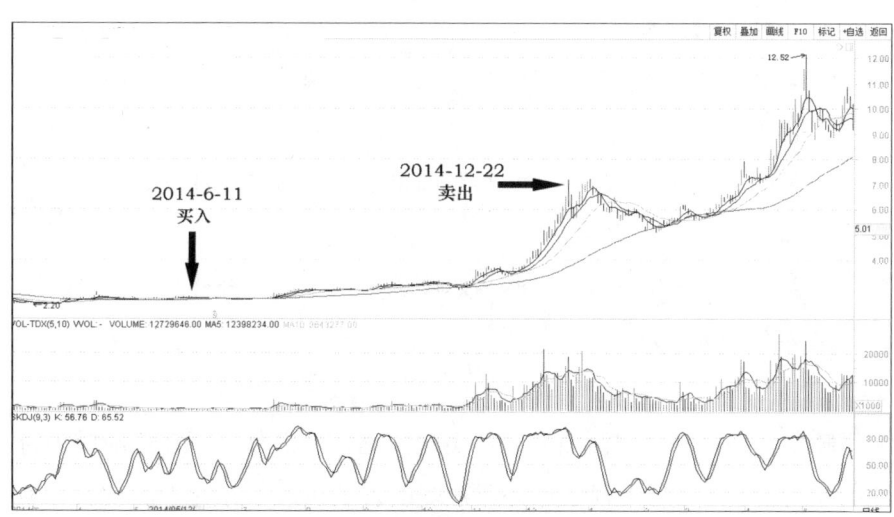

图 4.9　中国建筑走势图

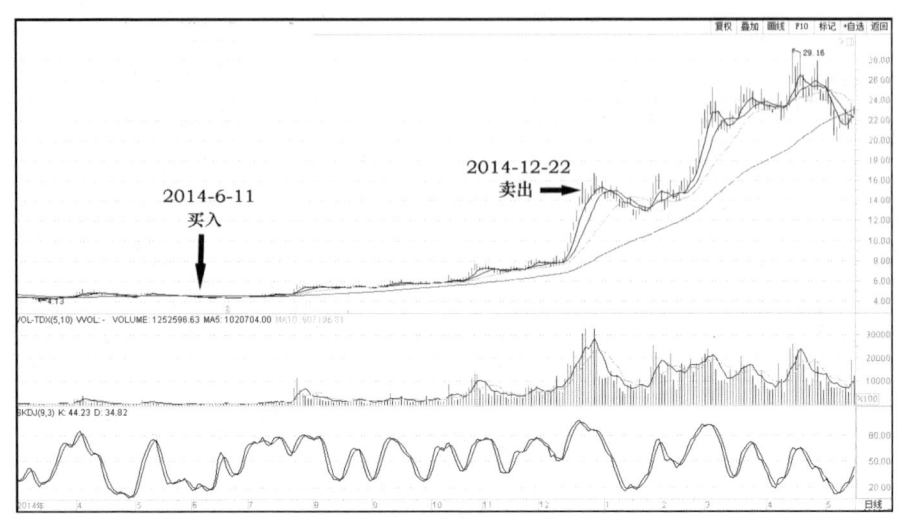

图 4.10　中铁二局走势图

◆ 首先，"一带一路"的战略构想顺应了中国对外开放区域结
　 构转型的需要。

◆ 其次，"一带一路"战略构想顺应了中国要素流动转型和国
　 际产业转移的需要。

◆ 第三，"一带一路"战略构想顺应了中国与其他经济合作国
　 家结构转变的需要。

◆ 第四，"一带一路"战略构想顺应了国际经贸合作与经贸机
　 制转型的需要。

　　随着"一带一路"战略布局的迅速实施，产能外迁正在逐渐成为行
业的"新常态"，是工程建筑行业很好的发展机遇。作为中国首倡、高
层推动的国家战略，它对中国现代化建设和屹立于世界的领导地位具有
深远的战略意义。"一带一路"战略构想的提出，契合沿线国家的共同
需求，为沿线国家优势互补、开放发展开启了新的机遇之窗，是国际合
作的新平台。"一带一路"战略在平等的文化认同框架下谈合作，是国

家的战略性决策，工程建筑行业会有预期的利润增长，行业发展潜力非常大，预期股价会有很大的上涨空间。

卖出原因：涨幅过大，SKDJ 运行到 80 钝化 7 个交易日以上。

2014 年 10 月 10 日，分别买入光大证券（601788）、东北证券（000686）、长江证券（000783），买入价格分别为 9.42 元、9.40 元、6.65 元，分别买入 31 万股。2014 年 12 月 9 日卖出，卖出价格分别为 33.20 元、20.20 元、15.00 元。共盈利 1300 万余元。

买入原因：券商盈利将会有巨大增长。具体表现在：

◆ 本轮行情最大增量资金来自融资融券，融资融券最大受益者是券商。

◆ "沪港通"最大受益者是券商。

◆ T+0 最大受益者是券商。

◆ 大盘行情到来后，最大受益者是券商。

◆ 三季报券商业绩上涨 55%，显著大增。

◆ 三季末基金配置券商仅 1.2%，远低于沪深 300 中的权重 6.7%，基金有增仓要求。

一旦行情向上或向下的趋势确立，就会持续很长的时间，甚至达到连政府也控制不了的局面。如果承认有牛市（这是前提）当然要买券商股，因为在牛市，券商股是永远的明星。牛市买券商股是真理，上涨趋势中，你不应担心二八转换只赚指数不赚钱的情况，因为有行情就有券商受益（见图 4.11）。

在本次两拨一带一路和券商的买卖中，因为资金量大的关系，一直没有满仓，共盈利 3000 万余元，这个时候总资产为 4000 万余元。

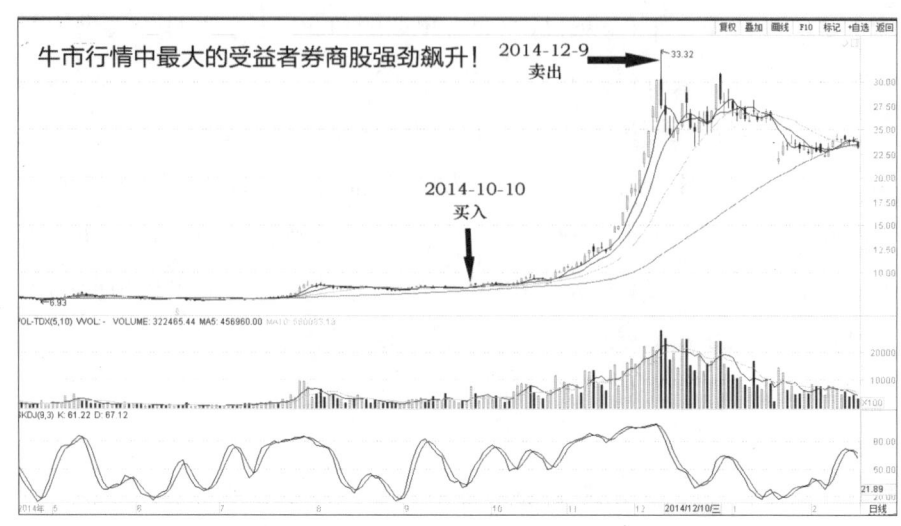

图 4.11　光大证券走势图

2015 年 5 月 25 日：资金增值到 9800 万余元

2015 年 1 月 4 日，总资金 4000 万元，融资 3000 万元，可用资金 7000 万元，重点做了军工、航天、锂电池、国产软件、3D 打印和信息安全等板块的股票，股票有中航电子（600372）、中航飞机（000768）、万向钱潮（000559）、天齐锂业（002466）、东华软件（002065）、二三四五（002195）、久其软件（002279）、神州信息（000555）、长城信息（000748，注：该股现已终止上市并摘牌。）、浪潮信息（000977）、大族激光（002008）、机器人（300024）、积成电子（002339）等相关股票，截至 2015 年 5 月中旬，自有资金已经突破 9800 万余元。

买入理由：中小板和创业板块补涨。

从 2015 年 1 月 5 日～5 月 25 日：提取资金 3000 万余元，剩余 6800 万余元

从 2015 年 1 月 5 日至 5 月 25 日，先后分 4 次合计取出 3000 万元进行别墅、豪车的购置以及用于装修款项，剩余 6800 万余元。

2015 年 6 月 8 日：资金增长到 7500 万元

2015 年 5 月 26 日后，由于大盘涨幅偏大，风险来临，去掉融资盘，减仓操作。重点买入央企改革和国产软件板块的相关股票如中国软件（600536）、华胜天成（600410）、中粮生化（000930）、中粮地产（000031）、中成股份（000151）。

由于减仓操作，资产增幅偏小。

2015 年 7 月 6 日："股灾 1.0" 开始，资产缩水至 4000 万元

本次资产缩水主要原因如下：

◆ 判断失误，认为本次上证指数会超过 2007 年 6124.04 高点。
◆ 成交量未减少。
◆ 没有出现 "双头" 迹象。
◆ 本次股灾未有先例。
◆ 资产缩水过大，未及时减仓出局。
◆ 本想减仓，出现救市政策。

直到 2015 年 7 月 6 日，高开后斩仓全部出局。

2015 年 8 月 17 日："股灾 1.0" 反弹，资金回到 7000 万元

2015 年 7 月 9 日，资金 4000 多万元，融资 3000 万元，可用资金 7000 多万元。

从 2015 年 6 月 15 日到 2015 年 7 月 9 日千股跌停，SKDJ 在 20 钝化超卖区 11 个交易日，历史罕见。此时，MACD60 分钟 3 次底背离出现，发出买入信号。

2015 年 7 月 9 日 9：45，跌停板买入中国卫星（600118）、中航飞机（000768）、航天动力（600343）。平盘买入中航动力（600343）、同方股份（600100）、东方明珠（600832）。截至收盘，所持股票全部涨停，平均涨幅15%。买入资金7000万余元，当天收益1000万余元。

截至2015年8月17日，资金增加到7000万元。

2015年8月18日："股灾2.0"，资金再次缩水至4000万元

资金再度缩水原因：

◆ 国家出台各种救市政策，对后市抱有很大的预期。

◆ 按照技术要求，上证指数应该反弹至60日均线附近，还有10%的空间，未能及时减仓。

2015年6月15日，所持有1亿元资金股票全部跌停，当天缩水1000万余元。第二天反弹时，逢高减半仓。剩余半仓一直持有至2015年8月25日，下跌结束，资金再次缩水至4000多万元。

2015年8月26日："股灾2.0"反弹，资金又回到7000多万元

2015年8月26日到2015年12月30日，分别买入券商、军工、一带一路、央企改革等市热场点板块股票，资金再次回到7000多万元。

2015年12月30日：提取资金1000多万元，剩余6000万元资金

2015年12月30日，取出1000多万元资金进行实体投资。

2016年1月4日："股灾3.0"，资金缩水至3800多万元

由于国家实施熔断机制，未能及时了解国家政策的含义，熔断当天，千股跌停，持有市值9000万元股票，当天损失900多万元。第二天，反抽高点减半仓，一直持有至2016年1月28日，资金缩水至3800多万元。

2016 年 1 月 28 日 ~ 2016 年 11 月 30 日：资金增长至 6200 多万元

分别买入一带一路、航天军工、互联网等板块股票。

本次反弹操作不太理想，主要是前期资金上下浮动较大，为求稳健，操作过度谨慎。

2016 年 11 月 30 日：资产突破 1 亿元大关

从 2006 年 4 月 27 日至 2016 年 11 月 30 日，取出资金约 4300 多万元进行房产、车辆的购置及实体的投资。加上资金账户现有股票市值，合计 1.05 亿余元。

"裂变"中的精彩片段回放

> » 跌宕起伏的行情，异常惨烈的股灾，他为何竟能逆势实现财富的裂变？那一个个精彩的实操故事，将向人们展示剽悍的"西北狼"的智慧与喋血的风采！

"股灾 1.0"中一天赚 1000 万元

这是一个至今都让田建宁团队所有人员都难以忘怀的故事。

故事发生于 2015 年 7 月 9 日这一天。

田建宁团队的成员们都记得，上证指数自 2015 年 6 月 12 日（周五）创出 5178.19 点的高点后，便以连续惨烈的暴跌方式，宣告了一波轰轰烈烈的牛市行情结束。从 2015 年 6 月 15 日始，至 7 月 9 日，仅仅

18个交易日，上证指数就跌去了1804.65点，平均一天就下跌100个点。如此凶狠的暴跌，实属罕见，让市场血泪横流，惨不忍睹。

许多投资者都被连日的暴跌给跌懵了。而同样遭到损失的田建宁却始终显得十分平静。在大盘暴跌中，他这头西北狼，一直在伺机寻找 "报仇" 的机会。

2015年7月8日上午一开盘，上证指数再次大幅 "跳水"，低开260点，田建宁团队的操盘室里一片叹息：这是怎么了？中国经济出现问题了？为何监管层连出救市政策，股市却一个劲地下跌？

田建宁紧锁眉头思考着：今天大盘已处在三次 "底背离"，SKDJ指标严重钝化，超跌情景异常。此时，在这只凶狠的西北狼眼前，在狂风席卷的股市 "大草原" 上，显现出大批大批的肥美 "猎物"。"机会到了！" 他心里想。于是，他开始踏向血腥的市场，首先扑向受伤最重的 "猎物"。这天，在下跌中，他以小仓位悄悄试探性地买入一些跌幅最大的股票。尽管买入后没有什么 "起色"，但他仍然坚信离黎明不远了。

当晚，他像往日一样在 "复盘"。他对大盘及个股整整研究到凌晨3点多，已进入关键的7月9日了。最终，他明确了当天的操作方案：若大盘再创新低，就带融资全仓买入。"买在下跌的末端！" 这是田建宁一贯的操作风格。

7月9日这天，他没吃早饭，没休息，驱车几十公里，第一个来到远离市区的操作室。那会儿，行情热闹时有20多个股友跟随他一起炒股。如今在迷茫的行情中，只剩下八九个铁杆 "粉丝" 了。

"今天大盘要再跌，不要怕，果断杀入，哪个放大量买哪个！" 田建宁向大家阐明自己的操作观点。

"这势头，要再跌，还敢买？那不找死？" 听到他说要大家买股票，操作室里有许多人都对他的想法不敢苟同。

果然，9：30一开盘，大盘又给 "颜色" 看了，上证指数迅速地往下沉，竟砸出了 3373.54 点的新低。"真要命呀，套死人了，这还要股民活吗？"一时间，操作室里，哀怨一片。田建宁的助手小张见盘面一片惨绿，泪水一下子就盈满了眼眶，握鼠标的手一直在颤抖。

"我就不信了，跌成这样了，还往哪里跌？吃进！"

"田老师，你别胡球弄咧！"小魏劝道。

"爸，不敢（西北言，"不能"的意思）！千万不敢了！当年的苦头还没吃够？别再任性赌了，你的账户可都是咱父子俩的活命钱呀！"儿子田昊苦苦哀求着。（采访中，田昊对我说，在股市连续的暴跌中，25 岁的他身体原本非常健壮，竟莫名地天天发高烧，甚至烧到 40 度。直到暴跌结束，他的高烧才自然退去。股市的事儿，可真怪！）

坐在他旁边的老蔺见田建宁打开账户真要下单，赶忙上前按住他的手："老田，别自寻套了，真的不要命了？"

"好兄弟，我不怕！"说着，他推开老蔺的手，买入的键盘果断地敲了一下。

从 9：45 开始，在中航动力下跌负 8% 时大胆介入，跌停追加仓位、同时在跌停板还大量买进了中直股份、中航动控、中国卫星等军工股以及国元证券、东北证券等券商股。10：00 大盘翻红，下午一波报复性的反弹展开，千股跌停的"坚冰"开始融化。在"主心骨"田建宁的率领下，其团队的所有成员也紧紧跟进。

这一天，许多股票都是从跌停直奔涨停。

"那天，股市真的涨美了，我们也挣够咧！"回忆当时在刀尖上激烈搏杀，田建宁的兴奋之情，溢于言表。

他的儿子田昊和中原证券王立德经理对我说，7 月 9 日这一天，田建宁带融资共杀进 6000 万元，挣了整整 1000 万元！

香港游的"伴手礼"

介绍我认识田建宁并陪我一同前往黄土高坡采访的在北京某媒体工作的朋友刘章，也是位业绩曾翻了数十倍的民间投资高手。在相处的过程中，他给我谈起了这样一件事：

2015 年 12 月下旬，中原证券组织了一批顶尖客户、股票投资高手到香港参加一次业务研讨会和投资交流会。他和田建宁都受邀参加。

开始几天，大家在交流会上共同分享自己的炒股体会，田建宁是当时最耀眼的嘉宾之一。与会期间，他畅谈自己对宏观经济发展趋势的前瞻看法并谈及股票投资经验，颇受大家的称赞。在港几天，除了研讨和交流外，举办方还组织大家到香港恒生指数及期货交易所进行实地观摩。末了，会议还特意留出两天时间，安排从内地来港的客人到香港著名的旅游景点游玩。

刘章说，那两天他们到久负盛名的维多利亚港、铜锣湾、旺角、迪斯尼乐园等参观游览，可大家发现在旅游队伍里，唯独不见在会场上"爆红"的田建宁。

他去哪里了？后来才知道，田建宁在港的最后两天，一天也没有出去游玩，而是默默地"潜伏"在中原证券香港分公司营业部，足足赚了两天的钱。营业部 8：00 上班，他 7：30 就等候在了那里，看盘，选股，操作。头一天，他盈利了 300 万元；第二天，他又赚了 280 万元。见此，营业部的张总感动地说："田总，你可真认真，真够敬业的，值得我们学习呀！"

离港时，人人收获满满。大家都买了不少可心的"伴手礼"，有的买了名表，有的买了化妆品。而田建宁的"伴手礼"最特别，那就是两天账户里在港赚下的 580 万元。

股市制胜"三大法宝"

» 从 3 万元到亿万元,在资产的裂变中,多年来,看趋势、炒预期、寻找最佳买卖点,他坚持的"三大法宝"使他在风雨无常的市场中立于不败之地。

看趋势

看趋势炒股票是田建宁在股票市场上投资制胜的第一"法宝"。他说,炒股在某种意义上就是炒大盘。顺势而为,是投资的关键。要根据不同的趋势,采取不同的操作策略,方能在市场上不亏钱,做到稳健盈利。

长期趋势

当 5 周线、10 周线、20 周线上穿半年周线和年周线,并且持续放量,那么上升趋势就形成了。如此,将是牛市的确立,一波大的行情即将产生。一只股票上升趋势一旦形成,将会有很大的涨幅。当上升趋势形成时,买入股票,即便是出现重大利空也仅能改变几天的短期走势,并不能改变原来趋势的运行。

当 5 周线、10 周线下穿 20 周线,反弹无量,不能再次有效站上 20 周线,形成下降趋势时,卖出股票。当向下趋势形成,再大的利好也仅能改变几天的短期走势,无法改变原来趋势的运行。

案例 1:2007 年"5·30"事件。上证指数从 2005 年 998 点一路上涨到 2007 年 5 月 29 日,最终摸到了 4335.96 高点,期间大多数股票非理性地疯狂上涨。为此,政府发布了一系列的警告信息、出台了一系列措施,如加息、提高存款准备金等,但都没能挡住股市疯狂上涨的脚步。而财政部于 2007 年 5 月 29 日深夜发布消息,将提高股票交易印花税,从 0.1%

升至 0.3%，这成为扭转局面的关键点（人们俗称为"半夜鸡叫"）。于是，在 5 月 30 日当天大盘开始暴跌，千余股跌停，上证指数一直到 3404.15 点才止跌。然而，这并不能改变其牛市上涨的大趋势，上证指数一直上涨到 2007 年 10 月 16 日创下 6124.04 高点见顶后才改变上涨趋势（见图 4.12）。

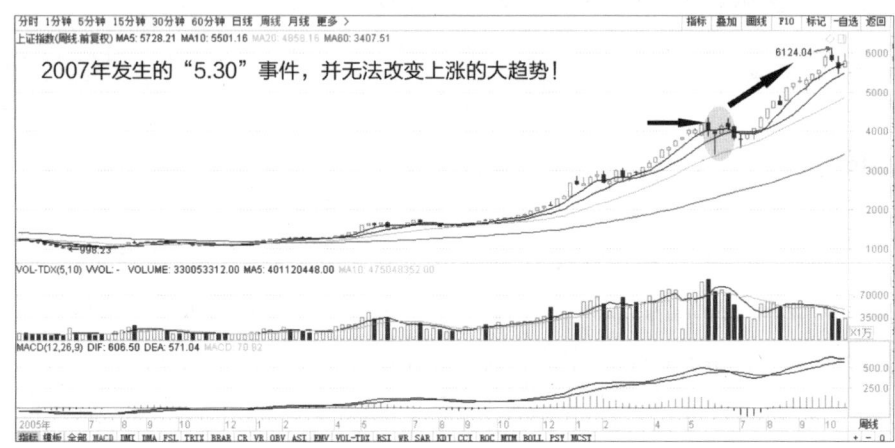

图 4.12　上证指数走势图（2007 年）

　　案例 2：2008 年大熊市中，4 月 24 日、9 月 18 日两次降低印花税的政策出台，未能改变暴跌的下跌趋势（见图 4.13）。

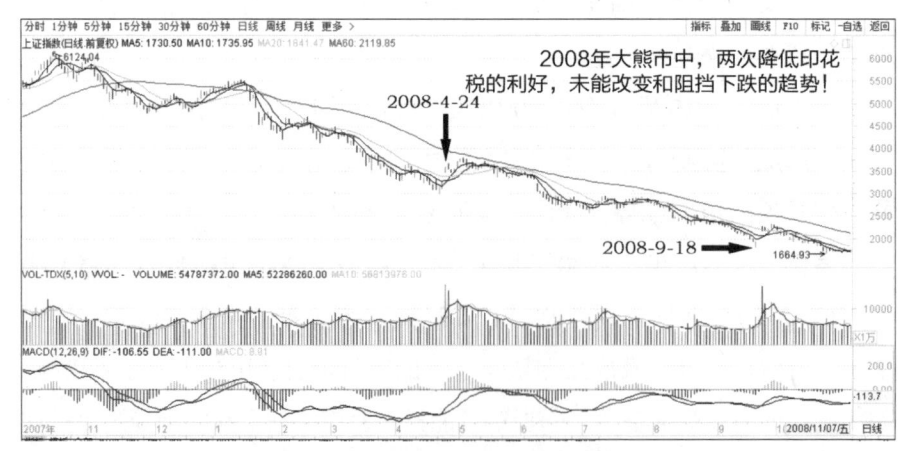

图 4.13　上证指数走势图（2008 年）

案例 3： 2014 年 7 月 ~ 2015 年 6 月中旬的牛市中，任何一次短期调整都未改变其上涨的趋势，反而都是介入的好机会（见图 4.14）。

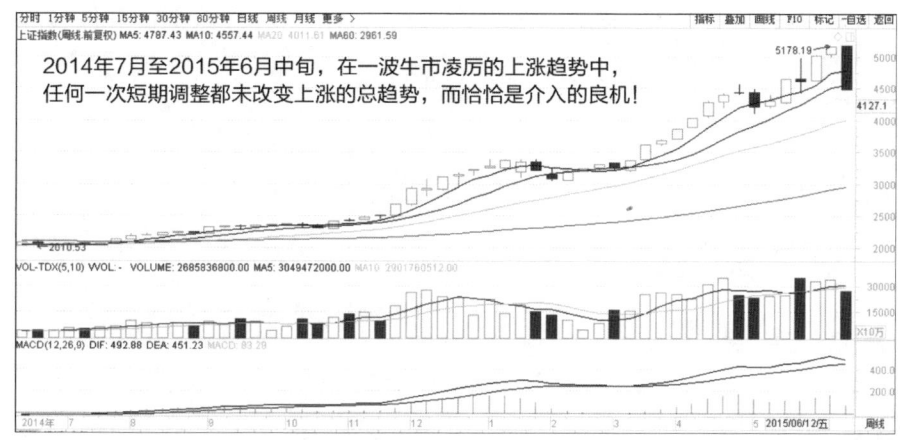

图 4.14 上证指数走势图（2014 年 7 月 ~ 2015 年 6 月）

中期趋势

当指数经过一波下跌之后，大盘形成双底，5 日、10 日、20 日、30 日均线多头排列，上穿 60 日均线，并且 60 日均线走平、上翘，持续放量，那么中期反弹趋势就形成了。此时买入股票，可获得 30% ~ 50% 的收益。比如 2008 年 10 月底 ~ 2009 年 7 月下旬的走势，即为中期反弹趋势（见图 4.15）。

短期趋势

当指数运行在下降通道中，经过一波连续下跌后，止跌反弹，5 日均线上穿 10 日均线，并且持续放量，就形成一波短期反弹趋势。当指数反弹到 60 日均线附近时，卖出股票，反弹结束。如上证指数在 2011 年 4 月 18 日创出 3067.46 高点后，一路下跌，至 6 月 20 日创出 2610.99 点新低后，止跌反弹，从 6 月 21 日反弹至 7 月 7 日的 60 日均线处，尔后重新步入下降通道，一波短期反弹趋势结束（见图 4.16）。

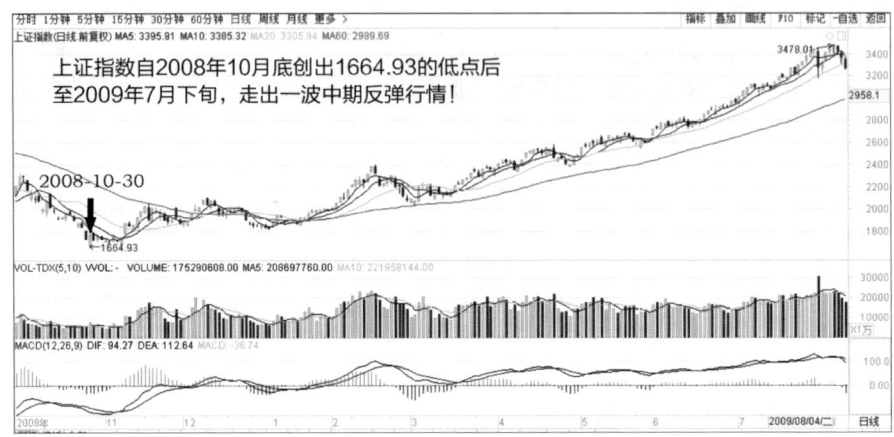

图4.15　上证指数走势图（2008年10月底～2009年7月）

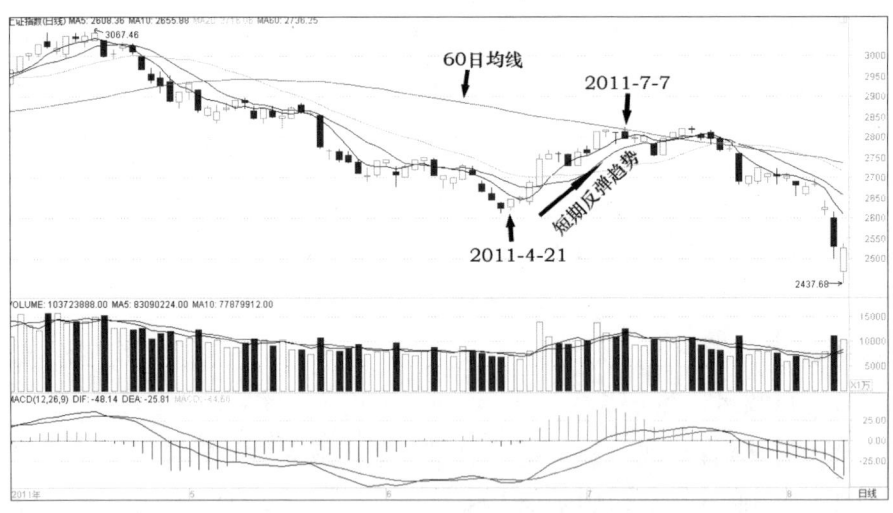

图4.16　上证指数走势图（2011年）

炒预期

行业预期

炒股票就是炒未来。行业的预期对于股票价格的走势往往有一定的影响。若一个企业短期经营出现亏损，但是企业每年具备大幅盈利的能力，处于一个成长型的行业，那么股价也会大幅向上运行。

当一只股票市盈率非常低，虽然当时企业效益非常好，但行业不景气，将出现重大亏损，股价将会出现大幅回调。

资源板块。从2006年至2007年，在全球流动性泛滥、美元贬值和中国经济快速发展的预期下，资源板块走出了一轮大牛行情。例如云南铜业（000878）、山东黄金（600547）等股票，涨幅巨大（见图4.17、图4.18）。田建宁重返股市淘到的第一桶金，主要来自这一板块的股票。

航运板块。2006年至2007年，随着中国经济的持续快速增长以及全球制造业向中国转移，中国成为世界制造业中心，原材料和制成品国际贸易量大幅增长，这给航运行业的发展带来了机遇。2006年，中国集装箱吞吐量占全球市场的份额已经达到了22.2%；进口铁矿石需求贡献了全球干散货需求增量的40%；进口石油占世界进口份额7.8%，为

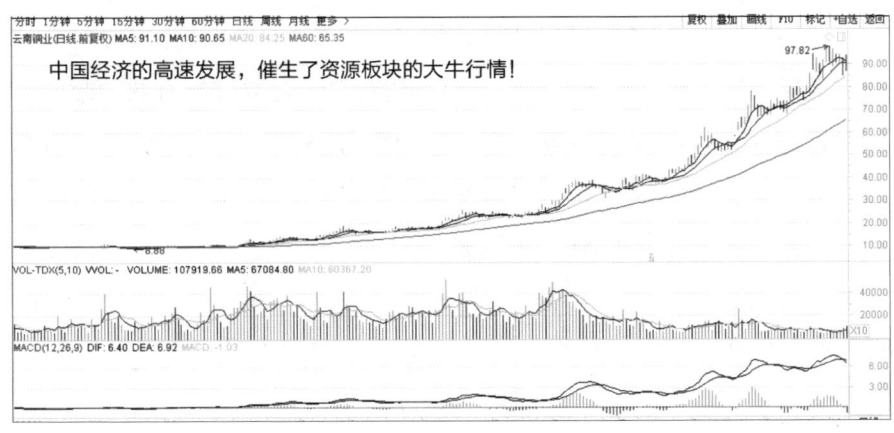

图 4.17　云南铜业走势图

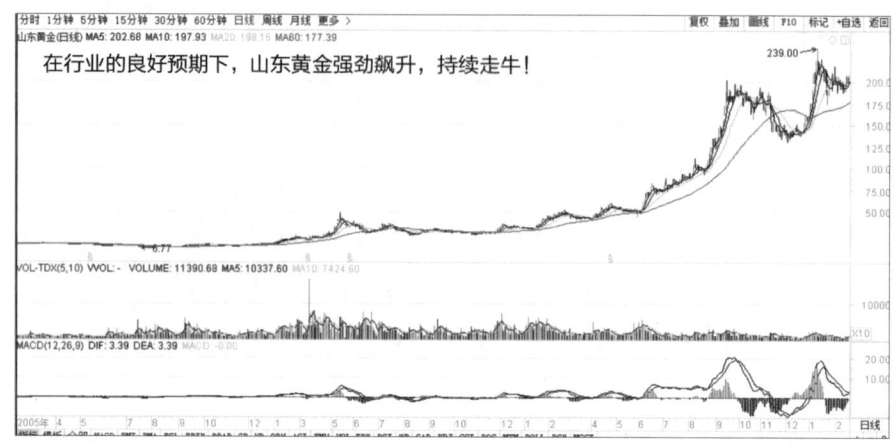

图 4.18　山东黄金走势图

世界第三大石油进口国。中国已经成为推动世界航运业的主要力量。在此预期下，中国股市的航运板块连续走强。当年田建宁乘坐"中国远洋"（现名：中远海控）这艘快艇，一次操作就赚取了76万元，使起始的3万元资金，很快就突破了百万元。

　　环保板块。 随着经济社会的发展，环境保护事业已被提升到国家战略高度进行发展。2011年12月20日，国务院印发了《国家环境保护"十二五"规划》，在首句明确提出，保护环境是中国的基本国策。随即，《节能减排"十二五"规划》也于2012年8月22日正式推出，规划要求形成加快转变经济发展方式的倒逼机制，建立健全有效的激励和约束机制，大幅度提高能源利用效率，显著减少污染物排放。在一系列重大措施出台下以及对因此而受到催化的环保上市公司业绩变好的预期，促使环保板块在2012年至2013年走出一轮独立行情。相比当时萎靡的大盘表现，环保上市公司股价则是一路高歌猛进，板块涨幅超过56%。例如三维丝（300056）和永清环保（300187）走势均强于大盘（见图4.19、图4.20）。

　　手游板块。 2013年，从供需角度来看，移动互联网用户的游戏娱

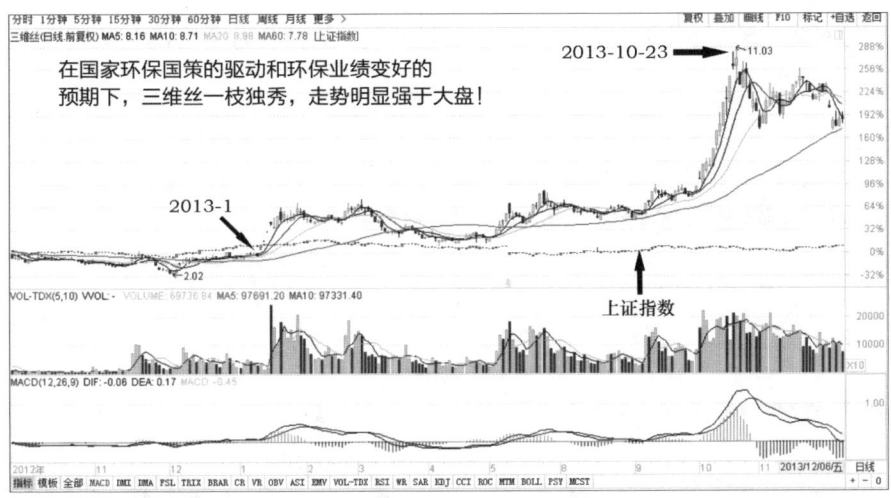

图 4.19　三维丝走势图

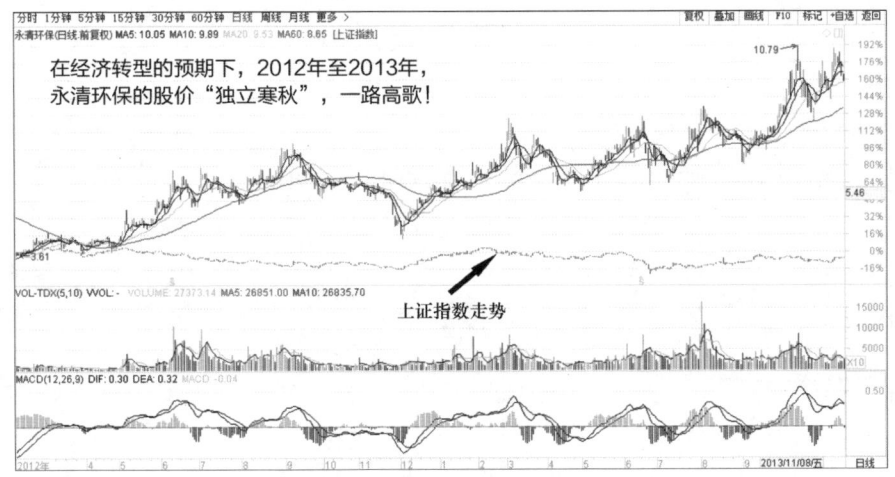

图 4.20　永清环保走势图

乐需求已被充分调动，但是互联网手游相对稀缺，投入大、影响力强的精品更是供不应求，因而，对拥有优秀产品储备的上游大型开发商和发行商而言，这是一种利好。在此预期下，手游板块走势强劲。如掌趣科技（300315）和中青宝（300052）就是其中表现最为突出的代表（见图4.21、图4.22）。

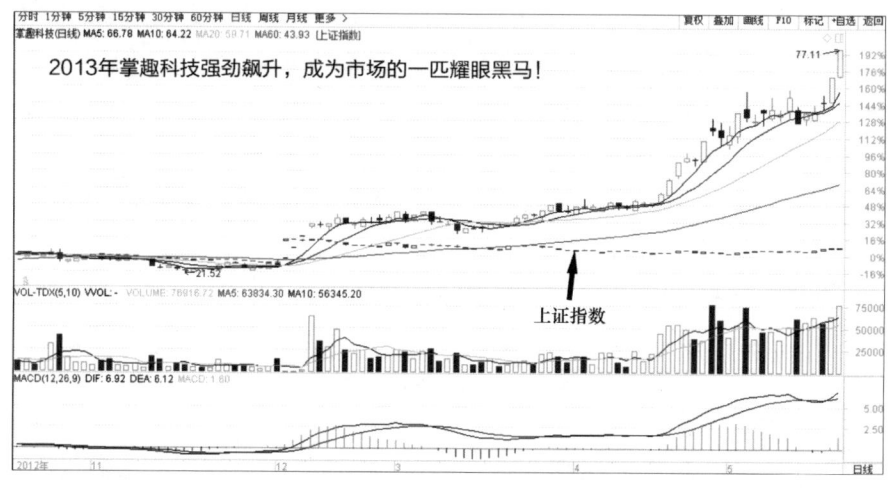

图 4.21　掌趣科技走势图

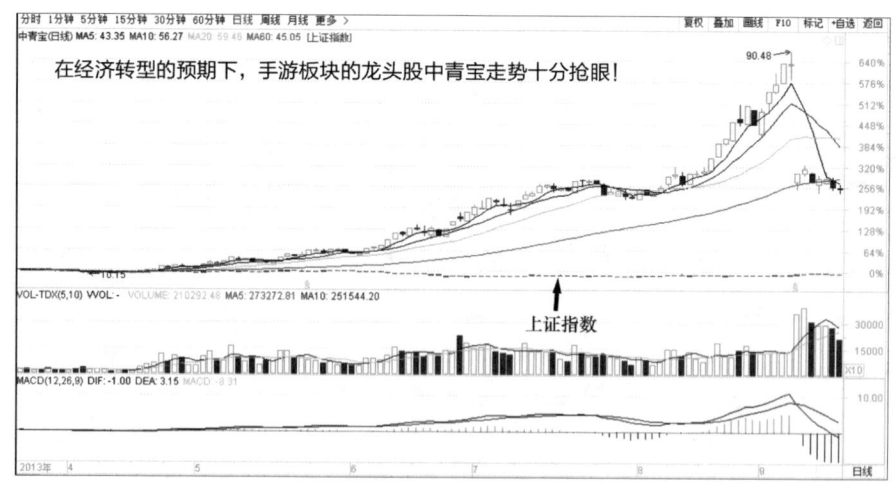

图 4.22　中青宝走势图

一带一路。2013 年，中国提出两个符合欧亚大陆经济整合的大战略：丝绸之路经济带战略、21 世纪海上丝绸之路经济带战略，即 "一带一路" 战略。在此预期下，相关概念股走出大牛行情（见图 4.23、图 4.24）。

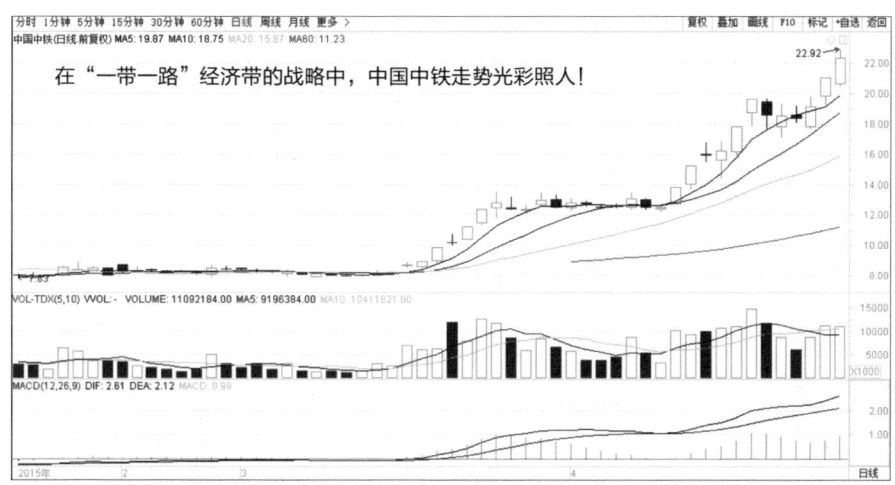

图 4.23　中国中铁走势图

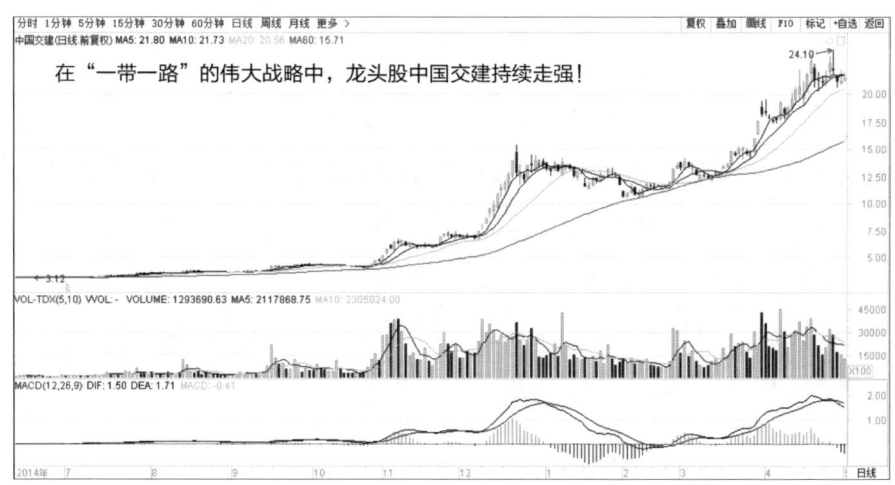

图 4.24　中国交建走势图

事件驱动预期

事件驱动特别是重大事件的驱动预期对市场影响较大，尤其是介入事件驱动中的龙头股票，则是最佳的获利品种。

上海自贸区。由于当年设立自贸区时，市场无提前预期，消息公布后利好超预期，上海板块股价出现大幅上涨。如外高桥（600648）（见图 4.25）。

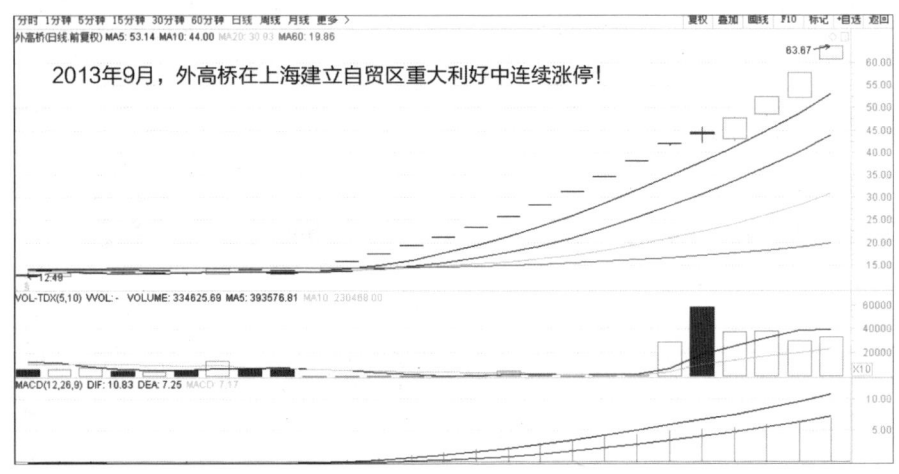

图 4.25　外高桥走势图

与此相反，由于股价已提前反映市场预期，福建板块与天津板块公布自贸区后，股价反而下跌。如天津板块的津滨发展、天海投资及福建板块的厦门港务即是如此，均因预期提前兑现而下跌。

2008 年的北京奥运会。中国申奥成功后，在这一重大事件驱动的预期下，申奥板块提前两年炒作，曾掀起一波大幅上涨行情，产生了北京旅游、中体产业等一批奥运概念的大牛股。

雄安新区。2017 年 4 月，中共中央、国务院决定设立河北雄安新区，这被称为是"以习近平同志为核心的党中央做出的一项重大的历史性战略选择，是继深圳经济特区和上海浦东新区之后，又一具有全国意义的新区，是千年大计、国家大事"。这一震动中国乃至世界的重大事件消息一公布，立即引发了雄安概念股凶猛的逼空行情。如冀东装备、金隅股份、冀东水泥、先河环保等股票强劲上涨，可谓风采绝后！（见图4.26）

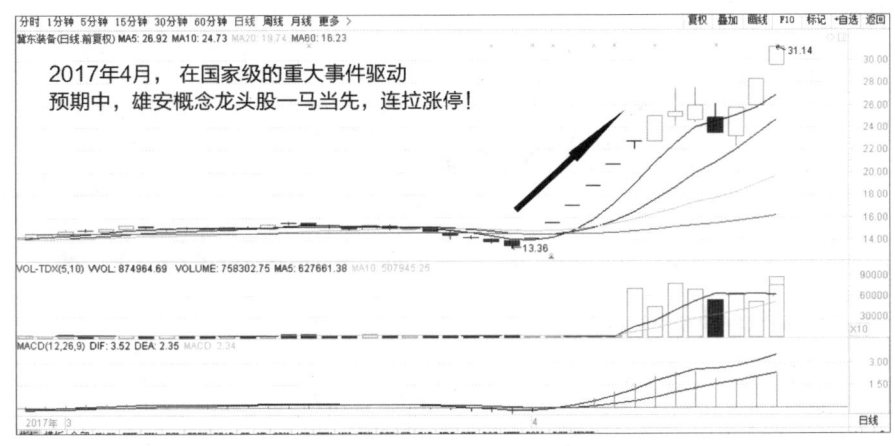

图 4.26　冀东装备走势图

利空预期

2012 年年末，习近平主席严惩腐败，八项禁令等陆续出台，受此影响，酒类板块连续下跌，如水井坊（600779）等股票（见图4.27）。

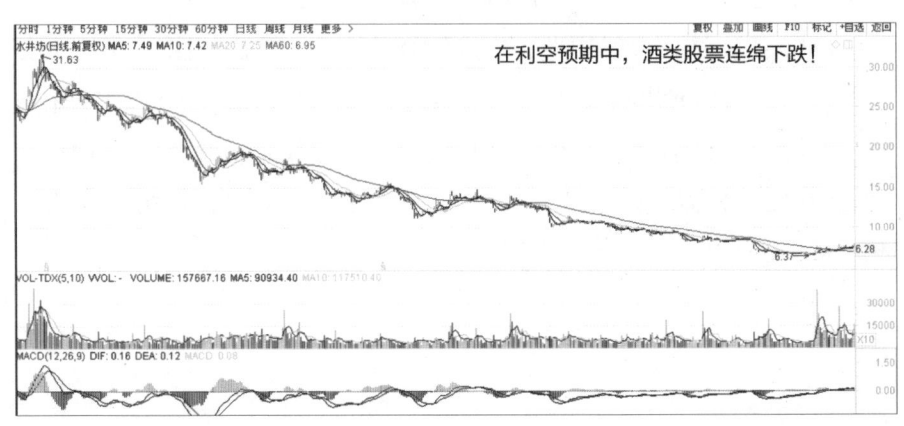

图 4.27　水井坊走势图（2012 年 7 月 ～ 2014 年 7 月）

2011 年以来，在经济转型、结构调整过程中，煤炭由于产能过剩，行业出现拐点。在此负预期下，煤炭板块出现一轮下跌趋势，如恒源煤电（600971）（见图 4.28）。

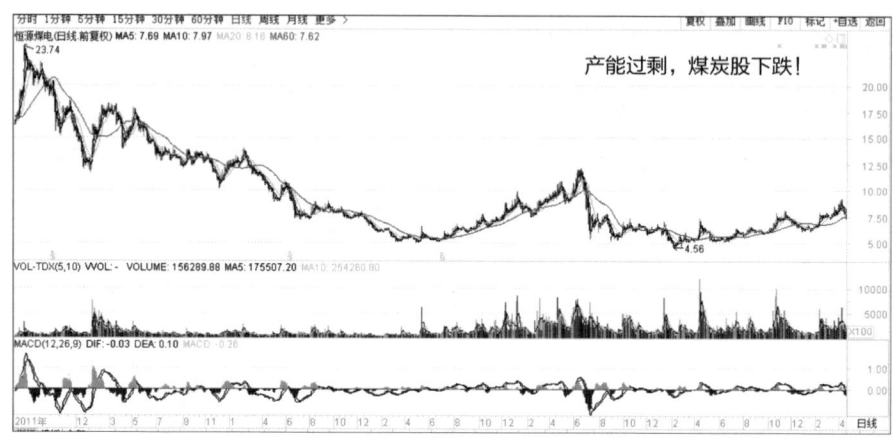

图 4.28　恒源煤电走势图

买卖点

MACD 买卖法。 60 分钟周期，大盘指数连续 3 次创新低，MACD 不创新低，买进股票（系统性风险除外），大盘将出现一定幅度的反弹；大盘指数连续 3 次创新高，MACD 不创新高，卖出股票。

SKDJ 买卖法。 日线周期，K 值与 D 值在 20 以下钝化，3 ~ 5 个交易日买进，极限值 7 ~ 9 个交易日买进；K 值与 D 值在 80 以上钝化 5 个交易日卖出，强势股 9 个交易日卖出（连续一字板除外）。SKDJ 正常在 50 以上为强势区，回调至 50 附近，可以买入；调至 50 以下为弱势区域，适当观望。

股票操作"十大战法"

> 在恪守"三大法宝"的同时，他把多年来在实战中磨砺出的
> "十大战法"运用在操作中，在通向成功的征途上，使他披荆
> 斩棘，游刃有余，获利不断。

60 分钟线战法

当大盘处于上升通道时，在 60 分钟的周期内，均线向上发散，呈现多头排列，量价配合良好，MACD 指标不背离的情况下，每次股价跌破 60 分钟的 60 小时线，都是买入的绝佳机会。大盘强势时，跌近 60 分钟线买进；大盘弱势时，跌破 60 分钟线买进（见图 4.29）。

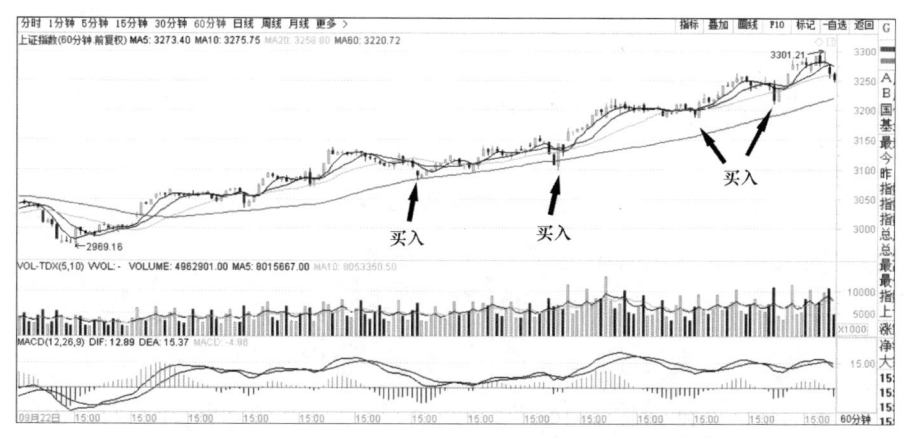

图 4.29 上证指数走势图（2016 年 10 月 ~ 12 月）

当大盘处于下降通道时，在 60 分钟的周期内，均线向下发散，每次股价反弹至 60 分钟线，都是一次绝佳的卖出机会。大盘强势时，碰到或上穿 60 分钟线卖出；大盘弱势时，接近 60 分钟线卖出（见图 4.30）。

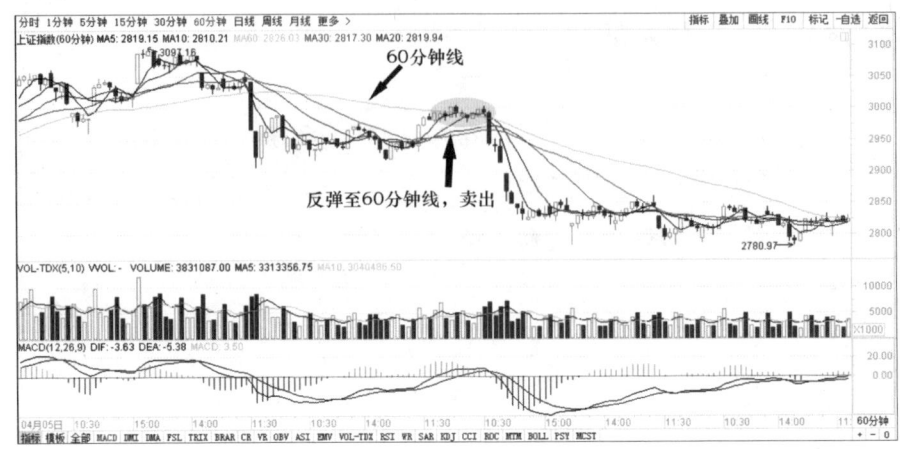

图 4.30　上证指数走势图（2016 年 4 月 ~ 5 月）

操作要点：若股价有效跌破 60 分钟线，4 小时内反弹不能有效站上 60 分钟线，并且量能不能有效放大时，卖出股票。

60 分钟 MACD 指标背离战法

60 分钟周期，上证指数连续三次创新高，MACD 指标不创新高，坚决卖出股票，股价将出现一定幅度的下跌。

60 分钟周期，上证指数连续三次创新低，MACD 指标不创新低，第三次背离后，坚决买进股票，股价将出现一定幅度的反弹。

案例 1：上证指数 2015 年 5 月下旬至 6 月中旬顶背离暴跌。2015 年 5 月 28 日，上证指数位于 4986.50 点。6 月 5 日，上证指数创出新高 5050 点，此时 MACD 指标未创新高，出现第一次背离；6 月 10 日，上证指数再次创出 5164.16 点新高，MACD 指标反而向下运行，此为第二次背离；6 月 12 日，上证指数第三次创出 5178.19 点新高，MACD 指标继续向下运行，此为第三次背离，由此产生一轮暴跌（见图 4.31）。

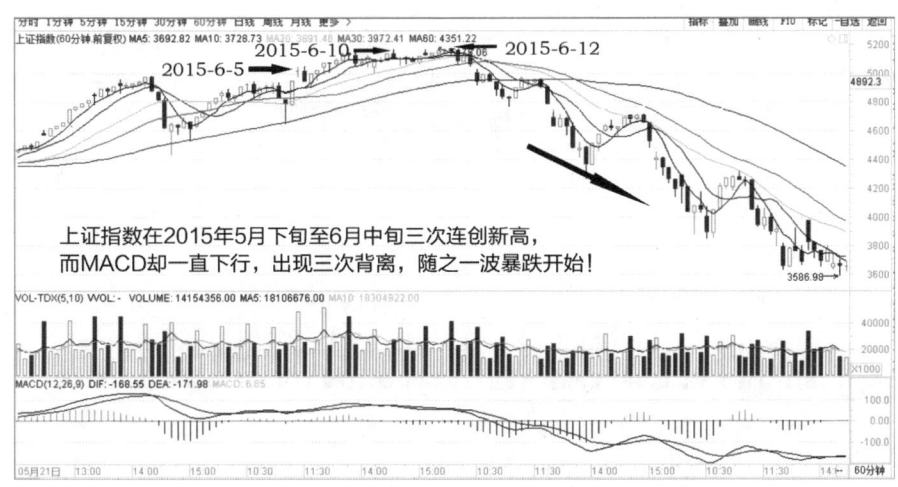

图 4.31　上证指数走势图（2016 年 5 月 ~ 6 月）

操作要点：60 分钟 MACD 3 次顶背离后，会出现一个中阴线或大阴线，如果大阴线第二天带量上行，只是一次洗盘；如果指数无量反抽不创新高，指数将有一个波段的下跌。

案例 2：2015 年 6 月 15 日 ~ 7 月 24 日底背离。上证指数自 2015 年 6 月 12 日创出 5178.19 的高点后，一路下跌。7 月 7 日，上证指数创出 3586.98 点新低，此时 MACD 未创新低，此为第一次背离；7 月 8 日，上证指数再次创出 3422.21 点新低，MACD 指标反而向上运行，此为第二次背离；7 月 9 日，上证指数第三次创出 3373.59 点新低，MACD 指标继续向上运行，此为第三次背离，由此产生一轮上涨（见图 4.32）。

K 线 "报到制度" 战法

在牛市的一个波段中，股价经过一波上涨后，第一次回调至 10 日均线附近买进；第二次回调至 20 日均线买进；第三次回调至 30 日均线附近买进；第四次回调至 60 日均线附近买进。这四次回调都是绝佳的

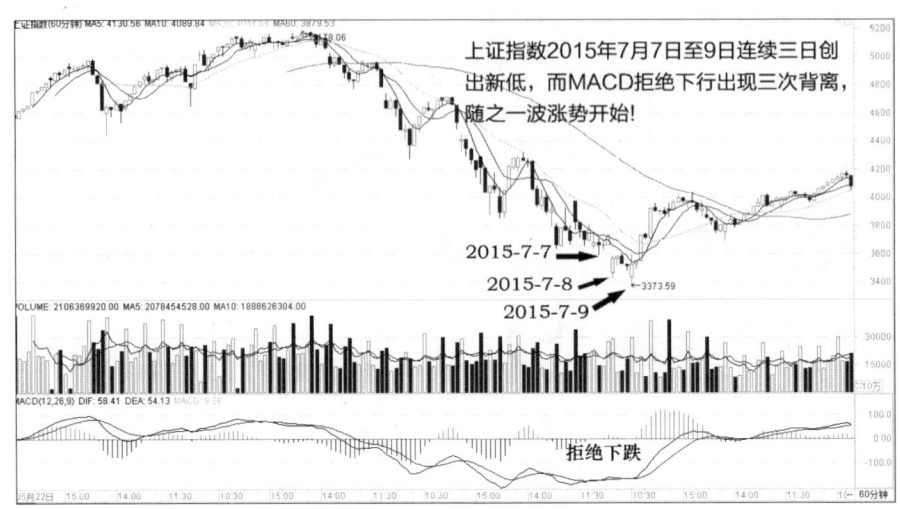

图 4.32　上证指数走势图（2015 年 7 月 7 日～9 日）

买入机会。

案例 1：大盘在 2014 年 11 月至 2015 年 4 月初的一波上涨走势中，上证指数在经历了一波上涨后，于 2014 年 12 月 10 日第一次回调至 10 日均线附近；12 月 24 日第二次回调至 20 日均线；2015 年 1 月 19 日第三次回调至 30 日均线附近；2015 年 2 月 9 日第四次回调至 60 日均线附近，这四次回调都是绝佳的买入机会（见图 4.33）。

在熊市的一个波段中，股价经过一波下跌后，第一次反弹至 10 日均线附近卖出；第二次反弹至 20 日均线卖出；第三次反弹至 60 日均线附近卖出。这三次反弹都是绝佳的卖出机会。

案例 2：上证指数在 2016 年四五月份的一波下跌中，60 分钟线于 4 月 20 日第一次反弹至 10 小时均线附近；4 月 27 日第二次反弹至 30 小时均线；5 月 6 日第三次反弹至 60 小时均线附近。这三次反弹都是绝佳的卖出机会（见图 4.34）。

操作要点：大盘强势或弱势时，股价反弹或回调至均线附近力度有所不同，要灵活掌握，切忌生搬硬套。

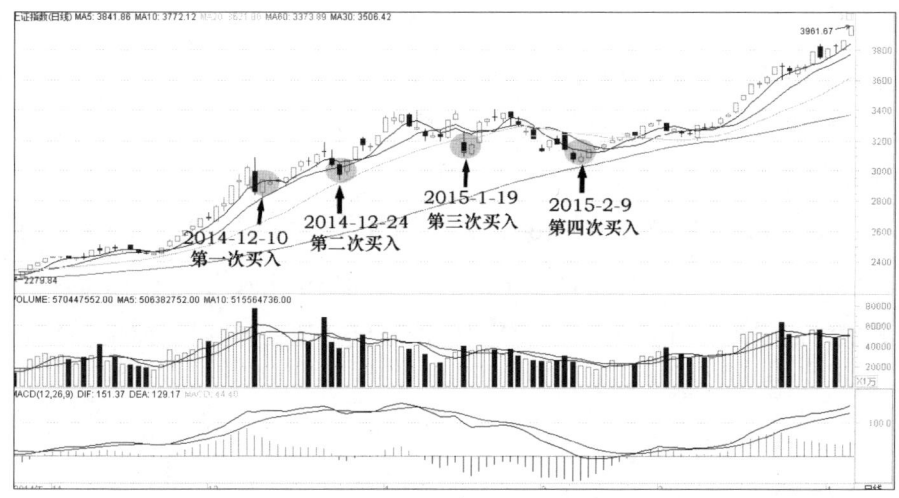

图 4.33　上证指数走势图（2014 年 12 月～ 2015 年 2 月）

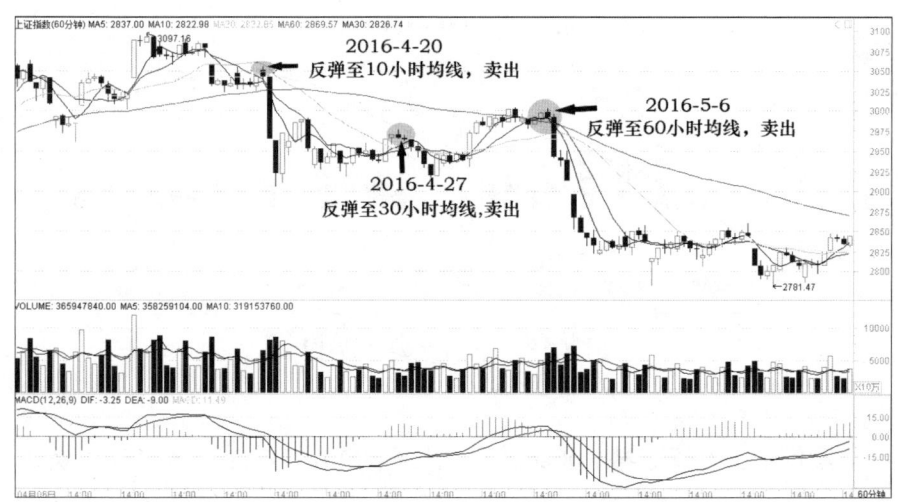

图 4.34　上证指数走势图（2016 年 4 ～ 5 月）

SKDJ 买卖股票法

主升浪股票的 SKDJ 卖出法

K 值与 D 值在 80 以上钝化，7 个交易日卖出股票（连续一字板除外）。

案例 1：**中国交建**（601800）。2014 年 12 月 8 日该股以涨停方式，开启了主升浪。12 月 12 日 SKDJ 指标的 K 值与 D 值均在 80 以上。随着股价的强劲拉升，至 12 月 22 日，K 值与 D 值在 80 以上钝化 7 个交易日，应卖出股票（见图 4.35）。

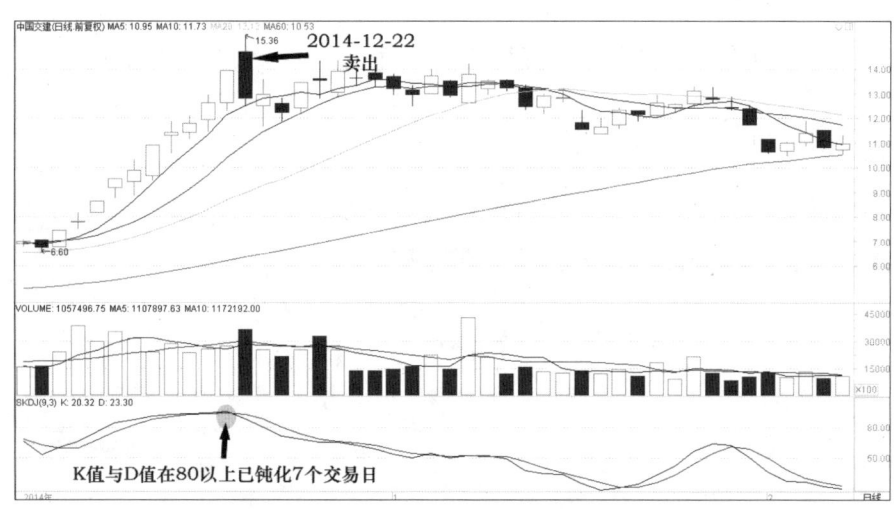

图 4.35　中国交建走势图

案例 2：**西部证券**（002673）。该股自 2015 年 11 月 4 日涨停突破进入主升浪拉升。11 月 9 日始，SKDJ 指标中的 K 值与 D 值双双达到 80 以上，钝化 7 个交易日，即 2015 年 11 月 17 日，当股价创出最高点之时，应果断卖出股票（见图 4.36）。

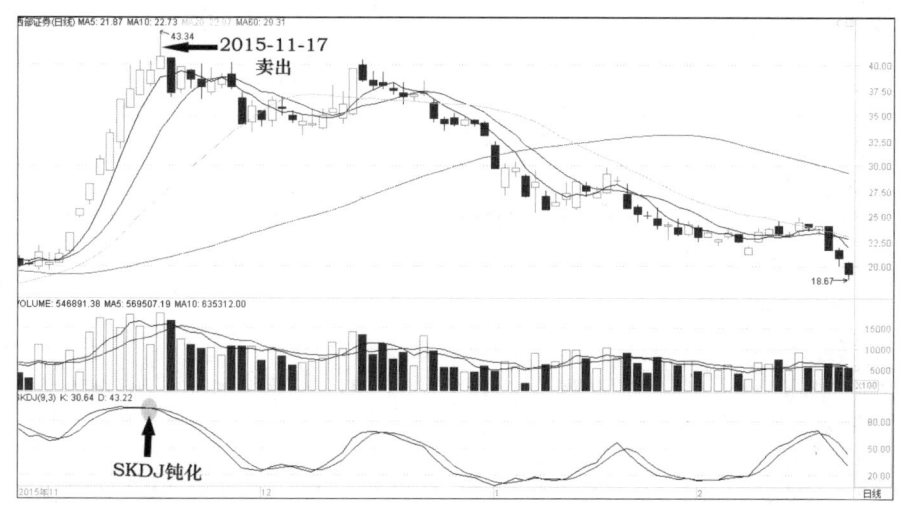

图 4.36 西部证券走势图

强势股的 SKDJ 卖出法

SKDJ 第一次上到 80 以上钝化 3 ～ 4 个交易日，股价回落，这时
SKDJ 回落到 80 附近，股价再次上升，SKDJ 钝化 2 ～ 3 个交易日，形
成双头，坚决卖出。

案例：万科 A（000002）。 2015 年 11 月 30 日，展开一波强势拉升。
2015 年 12 月 4 日，SKDJ 指标的 K 值和 D 值均在 80 以上，随着股价调
整回落到 80 附近，之后股价再次拉升，SKDJ 钝化，至 12 月 18 日形成
"双头"形态，此时股价创出新高涨停，应坚决卖出股票（见图 4.37）。

弱势股 SKDJ 卖出法

在上升通道中的弱势股，K 值与 D 值反弹至 80 卖出；在下降通道中
的弱势股，K 值与 D 值接近 80 时卖出。

案例：暴风集团（300431）。 该股在 2016 年 6 月 28 日、29 日弱市
反弹拉出两个涨停板，6 月 30 日，K 值与 D 值分别达到 80 和接近 80，
当日冲高为卖出良机（见图 4.38）。

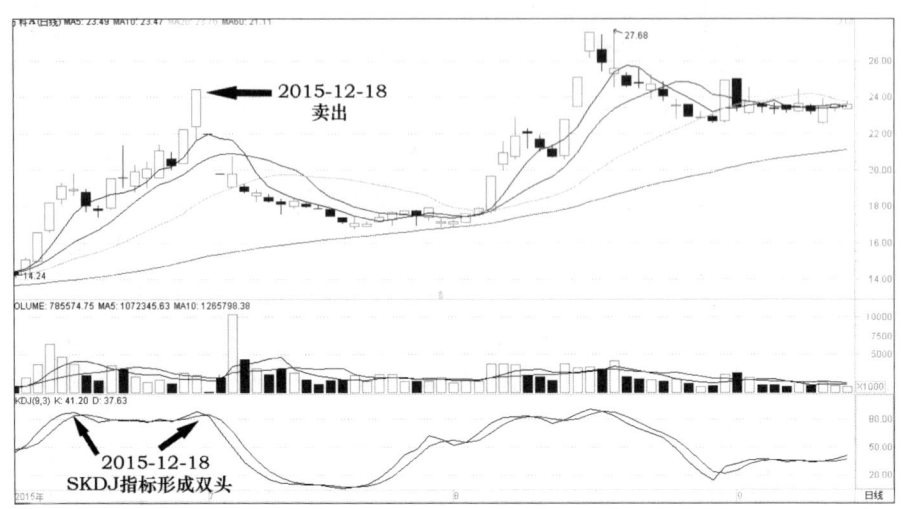

图 4.37　万科 A 走势图

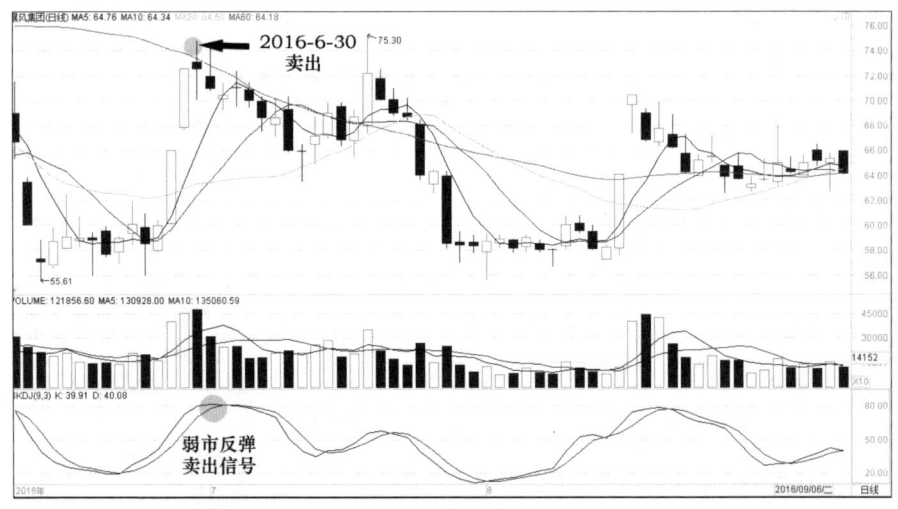

图 4.38　暴风集团走势图

主升浪股票 SKDJ 买入法

当一只股票进入强势拉升一个阶段后，SKDJ 回调至 50 附近时买入股票。

案例：中国交建（601800）。该股于 2014 年 10 月底至 12 月下旬有一波强势拉升，途中，于 2014 年 12 月 5 日 SKDJ 回调至 50 附近，这是一个绝佳的买入机会，介入后获利丰厚（见图 4.39）。

强势股 SKDJ 买入法

上升通道的强势股，回落至 60 日均线附近，SKDJ 在 20 以下形成双底时买进。

案例：万科 A（000002）。该股于 2015 年 11 月 30 日至 2015 年 12 月 18 日有一波强劲拉升，之后于 2016 年 7 月 20 日、21 日回落至 60 日均线附近，同时，SKDJ 在 20 以下形成双头，是介入的良机（见图 4.40）。

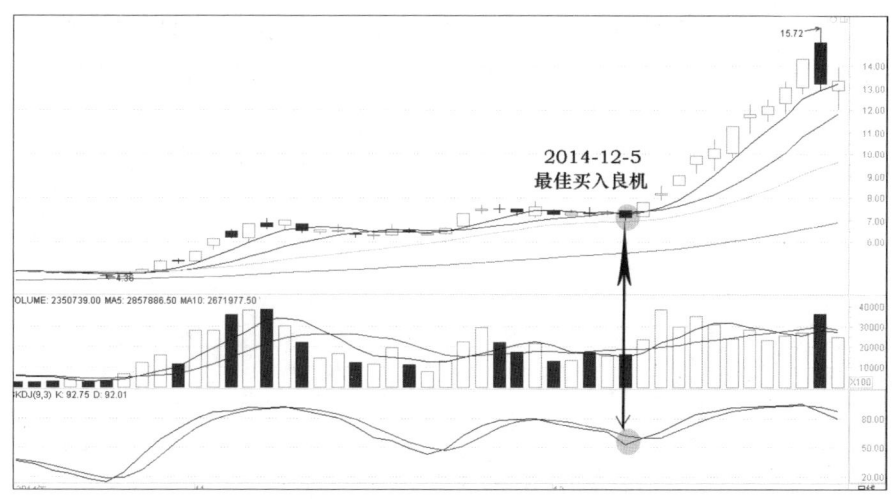

图 4.39 中国交建走势图

振荡盘整期股票 SKDJ 买入法

SKDJ 指标在 20 以下钝化 7 个交易日时买进；盘整股票若形成上升通道，SKDJ 指标 20 附近时都是介入的机会。

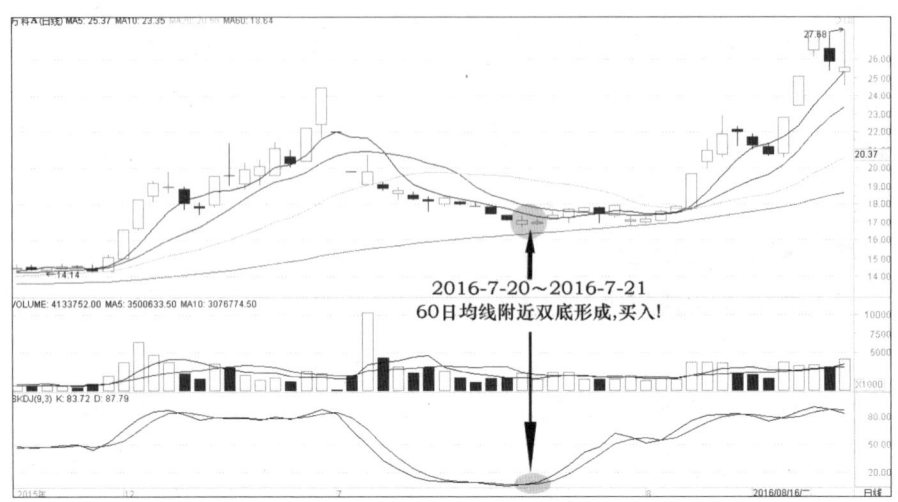

图 4.40　万科 A 走势图

案例：阳泉煤业（600348）。该股自 2016 年 5 月初暴跌之后，进入振荡盘整期，5 月中下旬，SKDJ 指标在 20 以下钝化 7 日，出现买入机会；2016 年 5 月 24 日，K 值在 20 附近可介入（见图 4.41）。

操作要点：不要买入处于下降通道的股票。

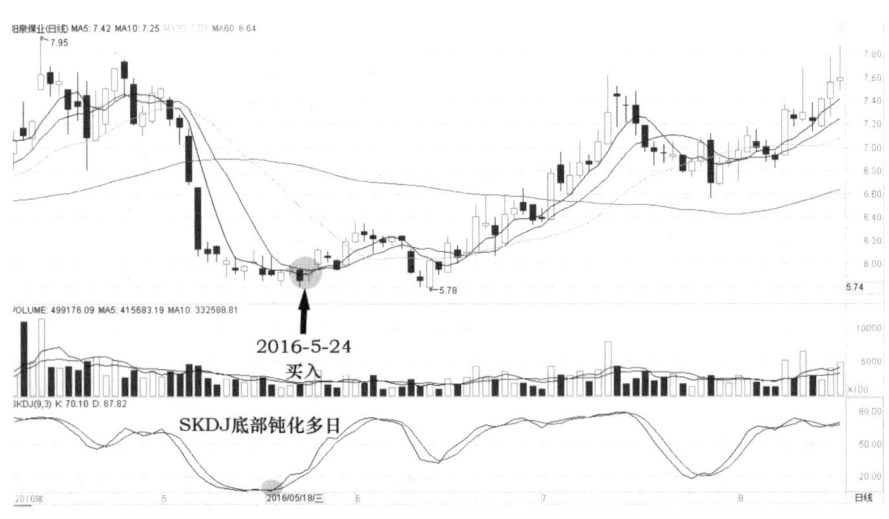

图 4.41　阳泉煤业走势图

三线共振战法

当一只股票 5 日均线、10 日均线、20 日均线、30 日均线、60 日均线、120 日均线、250 日均线多头排列；5 周线、10 周线、20 周线、30 周线、60 周线多头排列且运行在 120 周线、250 周线之上；5 月线、10 月线、20 月线多头排列且运行在 60 月线、120 月线之上，就叫"三线共振"。

当 SKDJ 运行在 50 附近，量能温和放大，可买入此类股票。

案例：海虹控股（000503）。该股在 2016 年 3 月下旬至 11 月逆势走出一波翻倍拉升行情，在日线、周线和月线形成"三线共振"时，此期间，只要当 SKDJ 运行到 50 附近，都可介入，并获利丰厚（见图 4.42）。

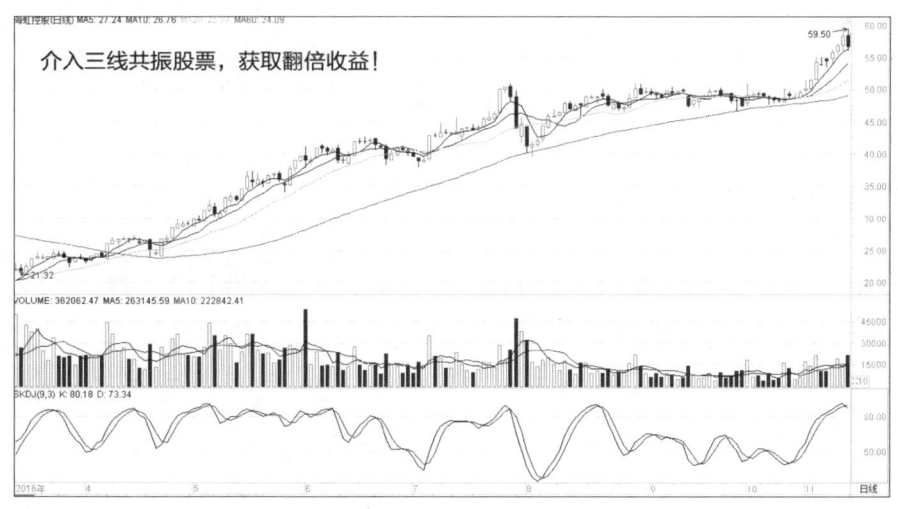

图 4.42 海虹控股走势图

90 度角拉升股票介入战法

当一只强势股进入主升浪，呈现 90 度飙升时，量能持续放大，SKDJ 在 50 之上 80 之下，有驱动事件，符合市场热点，5 日均线、10

日均线、20日均线上穿60日均线，涨停突破某一个整理平台，第一时间介入。当该股票SKDJ指标运行在80之上7个交易日时卖出股票。

案例：**西部证券**（002673）。在市场的热捧下，该股于2015年11月4日至17日短短的10个交易日，走出"90度角"的翻倍行情，果断在第一时间介入，盈利极其丰厚（见图4.43）。

操作要点：第一，胆大，不惧高；第二，在牛市或市场环境好时介入；第三，必须有重大驱动事件；第四，在大盘下跌幅度大时，不建议介入。暴跌时更不得介入。

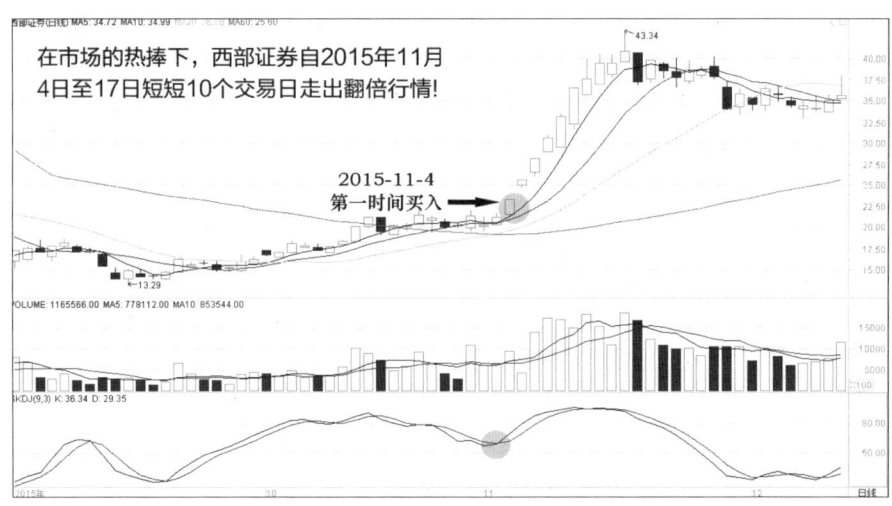

图 4.43　西部证券走势图

阴线买入战法

当大盘出现系统性风险，引发一波暴跌，股价在暴跌末端持续放量，可分批介入，拉升到60日均线时卖出。

案例：**中航动控**（000738，现名：航发控制）。在2015年的"股灾"肆虐中，该股随大盘暴跌股价狂跌近70%。在暴跌的末端，2015

年7月5日至8日更是放量下跌，7月9日再次放出巨量，股价当日从跌停拉至涨停，是介入的极好时机（见图4.44）。

操作要点：要选择大盘处于暴跌过程中的暴跌股票，而不是大盘上升过程中的暴跌股票，成交量较顶部必须成倍放大。

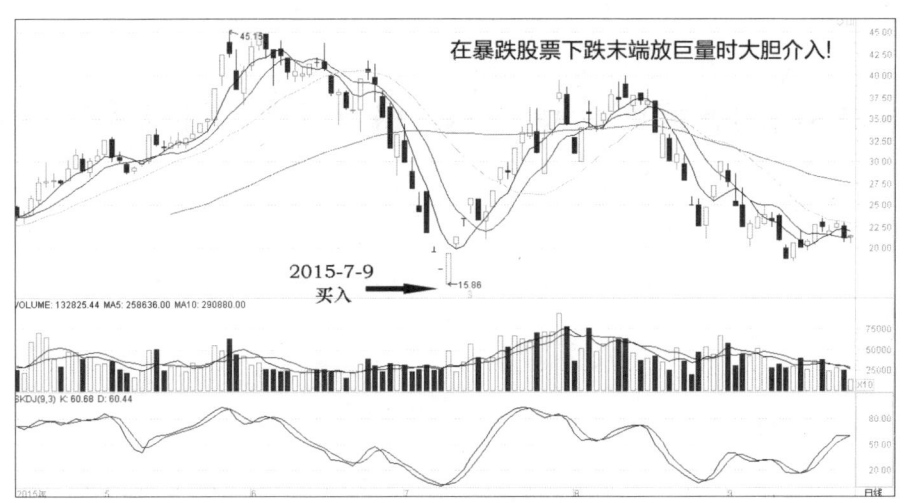

图 4.44   中航动控走势图

通道内 T+0 战法

当股票在上升通道内运行，运行至股票上轨时卖出一半仓位，股价回调到中轨时买入一半，进入到下轨时再买一半。当股价突破上轨，连续放量变轨后，在 SKDJ 连续钝化 7 ~ 9 个交易日全部卖出。假如这只股票实际涨幅 100%，那么你的实际收益可达到 300%。

案例：三五互联（300051）。2016 年 3 月至 6 月，三五互联运行在上升通道之中，按通道内 T+0 战法，可获利多多。这也是田建宁在短线交易中反复做差价获利最多的一只股票（见图 4.45）。

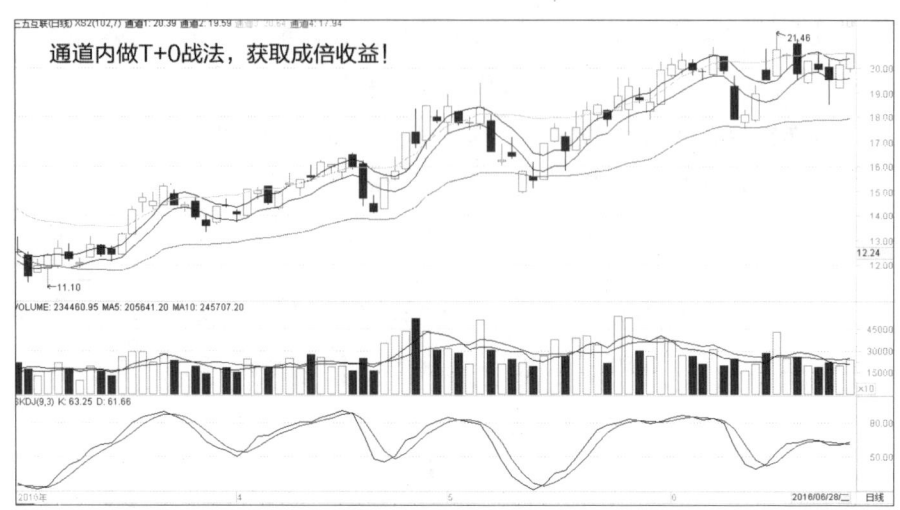

图 4.45　三五互联走势图（2016 年 3 月 3 日～ 6 月 28 日）

平台突破战法

当一只股票经过两到三年的底部盘整吸筹，一旦放量突破平台顶部上涨，可买入该股股票，将获得巨大的收益。

案例：兴源环境（300266）。自 2012 年起至 2014 年启动，该股整整在底部盘整了两年时间，突破平台可果断买入，最后成为一只股价翻10 倍的大牛股（见图 4.46）。

股票拉升中的起爆点战法

主力运作一只股票，一般有三个拉升阶段：

拉升建仓期。一只股票经过长期的底部盘整吸筹后，就进入了拉升建仓期，这时主力边洗盘边拉升，筹码锁定良好，拉升速度较慢。

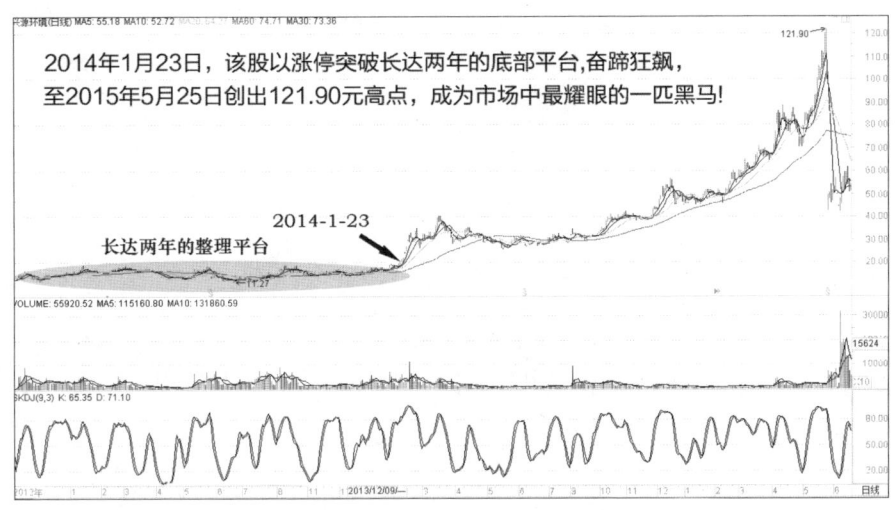

2014年1月23日，该股以涨停突破长达两年的底部平台,奋蹄狂飙,
至2015年5月25日创出121.90元高点,成为市场中最耀眼的一匹黑马!

2014-1-23

长达两年的整理平台

图 4.46　兴源环境走势图

拉升期。当股价运行在 60 日均线附近，5 日、10 日、20 日、30 日均线黏合一起，股价以一个放量中阳突破四条均线的当天，就是一个起爆点，也是最佳的介入时机。此时，股价就进入了拉升期，这个阶段收益最大。

拉升出货期。当股价拉升到一个阶段后，主力会再次洗盘，洗出不坚定筹码。当股价回调到 60 日均线附近（但不能有效跌破 60 日均线）时，主力为出货会再次拉升，这也是第二个起爆点，此时介入涨幅也较大。

案例：中国交建（601800）。该股于 2014 年启动行情时，1 月 23 日是个起爆点，也是最佳的介入点。之后，在拉升出货期的 2015 年 2 月 5 日及 3 月 12 日，同样也是很好的买点，介入后均有一定涨幅（见图 4.47）。

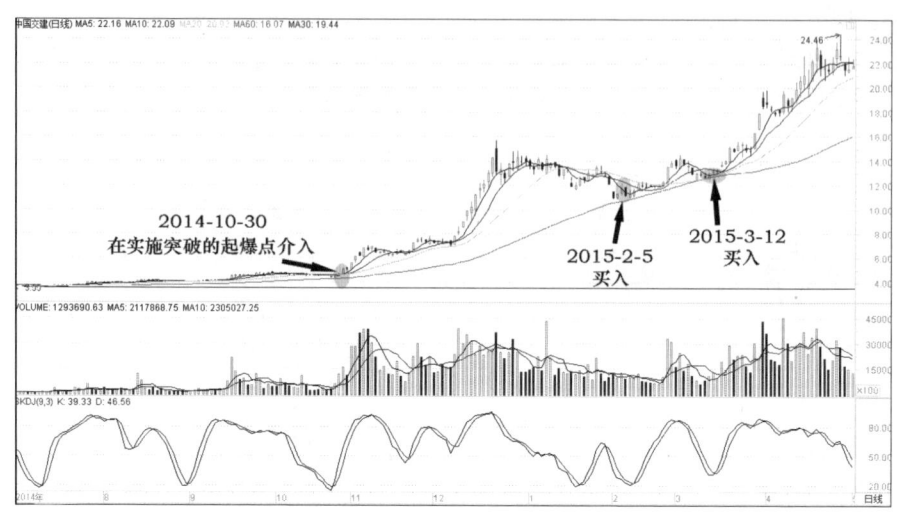

图 4.47　中国交建走势图

炒股思路 "四大要诀"

> » 牛市如何操作赚大钱，熊市又该如何保命并盈利？资金又该怎
> 样管理？田建宁炒股思路的四大要诀，将给你以启迪。

熊市炒股思路

主跌清仓。一旦大盘形成下跌趋势，必须第一时间清仓。

反弹操作。主跌结束，60 分钟指标超跌反弹，指数有 7% ~ 10% 的反弹幅度，个股可获得 10% ~ 15% 的收益。一般个股反弹到 30 日均线，龙头股反弹到 60 均线附近结束。反弹结束后清仓观望，等待下次超跌反弹的机会。一般一年有 5 ~ 6 次的小波段的超跌反弹的机会。

吃饭行情。熊市中也有一到两次的机构吃饭行情。如果操作得当，一年熊市可获得 80% 左右的收益。

熊市中操作一定要切记"见好就收"，要把"保证资金安全"放在首位。

牛市炒股思路

第一，紧跟热点，抓强势股，操作主升浪个股。

第二，多持股，少换股。

第三，以"捂股"为主，争取利润的最大化。

资金管理

熊市仓位管理。全年 250 个交易日，大概有 150 个交易日空仓，70 个交易日半仓，30 个交易日满仓。

振荡市仓位管理。全年 250 个交易日，大概有 100 个交易日空仓，100 个交易日半仓，50 个交易日满仓。

牛市仓位管理。全年 250 个交易日，大概有 180 个交易日满仓，40 个交易日半仓，30 个交易日空仓。

炒股心态

第一，坚持反向思维。

第二，大家恐惧时要贪婪，大家贪婪时要恐惧。

尾声："鸡肋行情" 本无味，"水盆羊肉" 好好吃

这是在采访期间亲历的事儿。

记得是 2016 年 11 月下旬，那些天，西北黄土高坡一直笼罩在冰雪的严寒之中。中国的股票市场也同样一片冰冷，没有一丝回暖的迹象。即便是偶尔有一点点所谓的 "鸡肋行情"，也是极难赚到钱的。

然而，当我置身于田建宁团队的实盘操作室，这里却是另一番火热情景。尽管行情不好，但他们在田建宁的率领下几乎 "天天有收获"。一天中午，大伙儿聚在一起吃陕西的著名小吃——有着百年历史的水盆羊肉，清淡、肉嫩，就着黄焦黄焦的锅盔吃，真是一道美味。席间，有人提议，以后谁赚钱最多谁就请大家吃水盆羊肉，大家乐呵呵地一致同意。不过，此后做东的一直都是田建宁，因为每次都是他赚钱最多。在我的采访本上，记录着 2016 年 11 月 23 日，他赚了 110 万元，25 日又赚了 160 万元。我清楚地记得创造那些盈利的场景——

"田老师，现在行情这么差，有没有赚钱的机会？" 2016 年 11 月 21 日晚，我在他的别墅里吃完晚饭后问他。

"有。" 他果断地说。

"机会在哪呢？"

"创业板。" 说着，他打开书房里的大显示屏电脑，"你看，眼下，创业板超跌已经很严重了，多次出现底背离，机会就在这儿。虽然，现在行情持续性很差，但赚钱的机会还是有的，就看你能不能把握住了。"

"在这个板块有没有看好的标的？" 我问。

"有！我最看好的就是创业板的暴风集团和三五互联，这是两只龙头股。从基本面上分析，它们都是高成长股，受益于中国互联网行业的快速发展，三五互联的行政主管部门是国家工业和信息化部，公司

所处行业为新兴的软件运营服务行业，业绩有大幅增长的预期。暴风集团是中国知名的互联网视频企业，公司以'视频技术'为核心，坚持把'致力于发现并满足人们的视频需求'作为企业使命，愿景十分可观。过去，我曾从它们身上赚过不少钱。你再从技术方面瞅，暴风集团前几日连跌三根大阴线，今天低位收出了放量的红十字星，是明显的企稳信号。三五互联和暴风集团的走势如出一辙，明天介入就是最佳的短线时机。"

2016 年 11 月 22 日开盘前，田建宁把自己研究的"成果"和操盘方案告诉团队成员们。9：30 一开盘，我见他迅速下单，分别在开盘价买入暴风集团和三五互联。买入价分别在 57.51 元左右与 16.68 元左右。

次日，果然如田建宁判断，创业板在暴风集团和三五互联两只龙头股率领下"绝地反击"。即便如此，田建宁在大趋势尚未形成之时，采取"不恋战"的战术。当三五互联在 9：50 一根冲天的直线向上拉升时，他立即止盈。13：30，暴风集团涨势更加猛烈，直冲涨停，操盘室内一片欢腾。昨日没买的人，也想冲入，田建宁提醒他们不可追高。在 64.02 元的涨停板价附近，他悉数出局。打赢这场胜仗的他，"猴性"大作，当时一下子激动得高高地跳坐在椅子靠背上，似"座山雕"一般，笑翻了在场的所有人。我立马用手机拍下这一兴奋快乐的珍贵镜头。

第二天，两只股票双双低开，田建宁又杀"回马枪"，再次介入三五互联和暴风集团，分别在次日和周一逢高卖出，再次在"鸡肋行情"中创造日获百万元的卓越战绩。

至今，告别白桦林已一年时间了，但每每想起采访田建宁的半个多月时间，几乎天天能见证他在鸡肋行情中赚钱的超强能力和能天天吃上享百年美誉的水盆羊肉，心头就常常溢满着甜蜜。

程万青

> 请谨记美国投资大师凯利的投资名言：我们见过敌人，那就是我们自己。

他，一个曾经的"股市乞儿"，在漫漫长夜的艰难爬行与探索中，以超人的智慧博弈在股市的心理海洋中。他以心理学、哲学、数学、物理学、兵法为基础，运用自己独创的、以技术心理学为核心的炒股模式，自 2005 年年底至 2016 年的 10 年间，创造出 2000 倍的辉煌战绩，令人瞠目。本文揭示的正是他从"奴隶"到"将军"，创造千倍伟绩的秘密——

投资简历
RESUME

姓名 Full name

程万青，1974 年 8 月生，湖南长沙人，大学文化。

入市时间 Stock Market entry time

1998 年。

投资风格 Investment style

擅长从本质上去分析股票市场的各种现象，从心理学的角度入手进行反市场操作，短线攻击，出奇制胜！

投资感悟 Investment insights

股票市场的本质在于心理的较量与博弈，操作成功与否的关键是出于内心，而绝非外求。

第5章
千倍之谜

记湖南汉天资产管理有限公司董事长程万青在股市中运用独创的技术心理学盈利模式，10年间创造千倍辉煌业绩的传奇

引子：无法抹去的梦想

那天，股市大涨。

在长沙市湖南证券营业部散户大厅里，柜台上唯一一台显示股市行情的电脑，早已被围了个水泄不通。前面的人不愿意走，后面的人不断地往前面涌。人海中呼喊声，尖叫声，嘈杂一片。

这时，只见一个20多岁的瘦小伙，想凑到电脑跟前查看一下自己买的股票，拼命地硬往里挤。但无奈，他个头太小，瘦弱的身板，哪经得住潮水般人流的"折腾"，挤进一步，又被推得倒退两步，弄得汗流浃背，到头来，还是怎么也不能"入围"。

"嗨，小程，跟我走！"正在这位小伙欲罢不能，还想往里挤的时候，一个大个子年轻人把挤夹在人缝中的他，一把拽了出来。

"去哪？"小伙子见从人堆里拽他出来的是自己一位要好的朋友，

问他。

"帮你找电脑看行情。我有一个朋友在中户室，我带你去他那儿瞧瞧。"

小伙子跟着朋友迅即来到二楼的中户室区。大个子朋友早已跟把门的保安疏通好了 "关系"，他们便很 "顺利地" 进入了中户室。

"哇塞，一人一台电脑。你们真幸福呀！" 这是小伙子入市后第一次来到这种享受优厚待遇的地方，他惊喜，激动，甚至 "泡" 在那儿，再也不肯离开。

"怎么才能进中户室？" 他向朋友打听。

"账户得有 10 万元资金。"

小伙子一听，愣怔了一下，有些失望。当时，他连 1 万块钱都没有。

那夜，他失眠了：营业大厅拥挤的人潮，自己大汗淋淋也挤不到跟前的情景，一直在心头呈现，怎么也抹不去。"10 万块钱，何时才能有啊？！"

但他太爱股市了。他咬咬牙，暗暗发誓：一定好好赚钱，争取有一天也坐进中户室，拥有一台电脑炒股票，也好好爽一把！

那年是 1998 年。这一黄金梦想，是刚拿 3000 元开户入市不久的他，对未来的一种憧憬。

时隔 17 年后的 2015 年冬，当应邀出席长沙证券学会年会并为新书举行首发式时，经学会会长欧阳凯的介绍，我结识了当年那个 "立誓要进中户室" 的 24 岁毛头小伙——程万青，并得知他如今已是湖南赫赫有名的 "汉天资产" 的掌门人。

晚餐相聚时，程万青坐在我的邻座。聊起当年那件往事，他仍是激情满怀。席间，他还向我悄悄透露当年除了发誓要进中户室，拥有一台炒股电脑外，还许下了两个愿望：一个是将来要买一辆桑塔纳那样的小轿车；另一个梦想则是租一间房子，能付得起每月的房租费，买台电脑安静地在家炒股，再也不用到证券公司的人堆里挤，去受那份罪了，如果能那样，该有多好！

一时，我被他的质朴和真诚深深地打动了。望着他瘦小的身子，我真难想象，他的心胸竟会是如此强大，包容了 17 年的股市风雨，从一个"股市的乞儿"到如今成为管理庞大资金的基金公司董事长，期间，该有多少传奇？又该有多少不为人知的故事？

我渴望有一天能采访他。

会后一别，数月过去了。2016 年夏天，当为实现读者多年的企盼，时隔 6 年后，决意挖掘采访《民间股神》近几年涌现出的杰出新人时，我再次记起了心中的那份"牵挂"，又一次想起了那个当年发誓赚钱要坐进"中户室"、对股市有着万般爱意的湖南小伙程万青。

我起程飞抵长沙。程万青开着他的"路虎"，特意带我到他那栋位于湘江边的别墅，做了一桌丰盛地道的湘菜招待我。

是夜，我登临他别墅的四层楼上"观景"：远看，滚滚北去的湘江，汇纳着万家灯火；近看，绿荫掩映的庭院里，停放着两辆比当年程万青梦想中的桑塔纳要豪华许多的轿车：一辆路虎，一辆宝马。室内，我和他面对一溜排的电脑，敞开心扉聊着他那难以忘怀的 18 年的传奇经历。

下雨了，雨绵绵的，柔柔的，飘洒在潇湘大地，滴落在程万青别墅庭院中那翠绿的柚子树叶上。淅沥沥，滴答答，似在向人们细细地诉说那个怀揣梦想的执着小伙，从 18 年前的那个"股市乞儿"，是如何经历常人难以忍受的磨难，最终跨越梦想，撑起了"汉天资产"这片天的。

他，是那么普通，那么平凡。但是，在那默默的岁月里，那于无声处发出的"惊雷"，也一定会让你激荡心扉，为之震撼的！

漫长的"横盘期"

> » 漫漫长夜，他经受了太多的磨难，在长达 7 年的"横盘期"，
> 他最终悟出了股海制胜最核心的秘诀……

在"地狱"中艰难爬行

做股票投资的，都知道股市里有一句著名的话：横有多长，竖有多高。说的是，一只股票在底部横盘的时间越长，将来涨升的空间就越大。

程万青的股市传奇人生也不例外。面对 18 年那波澜起伏的 K 线图，他感慨地说："我在股市的底部，盘整得真是太久太久了。从 1998 年 3000 元入市，7 年的时间，涨涨跌跌，赚赚赔赔，到 2005 年年底牛市到来前，我的账户里只有区区几万元哪。"

的确，在股海艰难的博弈中，程万青经历了所有"小散"所经历过的一切。赚过，赔过，痛苦过，悲伤过，也快乐过，但更多的是在这条充满坎坷的投资路上，经受那种炼狱般的磨难。

大学毕业后，学企业管理的他揣着自己的梦想南下广东打工，后又返回长沙到广告公司创业，都不顺利，"办事处处求人"的感觉，对于不善交际的他来说，十分"不习惯"。有一天，他到银行去看他的一个朋友，那位朋友是 1996 年那波牛市中入市的，从股市捞了重重一桶金。交谈中，朋友建议程万青到股市里闯一闯："那里不求人，还能赚大钱。"当时，那位朋友还乐呵呵地打开账户给程万青看自己买的厦新电子，已连涨三个涨停板了。程万青看着朋友得意兴奋的样子，心动了。第二天，就拿出自己 3000 元积蓄，跟着朋友到湖南证券开了户，从此开始了自己的股海投资生涯。

当时，尽管他的钱不多，只能 100 股、100 股地买，但他的运气

还真不错，首次买进的深宝安（000009，现名：中国宝安）和蓝田股份（400027，现名：生态5）两只股票都涨了不少，让他第一次尝到了"轻松赚钱"的甜头。

但是好景不长，1998年大盘从6月份就开始了下跌，程万青此后买的股票连续出现了亏损。尤为让他痛心疾首的是，他最看中的湖南家乡的一只旅游股张家界（000430），买进以后也没逃脱下跌的命运，一根根阴线耸立盘中，似一把尖刀刺痛着他的心。1998年的8月17日，大盘以几乎全部跌停的方式暴跌。第二天，上证指数被砸到了1043的低点，这是程万青入市后第一次遭遇到的股市暴跌。他恐慌极了。当时，他望着暴跌的大盘，眼看手中持有的张家界马上就要跌停时，实在受不了，便忍痛割肉出局。

但让他没想到的是，他抛出后，仅仅只过了一天，即1998年8月19日，张家界就"噌噌噌"地直往上涨，股价一口气从最低的7.00元钱涨到了18.00元。见此，程万青傻眼了。被一匹黑马狠狠地从背上摔了下来，恼恨、无奈、愤怒充塞着他的胸膛。

市场的无情与残酷，给他上了一堂生动的课。程万青是个执着的小伙，他实在不甘心这样沉沦。他决意要"复仇"。

半年后，如火如荼的"5·19"行情给了他机会和希望。看到盘面上每天蹿出那么多的黑马股，他兴奋极了。但他总是把握不住，不是追涨杀跌，就是捡了芝麻丢了西瓜，常常与黑马擦肩而过。一轮行情下来，所得无几。

就这样，踌躇满志的程万青在成长的初期，一直长久地在失意痛苦中煎熬着。

兵败"银山"，陷入"谷底"

采访中，谈及自己在股市从"奴隶"到"将军"的历程，程万青总会说到他 2002 年兵败 "银山"，受到 "重创" 的事儿。10 多年过去了，这件事仍深深地刻在他心里，让他永不能忘。

那是他在股票市场中的第一次 "下赌"，也是他被抛入股市悬崖深谷的 "黑色一幕"。同样地，它更是程万青此后成熟成长的一个重要 "基石"。

程万青清楚记得：2002 年的 1 月，在长期底部 "横盘" 中已有不少长进的他，选股有了一定的眼光。当时，他看到具有重组题材的 PT 白猫连续拉出十几个涨停板后，又来了几个跌停，便敏锐地预测到这只白猫一定还会再度 "起舞"。于是，他以 10.00 元的平均价重仓逢低介入。果然，"白猫" 没有辜负他，重组上市后连拉数个涨停，很快股价最高就飙升到了 24.33 元。程万青在 21.00 元至 22.00 元之间悉数抛出，获得了一倍多的丰厚利润。

那会儿，市场正兴起炒 "垃圾股"。在 "白猫" 身上打了大胜仗后，程万青又看好一只同样具有重组预期的 *ST 银山（000675）。就在该股停牌 "关门" 前，他想都没怎么想，就大着胆子 "勇敢" 地重仓介入。他相信这只股一定也会 "乌鸡变凤凰，鸡毛飞上天"。这是他入市后第一次重重地押的一个 "注"。他要 "赌一把"！就连做梦他都在想，若 "银山" 也能像炒 "白猫" 那样，再来一个翻番，这样，自己不就一下子坐进中户室了？！

他太期待了，也太自信了。买进后的那段时间，他 "关" 在 "银山" 里，煎熬着，企盼着。一天，两天；一个月，两个月，程万青日夜关注查询 *ST 银山的复牌消息。

然而，股市的成功无法简单地复制。当最终 *ST 银山宣告重组失败退市时，程万青懵了，他实在没料到，"银山" 给他的，不再是他内心盼望许久的那白花花的 "银子"，而是无情的苦果。不久前，他赢得了白猫的翩翩起舞；现在，他却没能逃过 *ST 银山带给他的一大劫难。"我失败了。赌注下得太重，输得太惨。" 在失利面前，程万青悲伤的泪水禁不住往下流，情绪低落到了极点……

痛定思痛，"戒心"两字永远不能忘

投资遭遇惨败的程万青，那段日子把自己关在屋里，茶不思，觉不睡。他在不断地反省着：自己的操作究竟错在了哪？兵败 *ST 银山的根源又在何处？

他弄不明白。最后，他走出家门，跑到新华书店，想从书中寻找答案。那些天，他从早到晚泡在书店里，读了许多股票经典书籍。尤其是他崇拜的索罗斯的有关书籍，他一遍遍地苦读，并记了大量的笔记。有一天，当程万青读到索罗斯的投资名言中的这样两句话："一旦你把成功视为理所当然，戒心就会降低。等碰到问题时，你会静坐不动，你知道自己很成功，总是会设法摆脱困难。到了这个地步，你就已经丧失摆脱困难的潜质了。""投资家永远不要过分自信。"他仔细反复地揣摩着其中的含义。顿时，他的心扉似开了一扇窗，一下子明亮了：原来，问题的根源，出在了自己失去了"戒心"！

"股票市场陷阱很多，风险很大，搞投资一定要时刻保持一种戒心。有一句话说得非常好：'股市是在忧虑中攀升！赚钱要在谨慎中赚钱！'"采访中，程万青回忆着当年惨重的失败教训，对我说："当年，我之所以兵败 *ST 银山，根本原因是自己太过自信。只想到它也会像 PT 白猫那样重组成功，便盲目地买入，根本没想过它会下跌，重组会失败，更没想到它竟然会退市。对市场缺乏了戒备之心，哪有不败的道理呢？如今，10 多年过去了，我仍忘不掉那次深刻的教训。现在，要说我从奴隶到将军最成功的秘诀是什么？我会毫不犹豫地回答说：是'戒心'！有了戒心，你就不会受主力的诱骗而去追高；有了戒心，在买股票时你就会谨慎地逢低介入；有了戒心，在赚钱时或出现问题时，你便能果断及时地离场，保住胜利果实，回避不应有的损失。"

10 年 2000 倍的心路历程

> » 走过黑夜，迎来灿烂明天。自 2006 年至 2016 年的 10 年间，
> 他凭借超人的智慧、独特的盈利模式和精湛的超短线技艺，创
> 下了 10 年翻 2000 倍、少有人比拟的惊人业绩，在中国证券史
> 上留下了光彩的一笔。

在经历长达 7 年的"底部横盘期"后，程万青终于迎来他股市人
生最为绚丽的岁月。采访中，他回顾着伴随中国股市风雨，从 2005
年年底以几万元起步，走过的那一步步平凡而又耐人寻味的 10 年心
路历程——

2005 年年底：挑战新生事物，在"权证"中赚取 3 倍利润

权证是当时涌现出来的"新事物"。程万青喜欢挑战新的事物，在
操作权证中，他反复磨砺自己超短线的"利剑"，并迅速获利，赚取了
3 倍利润。当后来有更多人开始被权证这个新的赚钱品种所诱惑蜂拥而
来时，他意识到了风险所在，断然撤退。结果和他预料的一样，权证让
很多人血本无归。

2006 年至 2007 年：
抓住"天时（大势）地利（选股）"，一飞冲天

在这两年波澜壮阔的大牛市中，程万青收获颇多。除了买了车，买了房，年底还保有 20 倍的利润。回想起来，2006 年一开始，他就在仔细洞察这个市场，觉得这个市场的格局和以前不一样了。市场经历了从 2001 年至 2005 年 5 年左右的熊市，当初和他一起在营业部散户大厅里看着大屏幕讨论股市行情的"战友"们都不见了。2006 年新年，营业部请客户聚餐时，程万青对营业部的员工开玩笑说，五年下来，战壕里只剩下他了。心里酸酸的，不是滋味。这苦苦数年的坚持，在 2006 年终于为他迎来了希望和收获。

市场格局最大的变化是：以前炒垃圾股的现象减少，取而代之的是以绩优股为代表的价值回归为主题的行情。程万青仔细地分析了 1996 年牛市的特点，当时是以四川长虹和深发展为代表的绩优股带领整个市场走出的一波牛市。于是，他当时就得出一个结论：以绩优股为主题的行情是一波真正的价值回归型的大牛市。

那时，程万青天天盯着市场，抓了一大把绩优蓝筹股放在自选股里天天盯着，发现很多个股在底部潜伏了漫长的时间之后，构筑了一个巨大的潜伏底，他暗暗地下了决心：一旦这些股票从底部冒头走出来，就马上出击。因为他不会在庄家吸筹的时候进去和庄家耗时间比耐心，吸筹之后的主力会反复打压洗盘，那样会影响他的心态。

当时，程万青重点关注了泸州老窖（000568）、驰宏锌锗（600497）、泛海建设（000046，现名：泛海控股）、浦发银行（600000）。这几只股票分别代表食品、有色、地产和金融的龙头。泸州老窖 2005 年 12 月就走出了底部横盘区域，稍稍强势横盘整理后，在 2006 年 2 月就展开了一波大行情，股价从 4 元多最高涨到了 76.00 元。驰宏锌锗也是这个时期启动行情，浦发银行则是 2006 年 10 月份开始发动一波大的行情。应

该说，这几只绩优股都是他资金迅速翻倍的主要"功臣"。

2006 年至 2007 年发动的行情，是中国股市最具有"天时"的牛市。不仅行情走得高，走得稳，而且是股改年，大股东还通过股改向广大投资者发红包。这时候，只要买股票都是大丰收。然而令人不解的是，从行情的初期开始，程万青见到很多股民看到自己套牢长达 5 年之久的股票解套之后，就开心地马上卖出股票。随后，当这些股票一路飙升时，他们又不敢追高，只能懊悔不已。这证明他的一大观点：被套的股票不赚钱。

当时，程万青对这轮行情顶点的预测是至少至 2007 年春季之后。他对牛市时间跨度的总结是：**每一轮真正的牛市，至少经历两个春季行情。**所以，他不担心 2007 年春季前市场会有多大的变化。到 2007 年 5 月份，他开始对市场有所警惕，他出来了一半资金，并买了一套房子和一部车子。当时有一种心满意足的感觉。后来，果然爆发了"5·30"的一次大调整。到 2007 年 7 月份行情跌不下去了，他当时就断定市场还有最后一波。看到鹏博士（600804）调整到位，7 月 23 日他就杀进去做了一波，在 9 月份离场。市场在经历了 4 次大涨和 3 次大跌的调整之后，接下来的调整，他认为是本轮牛市行情结束的标志。在所有人对上证指数过分乐观在喊 10000 点的时候，他又让自己保持高度的警戒，提早离场了。

2008 年：不亏为赚，度过暴跌

《孙子兵法》曰："昔之善战者，先为不可胜，以待敌之可胜；不可胜在己，可胜在敌。故善战者能为不可胜，不能使敌之必可胜。故曰：胜可知，而不可为。不可胜者，守也；可胜者，攻也。"这句话的意思就是说：以前善于用兵作战的人，总是首先创造自己不可战胜的条件，并等待可以战胜敌人的机会。使自己不被战胜，其主动权掌握在自己手中；敌人能否被战胜，在于敌人是否给我们可乘之机。所以，善于作战的人，只能够使自己不被战胜，而不能使敌人一定会被我军战胜。所以说，胜利可以预见，却不能强求。

2008 年的股市行情的操作要点正是如此。程万青应对市场的方案是：隐忍待时，伺机而动，灵活应对，短线为王。他一直静静等待大幅下跌之后的反弹机会。他分别在 2008 年 4 月 23 日出击综艺股份（600770），在 2008 年 6 月 24 日出击中视股份（600088）和新农开发（600359）。他认为，大跌之后可抢的反弹一定是 "V" 形反转，一定要反弹得快。一旦反弹无力，停滞不前马上出货离场。熊市的下跌与牛市的上涨同样是出其不意的。2008 年的暴跌，谁也没有料到从 6124 点跌到 1664 点，真让人大跌眼镜，惨不忍睹。他按原则操作，逃过了大跌，让账户仍然保持了盈利。

2009 年：大级别反弹行情中再创辉煌

江恩说过："市场条件及时间经常转变，投资者必须学会跟随市况转变。"市场总是物极必反，大跌之后必会迎来大的反弹。2009 年的中级反弹行情其实从 2008 年年底就已开始。面对新的局势，程万青经过反复考虑，并根据他崇拜的拿破仑的作战名言："战争的要领，即是防御时应极度谨慎，而攻击时应大胆而且行动迅速，让敌人无力招架。"他制定了一套新的作战方案，以应对这轮新的行情。当时，他制定的方案是：灵活迅速、精确打击、有理有节、进退自如。

2009 年行情最大的特点是：振荡向上，走得不急不慢，扎扎实实。尤其是上半年，大盘稳步攀升，赚钱机会非常多。当时，程万青紧盯盘面上主力入驻的一批强势股，如中天城投（000540，现名：中天金融）、银河动力（000519，现名：中兵红箭）、金风科技（002202）、莱茵生物（002166），反复波段操作，不断寻找机会逢低买入，又逢高卖出，做到上涨时保持谨慎，下跌时大胆买入，不断地积小胜为大胜。这一年，是他入市以来做得最畅快淋漓的一年，中短线的大量买卖机会让他整天忙碌不停，而极高的胜算率，让他在 2009 年完成了又一次飞跃。

2010 年至 2012 年：太极操盘，游刃有余

2009 年的反弹只是对 2008 年大跌的一个回击，但市场毕竟还在空头能量主导的趋势之中，真正要让空头得到完全的消耗，需要一个漫长的过程，而只有空头完全消耗之后才会产生新一轮行情。

中国股市的特点是 10 年才有一轮牛市，牛市的时间持续不长，大部分时间是筑底的振荡行情。所以，中国股市有"牛短熊长"之说。中国的股民面对的不仅仅是牛市怎么赚钱的问题，更大的问题是怎么度过熊市和"猴市"（程万青把横盘振荡为特征的行情叫"猴市"）。

程万青曾看过许多股票操作书籍，讲的都是怎么"抓牛股"的战法，大部分说的也是牛市的操作之道，却忽略了中国股市大部分时间都是"猴市"的特征，也少有这方面的内容。之前，他对 2008 年熊市的操作方法定为：长时间持币、静待机会、闪电出击、迅速撤退。那么，在"猴市"里又该怎么做呢？他发明了一套理论，叫"以技术心理学为基础的太极操盘法"。太极的精髓是以柔克刚，以静制动，阴阳平衡，虚实相应。用了这套方法之后，他突然觉得在市场上操作起来游刃有余了。虽然这套方法是他研究出来应对振荡市的，但它完全也可以应用于所有的市道之中。其实，如果缩小来看，中国股市这么多年就是一个大的振荡走势。

有了这套方法之后，选股反而不是最重要的了。因为只要避开大跌的股票，其他所有走势类型的股票都能赚钱。在 2010 年，程万青也发现并错过了一些大牛股，如江特电机（002176）、精功科技（002006）。他专心实践他的太极操盘战法，常常买入很多只股票，来回操作。他每

次买入一只股票，赚取的利润一般为 3% ~ 5%，但在盘整期的大量的操作机会，让他充实忙碌、游刃有余。他虽然单次收益不高，但积累效益胜过长期持有大牛股。

2013 年至 2015 年：抓住主题投资机会，迎战创业板牛市行情

创业板的第一只股票特锐德（300001）于 2009 年 10 月 30 日开始上市，到 2010 年 6 月 1 日开始有了创业板指数。当时，所有人都欢欣鼓舞，认为中国从此会诞生一个"纳斯达克"。然而，市场走势永远与大众预期相反，创业板上市之后，一沉寂就是两三年。当所有人开始不抱希望的时候，2013 年，创业板牛市的序幕终于拉开了。对整个市场来说，这轮行情最大的特点是以主题投资为主导的结构化行情。

市场总是出其不意的。2013 年突然发动网络游戏、传媒娱乐为主题的行情，而且一开始就节节上涨，让人猝不及防。程万青虽然及时发现，也只是匆匆应战。当时市场呈现"冰火两重天"的景象，有些股票根本不动，而主力资金一拥而入地杀进主题板块，使这个板块一飞冲天。他急忙调集资金去追赶主力部队。虽然他的投资风格是逢低买入而不是追高，但当市场主题已展开，热点板块正被强风吹起，尽管个股已经冲上去了一个台阶，但他知道，只要大家还在后悔，还在犹豫不敢追的时候，就还是有可以买入的机会。他选了一大把股票，如龙头股掌趣科技（300315）、中青宝（300052）、朗玛信息（300288）、人民网（603000）、华谊兄弟（300027）等，迅速进行配置。

接下来，这些主题的板块个股，带领整个创业板强劲飙升，许多与此相关的个股也大幅上涨。许多股民看着这些个股狂涨不敢追，手里捧着的蓝筹股又不涨，真是心急如焚。少数手中持有热门股的朋友也是战战兢兢。因为这些黑马可厉害了，要想不被甩下来真难。几次下跌洗盘

几乎都打到了跌停。

程万青按自己的原则做，只要主题热点还在，他会在每次下跌的时候果断买入。他考虑到，板块炒作还不到顶峰，就像果子没成熟不会掉下树一样，只要趋势在，那么每次下跌都是买入机会。中青宝当时就有7次这样的震仓，每次买入都能让他迅速获利。他也不贪心，每次连续上涨5天之后就会抛出一部分。他喜欢这种有节奏、带"动感"的买卖，也很享受这种操作过程。这是胆量和谨慎的结合。

程万青有一个原则："不在底部买，就不在顶部卖。"他一开始就是追赶入局，宁愿早点离开，把顶部的利润留给他人。当手中的个股经过几个主升浪之后，他在2013年9月份就基本上撤退了。当时他看到好几个朋友在90多元左右疯抢人民网，都说要到100元之上，而这时他正悄然转移了注意力，因为他知道这些牛股力气已用尽，要休息了。接下来这段时间，一方面，他打起了"太极"，寻找一些个股的振荡买卖机会，进行短线操作；另一方面，他密切关注市场，寻找新的热点。

当时，这波以掌趣科技和中青宝为代表的网络游戏开始的主题炒作行情的兴起，可说是"摧枯拉朽"的。它一直延伸到传媒娱乐、互联网，把创业板从2012年最低585点拉升到了2013年10月10日创下的1423点的高点后才开始调整。

程万青紧盯盘面，寻找一切热点可能转换的因素。曹操《孙子注》有句话："临敌变化，不可先传；料敌在心，察机在目。"功夫不负有心人，在2014年10月底，他突然发现有些新股票行情在启动。最具代表性的股票是当时的中国南车、中国北车，也就是现在的中国中车（601766）。

程万青分析了一下，觉得这个板块分量不小，主力一开始投入的资金也不少，成为下一个热点主题的可能性很大。于是，他马上转变方向，配置了一带一路的一些股票。《龙韬·军势篇》曰："势因于敌家之动，变生于两阵之间，奇正发于无穷之源。"果然不出所料，市场变化来得很快，再次来了个出其不意。就在以网络传媒为代表的创业板股票

回调之际，大资金突然转移了战场，转到以铁路、基建为代表的一带一
路板块。由于布局早，他既避开了创业板的回调，又捕捉到了一个新的
主题热点，收获颇丰。

2015 年 5 月 ~ 2016 年年底：
战略大转移，期货市场再创辉煌，实现近 5 倍利润

当市场到了 2015 年春季的时候，出现了创业板和以一带一路为代
表的大蓝筹联袂上涨的局势。程万青当时心里"咯噔"了一下，觉得
市场"太热了"。虽然内心有所警惕，但市场上涨正酣的时候，他并没
有全部撤退，只是抽出一部分资金去期货市场，心想一旦市场有问题，
马上用股指期货对冲。

当 2015 年 6 月大跌的时候，程万青就开始反省自己当初撤退转移
的步子太小。没想到这轮由杠杆撑起来的牛市如此虚弱，市场根本没来
得及形成一个正常的顶部形态，就"哗啦啦"地掉下来，而且下跌时缺
乏流动性，根本无法正常交易。他看到大批的股票一开盘就一下子跌
停，大量股民和机构因为资金杠杆太高而被迫平仓。于是，互相踩踏造
成的连锁效应，使市场连续暴跌。这对他这个有十几年股龄的人来说，
也还是第一次遇到。

第一波下跌程万青就损失了不小，幸亏他提前缩小了杠杆并调了部
分资金去做期货。原来他只是想用股指期货对冲股市下跌，后来，他发
现市场行情不对，既然股市恶性下跌序幕已经拉开，他没理由再持有股
票。《吴子·治兵篇》："用兵之害，犹豫最大，三军之灾，生于狐疑。"
于是，他毫不犹豫继续分批卖出股票，把资金和注意力集中到期货上。

程万青尝试用他在股市的技术方法来操作期货。运用能量转换法
则和太极操盘理论，在 2015 年 6 月 29 日，他逢低买入股指期货，第二

天大涨 8% 时卖掉。然后，又在 2015 年 7 月 9 日早盘，他再次买入股指期货，结果第二天股指期货涨停报收，让他喜出望外。这是他做股指期货单次获利最多的一次。后来他又做了几次短线，发现自己的方法在期货市场一样得心应手。他对朋友们开玩笑说，市场下跌时他是做多"救市"赚的钱（据期货网私募排行榜报道：汉天资产账户自 2015 年 5 月 18 日在七禾网私募排行榜注册并开始交易，截至 2016 年 3 月 23 日，交易周期为 309 天，盈利接近 300%，见图 5.1）。

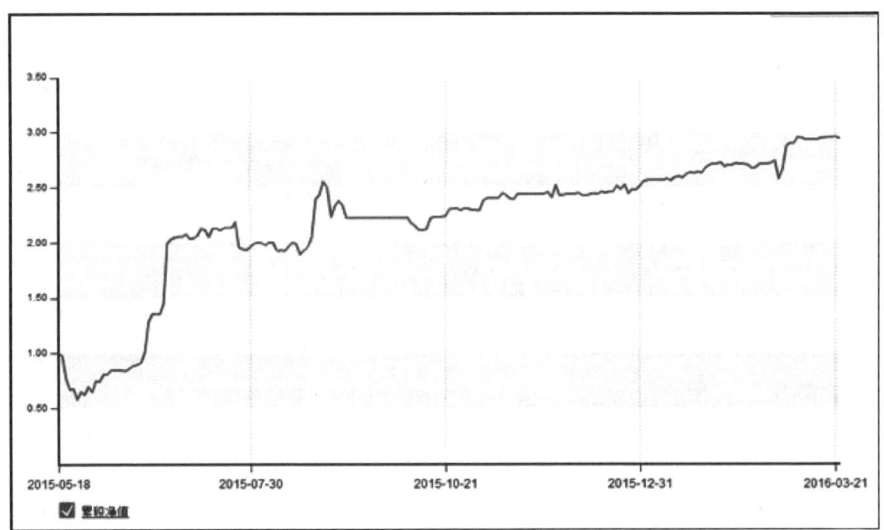

图 5.1　汉天资产累积净值曲线图（2015 年 5 月～ 2016 年 3 月）

到 2015 年 9 月股指期货被限制之后，程万青干脆休息了几个月，然后又开始转战商品市场。

孙子曰："兵者，国之大事。死生之地，存亡之道，不可不察也。"期货市场是一个战争更加激烈、战斗更加残酷、多空心理博弈更强的市场。程万青是从有股指期货的那一天开始就有了期货账户，并进入期货市场的。一开始，他只是想用股指期货来做对冲。刚刚进入期货市场的第一年，他就因为两次仓位太重，经历了惊心动魄的波动，感知到期货巨大的风险所在。他发现，期货高杠杆交易是其存在高风险的根本原因。因此，他的结论是不会做风控的人不适宜在这个市场生存。孙子曰："不尽知用兵之害者，则不能尽知用兵之利也。"

2016 年一开始，证券市场就经历了两个下跌熔断。之后，整个市场开始出现流动性不足的问题。于是，程万青集中精力做商品期货。他当时主要选了两个品种。一是铁矿石。他是在 2016 年 1 月 13 日以 302.00 元 / 吨的主力合约价格买入，可惜第一波上涨时他就走了，后来主力合约狂涨到 502 元 / 吨，但他也不后悔。随后，2016 年 4 月 11 日他又买了豆粕，当时猪肉涨价，他认为做饲料的豆粕也必涨。这次他从 2350 元 / 吨一直持有到 2950 元 / 吨才平仓卖掉。紧接着，他把大量的精力集中在期货市场，做了多个品种的短线交易，而且一般不会随便出手，只有等到极佳机会时才会进场。这样一直到 2016 年年底，虽然他一直采取轻仓交易，而且交易也没有过分频繁，一年多的时间里仍然获得累计 500% 的收益（见图 5.2）。

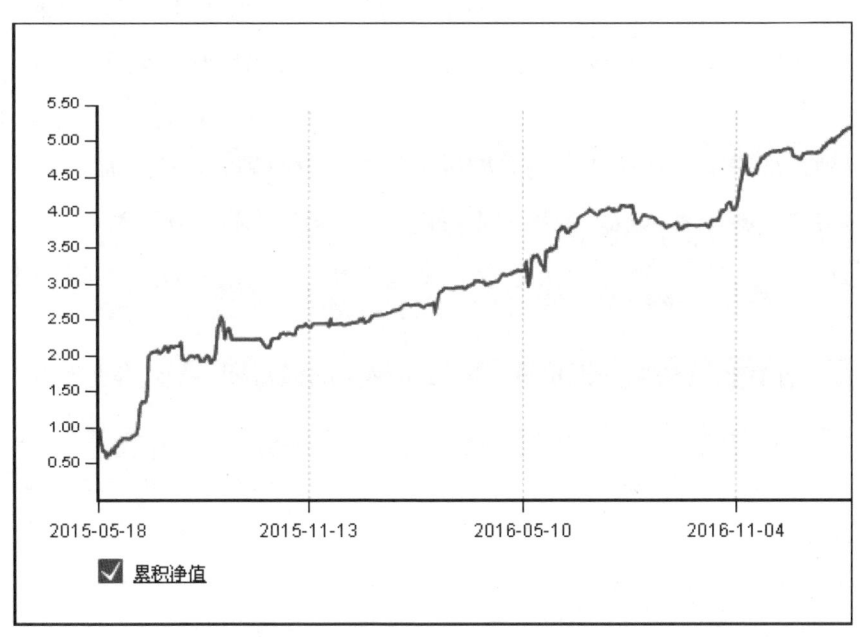

图 5.2　汉天资产累积净值曲线图（2015 年 5 月 ~ 2016 年 11 月）

程万青买卖期货的手法几乎都是操作股票的那一套，主要是太极操盘法和技术心理学，是他在股票市场和期货市场获得双收益的重要原因。

在探索中寻觅制胜"真谛"

> » 怎样才能从股市的低谷和漫漫黑夜中顺利地走出？在18年的股市风雨中，他苦苦求索寻觅着制胜的"真谛"。在重重迷雾中，"心理博弈"为他点亮了心头疑惑许久的那盏灯。

每一个成功者都有一套自己的"招法"，一套制胜的"独门暗器"。在采访中，我在不断地思考着，寻找着，力图破解程万青实现千倍的秘密。在贴身专访的日子，我看到他白天晚上既做股票又炒期货，深切地感到，他是一个在股票市场和期货市场都"过得硬"的双料顶尖高手。这对一个实战者来说，是极为难得的。在2016年端午节相聚时，方正期货和方正证券的老总向我齐夸，他是湖南多年来少有的投资奇才。我也有同感。

"你在投资初期挫折重重，经历了漫长的横盘期，最终是怎么突围的呢？"采访中，我问程万青。

"一个人要想摆脱困境走向成功，关键是一定要寻找和创建自己独特的盈利模式。"程万青回答说。

"在7年的横盘期中，你也是这样？"

"是的。"

"那么，你制胜股票市场和期货市场靠的是怎样的一个盈利模式呢？"

"技术心理学。"程万青回答道，"它是我盈利模式的一个核心。也是我股票操作系统的一个重要基础。"

"噢，技术心理学，好新鲜的一个盈利模式。你是怎样研究和找到这样的盈利模式的？"

"这是我入市 18 年来苦苦寻找的结果。我是以心理学、哲学、数学、物理学、兵法以及对人性深入研究为基础，从本质上去分析股票市场各种现象，最终才创建出以技术心理学为核心的炒股模式的。"

"能谈谈你寻找和建立这一模式的过程和它的核心内容吗？"

"可以。"接着，程万青向我袒露他探索和建立自己独特的盈利模式的过程——

中国股市的心理博弈

程万青是从股市中的一个"小散"一步一步成长起来的。"记得 1998 年入市时，一开始，我就和广大散户投资者一起，坐在营业部大厅看着大屏幕，手里捧着证券报刊。随着大屏幕上红红绿绿股价的变化，时不时传来股民朋友们的尖叫声，有的欢呼雀跃，有的懊恼指责，有的垂头丧气，有的沉默不语。"程万青说。

当股市上涨时，程万青记得当时好多股民朋友去挤营业部的一台电脑，人声鼎沸。只听许多人大呼："上去了，赶紧买！"那些下单的机子一下就占满了，很多人还不停地催着喊着："快点呀，错过了我就买不进了！"

而下跌的时候，情形就不一样了。程万青清楚地记得他经历的第一次大跌，是 1998 年 8 月。当时大屏幕上绿油油一片，散户大厅几乎所有人都唉声叹气，都争抢着卖出股票。当时他也是惊恐到极致，这种恐慌不仅仅是股票下跌造成，更多的是受周围恐慌的情绪影响。当时，他就是在这种非常慌乱、恐怖的气氛中卖出了随后翻倍的张家界。说实在的，那时，在恐惧中，他自己也完全忘了当初买入的理由，一切行为都被市场的情绪操控了。

后来，程万青对自己的买卖行为进行了深刻反省。他发现，每次恐惧卖出的股票都在低位，随后上涨的概率很大；而每次情绪乐观时买入的股票，常常又买在顶部区域。对于当时执着地追求技术分析方法的他，第一次开始感受到了股票市场投资者情绪和股票市场价格变化息息相关。他沉思：到底是股票市场影响了情绪，还是情绪影响了股票市场呢？从这个时候，他就开始关注和研究起了投资的心理情绪与市场的关系。

那段时间，程万青放弃了一些其他工作，全身心地研究学习。他记得那时候，他坐在图书馆，每天抱书狂阅，几乎把图书馆里当时所有与股市有关的书都看了一遍，记录了大量国内外投资大师的操作思想和名言警句。其中世界著名的投资大师巴菲特和索罗斯对市场的深刻论述，对他的影响尤为重大。巴菲特说："我们只是在别人狂热与贪心时候保持谨慎的态度，唯有在所有人都小心谨慎与恐惧的时候，才会勇往直前。"索罗斯说："金融市场是不稳定的，混乱的，窍门就是领悟混乱，股市是基于心理而运作，并非基于逻辑。"

看到这些精辟的话语，程万青顿时恍然大悟：金融投资大师们是如此重视市场情绪，并以此为基础决定自己的买卖方向。再回顾一下自己在股市经历的成功与失败，最终让他清楚地看清了一点，那就是：股票市场是个心理博弈的战场。尤其是正在成长中容纳着亿万中小投资者的中国股市，更是一个庞大的心理海洋。每一根 K 线，每一次价格走势，每一次买和卖，无不反映和牵动着广大投资者的心理变化。说到底，人们身处股市，每时每刻，都浸染在股票市场这个心理的汪洋大海之中，分分秒秒都是在进行着那"惊涛骇浪"般的心理博弈。这，就是股市本质在心理上的体现。

不断探索，独创炒股盈利模式

认识到股市的本质在于心理的博弈后，程万青就开始实践反市场人气操作，这也是他的技术心理学盈利模式最初形成的一个雏形。

但是，反人气操作的前提是了解市场人气。这个过程，并不简单。刚开始，程万青会去营业部大厅里看投资者的反应，并概括为四个重点反应：

狂热：对应市场顶部区域。

恐惧：对应市场的底部区域。

后悔和犹豫：代表市场开始启动走强。

幻想与麻木：对应的是下跌的过程。

后来，觉得这样现场统计比较复杂和带有主观性，程万青就来了一个推理：既然情绪可以影响市场，那么市场也肯定能反映投资者的情绪。他为什么不直接从盘面上去判断市场情绪呢?

自从电脑普遍应用于投资买卖股票之后，股市技术图形对投资者的影响就更大了，最直接的表现就是影响投资者的心理情绪。程万青常常听到很多股民抱怨："卖了就涨，怎么就差我这一股！"难道主力真的就是为了吃他这几股吗? 当然不是。因为他卖出的是广大散户群体的共同的心理意愿。主力资金正是利用并制造一些技术形态来引导投资者的心理定位和情绪，以达到吸筹与出货的目的。

为此，程万青便把技术分析方法和市场情绪结合起来研究，形成他自己的一套理论，叫做"技术心理学"，以指导他的股市操作。

《黄帝阴符经》曰："绝利一源（注：心无二用），用师十倍；三返昼夜（注：上下往来无穷），用师万倍。"这些年，程万青专心致志地不断实践与总结，不断完善技术心理学理论并把它作为他股市操作理论体系的一个核心和所有操作方法的一个基础。

而在博弈的征途上，充满坎坷，有鲜花，有陷阱，真可谓"风雨交加""电闪雷鸣"。《孙子兵法》曰："兵者，诡道也。故能而示之不能，用而示之不用；近而示之远，远而示之近；利而诱之，乱而取之，……攻其不备，出其不意。此兵家之胜，不可先传也。"股市就是主力与散户心理博弈的战场。在这场战争中，我们不仅要了解主力的心理战法，更要熟谙大众群体也包括自己在内的心理变化。只有做到知己知彼，才能百战不殆。

神奇的"盈利模式"揭秘

> » 他为何能在跌宕起伏、艰难跋涉的博弈征途中，神奇般地创造出 10 年 2000 倍的佳绩？他独创的以"心理博弈"为基础的盈利模式，首次向人们披露了其中的奥妙……

股市心理博弈的理论基础

采访中，程万青说，他创建的以"心理博弈"为核心的盈利模式，并非"空穴来风"，而是在一定的理论基础上建立起来的。这一理念基础，就是来源于当下最为流行的行为金融学。

他说，行为金融学就是将心理学尤其是行为科学的理论融入金融学之中，是一门新兴的边缘学科。它通过微观个体行为以及产生这种行为的心理等动因来解释、研究和预测金融市场的发展。

行为金融学理论认为，证券市场价格并不只是由证券内在价值决定，还在很大程度上受到投资者主体行为的影响，即投资心理与行为对证券市场的价格具有重大影响。

这一理论从投资人的行为、心理特征来分析、解释资本市场某些变化原理和现象，比如为什么股价跌了反而卖出人多，买的人少，这是因为一种从众心理。大家总认为大多数人是对的，这是人而且也是许多动物固有的心理特征。再比如，投资界普遍存在一个现象，当一只股票跌幅超过10%时就不愿意卖出，这是因为人们有一种损失厌恶的心理特征，不愿意接受损失的事实。

行为金融学把人心和人的行为作为股市变化最基础最重要的因素加以研究。它认为股市变化在很多情况下不是纯客观的，而是与参与者的心理特征和行为特征有关，因此，股市在很大程度上是人性的反映。它发现、提出、总结人类有"羊群效应"和"从众心理"特征。那么，怎样克服心理缺陷，解决这些问题呢？程万青的解决之道是，把心理学融入股市技术分析方法之中，更直接地为其买卖做依据，从而使其能挣脱市场情绪的控制。

采访中，程万青说：市场情绪对市场的影响，最终会表现在盘面上，并反映到技术指标和技术形态之中。而所有的技术指标、技术形态都将反映市场投资者的心理情绪及其变化。

接着，他具体地介绍了这些年他把心理学融入技术分析方法中，分别对大众投资人和市场主力在博弈中的不同心理所做的研究——

对投资者的心理研究

对价格走势的情绪变化。在股票市场中，价格走势时刻牵动着投资者的"心弦"。价格的变化，分秒之间，最能显现投资者的心理变化。比如，股票走势中的技术指标向上突破时，投资者的心理会马上变得乐观起来，而技术指标向下破位的时候，投资者的情绪马上会变得悲观与恐慌。

市场上普遍流传的一个投资买股票的"心理五部曲"，形象具体地描述了投资者在股票上涨时的五种心理情绪的变化：

第一阶段是"苦涩"。即当投资者看好并选中了一只自己中意的股票，准备等它回调时买入。不料，这只股票并没有下跌，反而涨上去了。这时，投资者心里有种说不出的酸溜溜的又带点苦涩的感觉。

第二阶段是"失望"。随后，当这只股票又上涨的时候，投资者就开始有失望的感觉，后悔当初没能及时买进："我那时要是再多加几分钱哪怕多一毛钱买进就好了。"

第三阶段是"怨气"。接下来，怎么也想不到这只股票还在往上涨，投资者的情绪开始转为怨恨、生气。

第四阶段是"崩溃"。当这只股票第四天再次上涨时，投资者的情绪会变得疯狂，整个人的精神会被折磨得要崩溃一般。

第五阶段是"突变"。当股价继续飙升，上涨拉出第五根阳线时，投资者情绪会产生大转变，反而觉得这只股票本来就值这个价钱，同时认为还有继续上涨的可能，于是改变主意，在这个时候"勇敢"地买进。结果，他就被套牢在山顶"站岗放哨"。

同样，在股票下跌时，投资者的心理变化也有着"五部曲"：

下跌的第一阶段为"憧憬"。即投资者对股价的未来充满希望："涨高了，调一下，很正常，以后说不定还要创新高。"

下跌的第二阶段为"心理自我安慰"。这时候投资者会找很多理由来支持自己，认为股价下跌只是暂时的："我不会看走眼的，这么好的股票，它喘口气，还得上涨！"

下跌的第三阶段是"气愤"。认为自己的运气太差，尽摊上倒霉的事："人家都涨，就它跌跌不休，这破股，可害死我了！"

下跌的第四阶段是"麻木"。用人们的一句俗话说："死猪不怕开水烫"，任其下跌，不闻不问也不看："就这样了，只要它不退市，我就守着。哼，我就不信 10 年等不来个闰腊月！"

下跌的第五阶段为"恐惧"。这时投资者再也受不了了，无奈忍痛割肉出局，立马在"自选股"中删除"一切记忆"，了断对"她"的深深的"情丝"。

启发式思维与直觉预测偏差。对未来事件发生的可能性，人们常常根据该事件、类似事件或可类比事件在脑海中可获得性、印象深浅或想象中的可获得性来做判断。相比那些有关的、抽象的、有统计意义的信息，人们更看重一些直观的例子、特殊的情景、突出的事件。判断时，人们只是利用了留在脑海中的案例和场景，而忽略了其他相关的信息。另外，记忆中的可获得性也容易使人产生判断上的过分自信。比如，以天齐锂业（002466）为代表的锂电池板块在市场上风风火火产生了一波大牛行情，在 2015 年 11 月更是拉出了一波向上飙升的走势。就在大家羡慕不已的时候，网上报道了一则关于钒电池的信息，甚至有人鼓吹钒电池远远胜过锂电池。这时，突然冒出以 *ST 钒钛（000629）为代表的钒电池概念股，股价呈井喷式上涨。受到"天齐锂业"这面旗帜的影响，人们对钒电池概念股产生持续大行情充满联想，许多人在 *ST 钒钛上涨的过程中，自信满满地追进。当时，投资者只是心理上的联想，并没有找到支撑这种联想的可靠依据和更多的信息。主力正好利用投资者这种启发式定向思维，出其不意地拉高出货。结果，该股上涨 5 天拉了 4 个涨停板后，出人意料地一路下跌，把所有追高的人都套住了（见图 5.3、图 5.4）。

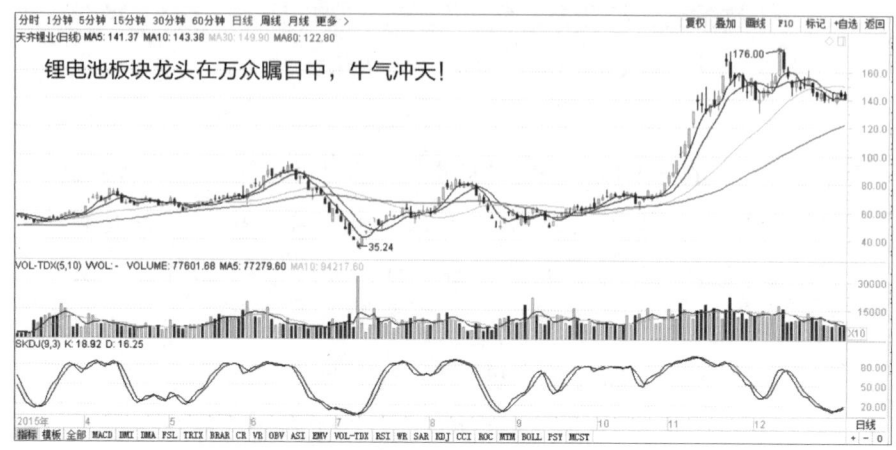

图 5.3　天齐锂业走势图

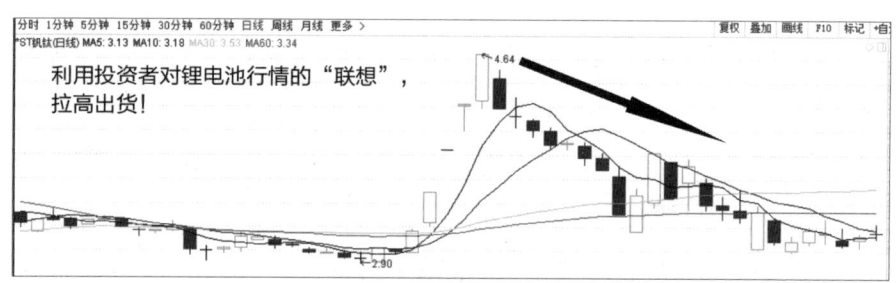

图 5.4　*ST 钒钛走势图

　　魔幻式思维和准魔幻式思维。这是人们进行归因时出现的偏差，它是指事件甲发生后，随之出现事件乙。当这种状况重新出现时，人们就会以为事件甲与事件乙有某种必然联系，或事件甲是事件乙发生的原因。尽管从逻辑上来看，事件甲与事件乙是完全无关的。

　　后悔心理和认知不一致效应。人们做出错误决定或做错事情时，即使是小错误，都会体验到后悔的痛苦。为避免这种痛苦，他们会改变，偏离原来更理性的行为。后悔心理理论有助于解释延迟卖出套牢股票、加快卖出已上涨股票的行为。

　　认知不一致是当新证据证明已有信念或假定是错误的，人们体验到的心理冲突，也是后悔和痛苦心理的一种。认知不一致效应会使人们更容易记住并支持原有信念的信息和证据，同时，有意无意避免不同的新信息和新理论，也更容易忽视、忘记那些相反的信息。比如，在牛市转熊时，任何下跌的声音，都会遭到股民的一致反对。

心理参照。在人们的决策行为中，已有信念往往是处理新信息的重要参照因素。当新信息与已有信念一致时，新信息会得到重视，已有信念也极大地被强化；当新信息与已有信念矛盾时，人们更多的则是轻视新信息的意义。

过分自信心理。过分自信的人在自我归因方面也存在偏差。当新出现的信息与其投资行为信息一致时，其自信心会极大地得到增强。但当新信息与其投资行为信息有矛盾时，其自信心并没有相应地得以削弱。即使投资失败了，他们也会将失败归因于一些外在因素。过分自信的人会过于看重与其目前信念一致的信息，并倾向于去收集相关证据，却轻易放弃那些不支持其信念的信息，尽管这些信息可能对其决策是至关重要的，或是其他投资者非常重视的。当新信息出现时，他们不会立即做出反应，相反是在等待，等待更多的确定信息，直至新的趋势建立，他们才重新关注被其忽视的新趋势的确定信息。

心理定势。心理定势是投资者由于习惯而形成的固定的心理模式。比如，在熊市的末期，大家习惯了在熊市里的操作模式，对任何上涨和看多的情况都表示怀疑。而在牛市的顶部，大家又都习惯了每次下跌都会很快上涨的模式，一旦真的下跌来临时，都失去了警觉。

心理定势包括经验定势和环境定势。经验定势是投资者在投资活动中，因经验因素形成的心理定势。环境定势即市场参与者依据一定的环境来参与市场操作。

心理能量。心理能量是促使人意识到自己的需求和主体性，驱使人采取适当行为的冲动、勇气、意志力及各种特征的情绪、感情等心理力量的展现。

如果说，股市是基于心理层面而运作，那么，投资者的买卖行为以及由此造成的市场波动，大多是冲动、恐惧以及其他各种情绪、感情等心理力量的表现。而心理能量的大小，则决定了投资者买卖的力道和市场波动的大小。从心理学角度分析，心理能量是能够聚集、消耗和转换的，这是技术心理学最直接的理论支持。

市场是大众心理能量的汇集。心理能量和物理学能量一样，有惯性原则、能量守恒定理、动量守恒定律等属性。比如，大跌之后股价迅速反弹，多空能量迅速转换，就像快速下落的球碰到地面后迅速反弹一样。

被压抑的一方聚集自己的能量，被释放的一方消耗自己的能量。比如，在股价下跌过快造成的恐慌中，实际上是空头能量短期迅速消耗，而多方能量因短期被快速压抑而导致多头瞬间增强，从而爆发反弹。

市场人气。市场人气与收益息息相关。情绪指数具有很强的预测性，当情绪指数高时则市场收益差；相反，情绪指数低时，则收益高。

《长线是金》这本书对美国股市多年情绪指数与收益的关联进行了统计。在这本书里，作者把情绪指数界定在 0 ~ 1。表 5.1 是情绪指标与收益情况的关系。

表 5.1 情绪指数与收益情况的关系

情绪指数	概率	收益			
		3 个月	6 个月	9 个月	12 个月
0.2 ~ 0.3	1.55%	18.52%	15.40%	22.79%	20.74%
0.3 ~ 0.4	11.3%	12.23%	13.87%	16.54%	15.81%
0.4 ~ 0.5	19.35%	16.85%	13.62%	12.07%	12.73%
0.5 ~ 0.6	27.9%	15.16%	14.06%	10.44%	8.82%
0.6 ~ 0.7	19.14%	14.03%	8.44%	8.72%	7.27%
0.7 ~ 0.8	14.76%	11.21%	7.24%	7.38%	7.01%
0.8 ~ 0.9	5.23%	−0.39%	0.23%	−3.32%	−1.79%
0.9 ~ 1.0	0.78%	−3.87%	−9.17%	−10.18%	−12%

对庄家的心理研究

庄家就是能主动影响投资者的心理变化和价值观念，从而主动引导市场价格变化的、有强大资金实力的投资者。

庄家运作的手法主要有：

对市场的引导。庄家就是通过对市场的引导，来调动投资者的心理情绪及买卖行为。庄家能力水平的高低，体现在市场引导技术上。

心理定势的培养与打破。孙子曰："善战者，以正合，以奇胜。"技术图形是心理定势一种典型表现，庄家正是利用技术图形来引导投资者形成心理定势，然后再在关键时刻打破这种心理定势。例如，龙净环保（600388）的主力即是如此。2013 年 4 月、6 月和 9 月，主力将股价三次打到 60 天均线并击穿，然后三次拉起攀升，给投资者形成了一个"跌到 60 天均线就会拉起"的心理定势。然而，到 2013 年 12 月，股价第四次被砸到 60 天均线，许多投资者纷纷买入想再一次"赚一把"的时候，主力偏偏在此时一反常态，打破人们往日形成的心理定势，毫不留情地向下掼杀（见图 5.5）。

逆反操作。利用投资者情绪逆反操作，主要是逆恐慌情绪与狂热情

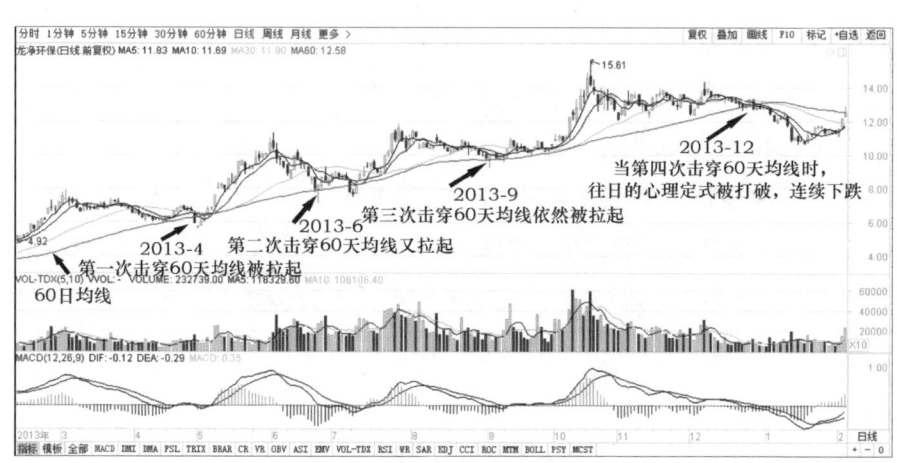

图 5.5　龙净环保走势图

绪操作；也可利用市场消息逆反操作，如利用利空消息低位吸货，利用利好消息出货。

心理定位。庄家操盘总是千方百计改变投资者对它的心理定位，并引导散户形成新的定位。比如，一只股票价格为 5.00 元时，大家已经习惯了这个 5.00 元的价格。突然有一天，股价从 5.00 元飙升到了 10.00 元，投资者刚开始不愿接受这个新的价格，觉得太高了。当庄家在 10.00 元左右的区间不断横盘整理之后，大家又开始觉得这个 10.00 元就是这只股票的正常价格。如果这时股价从 10.00 元跌到了 9.00 元或 8.00 元时，投资者会觉得股价已便宜不少，便会积极介入。

联合与协同。主力之间通过阵线联合和整体筹划来集中热点炒作题材，尔后互相掩护出货。

当然，庄家的手法还有许多许多，都是为应对中小投资者的。这里不再一一赘述。

"股市心理博弈" 的实战要点

看大势，重天时

《鬼谷子》曰："春生，夏长，秋收，冬藏，天之正也，不可干而逆之。逆之者，虽成必败。"

做任何事情都要遵循客观规律，如果违反自然规律，即使一时成功，也终究必败。做股票的人常常犯一个错误，就是整天追逐个股，短视近利，结果常常不如人意，又怨天尤人，天天讲技术。殊不知，战略方向不对，再好的战术也徒劳无功。所以一定要顺大势而为，才能赢得大的胜利，才能走得长久。

《孙子》曰："古之善战者，胜于易胜者也。"回头看每一轮牛市，能较长期持有股票的人，都赚得盆满钵满。顺着大势走，赚钱轻轻松松；

相反，那些自认为技术高超的人，成天在股市里打打闹闹，却劳而无功。

战胜自我，勇擒牛股

牛股之所以牛，那是因为一般人骑不上，反人气操作其实在兵法上就叫"出其不意"，与大众的情绪和想法相反。所以，牛股是让人害怕的，骑上去也容易摔下来的，投资者必须要有足够的勇气，要能突破自己的心理，才能抓得住。

掌握攻击重心

毛主席说："在任何一个地区内，不能同时有许多中心工作；在一定的时间内，只能有一个中心工作。"当今中国股市演绎的是结构化行情，在这种行情下，抓不到热点，找不到"风口"，只能是徒劳无益。从 2013 年开始，股市结构化行情就变得越来越明显，一段时间一个热点，一个中心，从网络游戏、国企改革、节能环保到现在的一带一路等，变化如此之快，市场的热点重心不断转移，搞得好多股民东奔西跑，捡了芝麻丢了西瓜，一边拿着冷门股"满仓踏空"，一边割肉一追进热门股又满仓套牢，真是不知所措。怎样改变这个局面呢？这就是掌握攻击重心的问题。要做到这一点，必须要能够迅速找到资金流动的线索，循着政策的指引方向，跟着市场变化的节奏走，及时发现市场炒作的中心，同时要有足够的胆识。在结构化行情下，要求投资者在没有历史参照的情况下，能够迅速接受一个新的市场现象，要能够主动打破心理定势，在恐惧中追逐行情发动的龙头股，同时又能在大众热烈追捧的个股板块中勇敢撤退。

掌握攻击顶点

在结构化行情之下，一段时期内热点持续的时间不会太长，热点转换较快，所以很多人在情绪高涨时买入后就被套住了。

美国科学家普顿斯有一个"S规律"理论，把事物发展的过程分为四个阶段：前期是缓慢发展阶段，表明事物成长的艰难；中期为加速发展阶段，特点是急速跃升；中后期为减速发展的阶段；后期为饱和衰退阶段（见图5.6）。

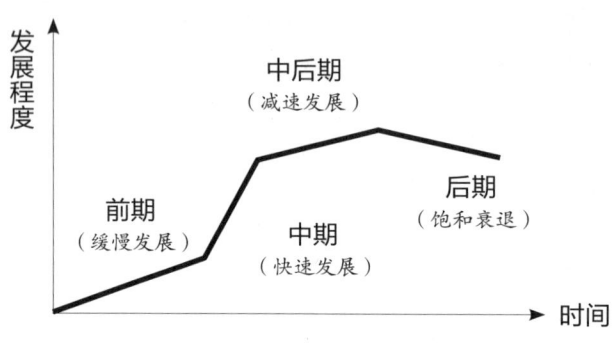

图 5.6　事物发展的四个阶段

与之对应的恰好是股市一个完整的上升过程。俗话说得好，"善买不如善卖"，怎样在普顿斯的"S规律"的第四阶段撤离，是获胜的关键所在，比如中国铁建（601186）在2014年3月到2015年5月的走势图（见图5.7）。

四个阶段非常明显。关键是在行情发展的顶部，市场一片乐观，人气高涨，这种乐观情绪足够把投资者带到顶部，成为一轮行情的牺牲品。

所以，要找到攻击的顶点，一定要有独立的、冷静的市场判断力，让自己独立于市场情绪之外，用客观的、科学的依据来及时发现市场的顶部。

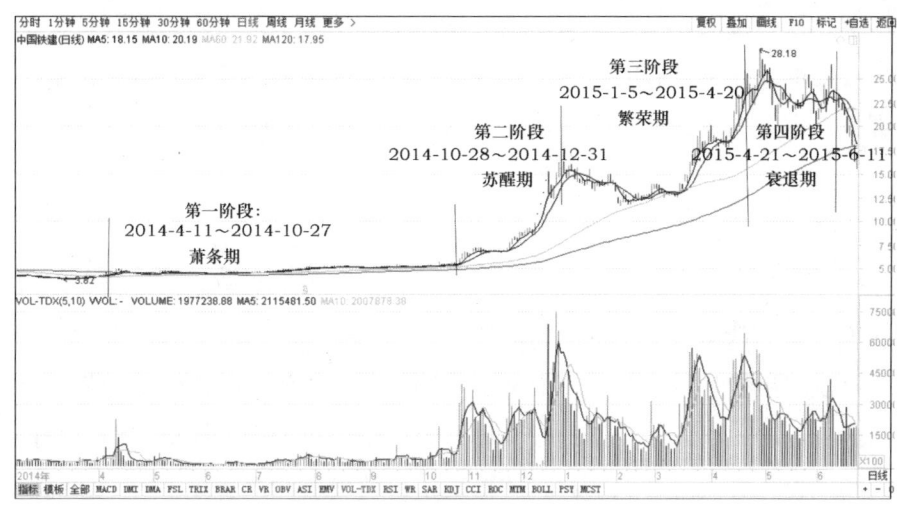

图 5.7 中国铁建走势图

太极操盘

《易传》:"立天之道曰阴与阳","天地变化而行鬼神者,无非阴阳之化也"。所谓"阴极阳生,阳极阴生",即肯定增加否定的能量,否定增加肯定的能量。股市中每次上涨都可以理解为多头的不断消耗和空头能量的不断积聚。下跌则刚好相反。俗话说"新手怕大跌,老手怕大涨"就是这个道理。老手深知大涨之后积聚了大量的下跌风险,而大跌之后反而是风险得以释放和机会产生的时候。

太极操盘的理念是运用能量转换和阴阳相生相克的原理,在买卖时因势利导,把"攻击点"选在大众情绪阻力最小的方向。

那么,怎样理解大众情绪阻力呢?大众表现出来的在某一方向的情绪恰好会造成这一方向的阻力。比如大众看多情绪实际形成的是多头阻力,而且看多人气越高,多头的阻力越大。市场是在忧虑中攀升的,如果大众看多的情绪不断加强,最终形成一片疯狂的时候,市场也就基本见顶了。

在涨时看到下跌的风险,在跌时看到涨的机会,高抛低吸,像打太极拳一样，打出去是为了收回来，收回来也是为了打出去。关键是，整个过程都能保持内心的平静，以太极阴阳辩证法为原理，同时以技术心理学和市场能量转换法则为依据，这是太极操盘法的精髓。

价值防守，趋势攻击

世界上有两个众所周知的投资大师巴菲特和索罗斯。巴菲特以价值为依据买入被市场低估价值的股票，而且能够长期持有，所以巴菲特的投资模式更像是以守为攻；而索罗斯则是紧随趋势，关注的是趋势的延续或者反转，所以索罗斯的投资模式更像是以攻为守。如果我们把两位大师的投资方式融合到一起，就形成了价值投资和趋势攻击于一体的模式。**在市场情况不明朗时，要更倾向买入价值型的股票来防守，这样能尽可能地降低风险；而一旦市场情况明朗，则可以大胆顺趋势操作，博取更大的收益。**

市场变化，心理博弈应与时俱进

这几年，中国证券市场有三个巨大的变化：

一是股指期货和证券信用交易之下，资金杠杆放大，股市的波动会较大。2015年的暴跌可归因为此。投资者应当明白杠杆交易所带来的巨大风险。杠杆交易巨大的风险表现在，不管你是投机者还是投资者，只要你是在用杠杆交易，那么你就无法忍受市场的波动。应对策略是，把握好出击点，控制好仓位，在没有足够把握时，千万不要随便使用资金杠杆交易。

二是全流通、大市值的时代。2015年，中国股票市场一度突破70万亿元，预计到2020年，中国股票市场将达到80万亿元。如此庞大的股票市值，会使得全面发动行情变得很困难。所以，现在行情最大的特点是结构化，而结构化行情的特点是打运动战，关键是踏准节奏，及时进退。

三是高监管。信息技术的发展和管理层对市场的认识和决心，使得中国证券市场进入了高监管的时代。与之相应的是，强庄控盘操控市场的时代已经不再了，这会使众多的痴迷于个股跟庄的投资者失去方向。

因此，现在的投资者要学会找热点，要学会感知市场的风向，在市场多空能量变化的体系上去做技术分析的功课。

实现翻倍的五大绝技

> » 面对风雨无常的股市，复杂多变的心理博弈，他以"五大绝技"与"敌"周旋，挑战自我，不断从市场上攫取丰厚的利润。

绝技之一：反市场人气操作

在采访中，当我刨根问底请教程万青，10 年间业绩翻了 2000 倍，在实战中究竟有哪些绝技可以奉献给投资者时，他首先谈到秘籍就是反市场人气操作。他说："这是多年来，我在实战中用得最多的一个心理博弈战法。几乎是屡试不爽。"

实战案例：三六五网（300295）。 "五进四出"三六五网，是程万青近年来进行反市场人气操作的一个记忆犹新的典型案例。

2013 年 6 月，互联网在网络游戏带领下走出了一波中期向上的走势。三六五网在 7 月 5 日至 7 月 8 日却一反常态，股价破位下跌，顿时市场人气备受打击，很多人在恐慌中抛出该股止损出局，而他却恰恰认为该股中期趋势并未改变，此时下跌，在技术上完全进入了一个人气恐慌区间，此时买进，符合反人气操作法则。于是，他大胆买入。果然不出所料，7 月 9 日开始，三六五网连续五天上涨，并突破了前期 61.95 元的新高。这时，他认为短期内该股在技术上已进入一个高人气区间，符合反人气卖出法则，便在 62.00 元左右获利出局。

接下来，该股在 7 月 30 日跌破 20 日均线时，又进入了程万青的反人气操作区域，于是他在 53.00 元左右第二次买入。8 月 27 日，他再次进入反人气操作卖出点，再次获利出局。

10 月 16 日，该股大跌，当日盘中股价砸至跌停，在随后几天市场人气惨淡之时，他又开始买进。到 2013 年 11 月 7 日，该股向下跌破 60 日重要均线，买点再度出现，他第四次加仓买入，次日该股就见底上涨。到 11 月 18 日，又出现了卖出点，他又按原则出局。

到 12 月 5 日，该股再次跌破 60 天均线，又进入了买入区，程万青第五次果断在 75.90 元出手买入。买入后这只股股价跌到 71.00 元。他看到它整体趋势良好，整个互联网的主题板块操作还没有到位，便继续持有。后来，到 2014 年 1 月 22 日，三六五网出现一波凌厉的上涨。到 1 月 28 日，该股又进入了卖出点位，他在 101.00 元左右实现胜利大逃亡。至此，对这只股的 "五进四出"，暂时告一段落（见图 5.8）。

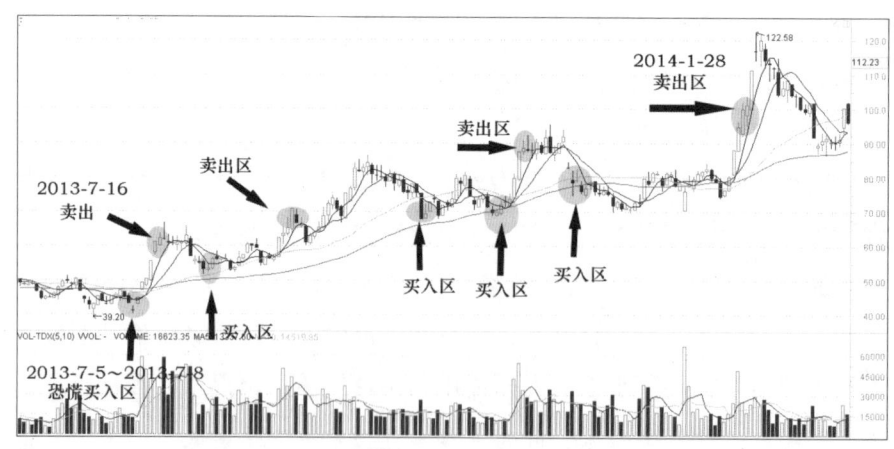

图 5.8　三六五网走势图

该法的操作要点如下：

◆ 大级别周期里找中期趋势。如用周线和月线来确认个股的
整体趋势。

◆ 在中期趋势不变的情况下，找小级别周期里的振荡，寻找
技术人气的高低点进行买卖。

◆ 在恐慌点买入时要大胆，按原则办事，不受市场情绪的影响。

◆ 在乐观区卖出要果断，减少贪心，不抱预期，不受乐观情
绪影响。

◆ 当中期趋势发生变化的时候，要及时离场观望。

绝技之二：窥探主力行踪，连抓 15 个涨停

"听你公司总经理张雄海透露，你在 2015 年 5 月抓了一只大黑马华
丽家族，连涨了 15 个涨停板，真可了得。你是否事先获得什么内幕消
息？"采访中，我问程万青。

"确实有这回事，但我炒股从不听消息。操作华丽家族这只股票，
能提前潜伏其内，完全是我事先从盘面变化上窥探到市场主力行踪的结
果。"程万青回答说，"任何一只股票在整个的走势中，都会留下市场
主力运作的痕迹，华丽家族也不例外。"

"从该股的 K 线图中不难看出，作为房地产板块的一员华丽家族
沉寂已久。2014 年 2 月至 6 月，在股价 4.00 元左右低位底部横盘振荡
中，就明显有庄家吸筹的迹象。尤其是在 6 月 18 日至 19 日突然向上突
破，放出超过前期 10 倍的成交量，而且，在这只股票飙升前，再也没
有创过 6 月 19 日的天量。当时，主力拉高吸筹的动作极为明显。6 月
19 日之后，这只股票一路上涨到 6.00 元，脱离主力成本。10 月，股价

稍微作了一下整理，然后在 11 月 19 日再次突破整理区，向上攀升。到
2014 年 12 月，借着房地产板块的拉升时机，该股主力把跟风者吸入其
中。不料，该股在 2014 年 12 月 22 日突然来了一根大阴线跌停，'断
头铡刀'把跟风盘全部套牢。随后几天，庄家'挖坑'，吃掉这批'割
肉盘'后，把那些跟进者全部'埋在坑里'。2015 年 1 月 16 日，股价
再次收复前期下跌的大阴线，到 1 月 20 日，这只股票完成了从吸筹到
震仓的一切准备工作后，突然停牌。5 月 6 日复牌后，一路狂飙 17 天，
连拉 15 个涨停。我是在 2014 年 12 月以 6.00 元价位买进的，在 2015
年 5 月 28 日 29.00 元左右出局的，收益达 383%。"（见图 5.9）

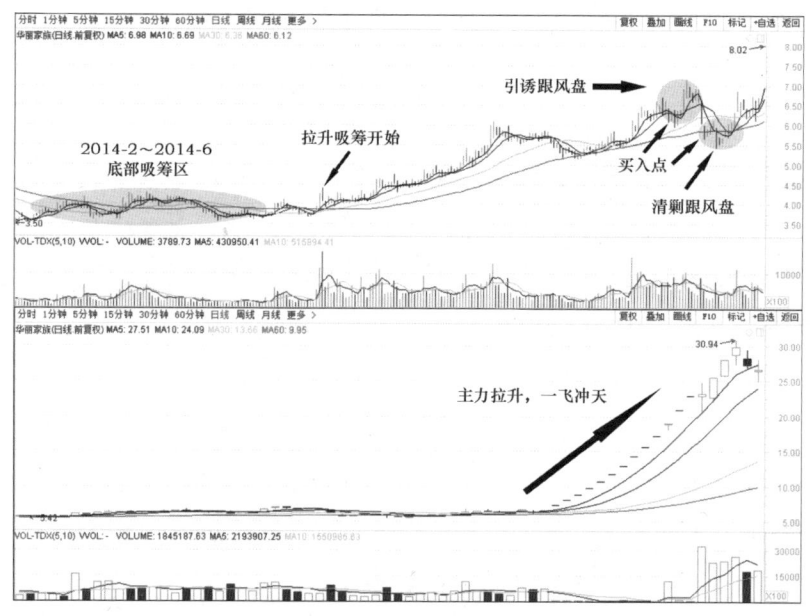

图 5.9　华丽家族走势图

该法的操作要点如下：

◆ 底部放量是主力入场的标志性信号。

◆ 发现主力吸筹不要盲目跟入，主力会对吸筹区跟风买入的

散户进行以震仓洗盘为主的心理打击。

◆ 尽量不要参与盘整，不与庄家比耐心。

◆ 主力在拉升前会制造让人失去信心的许多假象，要坚定当初介入的理由，千万别被其迷惑。

绝技之三：打破心理定势，追击主题"龙头"

股票市场是瞬息万变的，而一旦人们形成了一种心理定势又是很难改变的。要想在这个变化万端的股票市场取得成功，必须做到顺势而为，敢于主动打破自己原有的心理定势。

程万青紧跟资金大部队，在主题行情中追击一带一路龙头股中国铁建（601186）便是其中的一例。

2013 年，正当以网络游戏、文化传媒为题材炒作如火如荼的时候，在 2014 年，市场却突然来了个"脑筋急转弯"，把资金转向了一带一路的蓝筹板块。早在 2013 年 7 月，中国铁建就开始有资金入注。公司在 2014 年 4 月放巨量拉高吸筹，8 月到 9 月进行盘整之后，于 10 月份形成一波强劲拉升的主升浪，带动和刮起了市场中一带一路的飓风。而大多数股民望着沸腾的蓝筹和手里冰一样的小盘冷门股，是捂还是追？不知所措。这时候，程万青发现资金正在向新的主题转移，他觉得是该打破市场原有的心理定势，狙击新板块龙头的机会到了。于是，他于 10 月 16 日在 5.30 元左右的价位介入中国铁建。买入后，中国铁建盘整 6 天后，一波强劲的拉升，将股价推高到了 16.25 元。之后，经过横盘调整，2015 年 3 月中旬，再拉起一波，直到 2015 年 4 月 28 日创出 28.18 元的历史天价。而没有及时抛弃原来小盘股心理定势的投资者则只能"望洋兴叹"（见图 5.10）。

该法的操作要点如下：

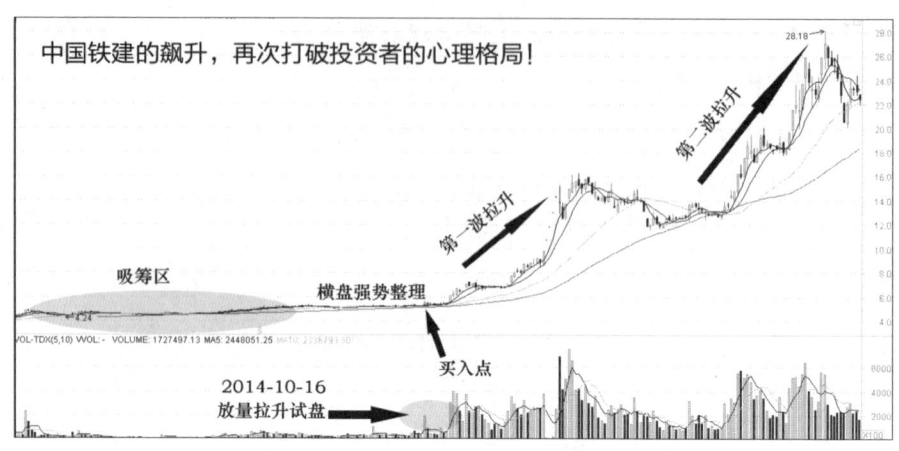

图 5.10　中国铁建走势图

　　炒股要跟着资金大部队走。结构化行情的特点是资金流向分明，资金集结和攻击的速度很快，投资者要反应迅速。

　　在思维上，一定要敢于标新立异，和市场认知不一致。对市场已经认知的热点保持谨慎，对新产生的大众还不认知的热点要保持高度关注。

绝技之四：感知市场能量，寻找转换机会点

　　因为有惯性的存在，趋势便具有延续的能量。密切关注一个趋势的能量聚集和衰竭的转变过程，抓住由量变到质变的临界点，是程万青寻找投资机会并以此作为买卖决策的一个重要依据。

　　实战案例：同花顺（300033）。 2015 年 10 月 12 日，该股拉出一波连涨 6 个涨停的强势上攻反弹行情。到 2015 年 10 月 21 日，该股第一次调整，按照他的法则，强势上涨的股票第一次调整是买入点。因为该股强势上攻的性质和能量没有发生改变。到 10 月 22 日，该股继续上涨，他的原则是，若这几天涨停就不卖，若没涨停就坚决卖出。按预定

计划，他先出来观望。

到了 10 月 26 日，该股回调到 5 日均线之下，已经是连续 4 天调整，原则上程万青确认该股进入了振荡惯性向上的行情。振荡行情的特点是当股价涨到振荡区间上轨时，是多头能量衰竭和空头能量增强的卖出点。而在股价跌到振荡区间下轨时，是空头能量消耗和多头能量聚集的买入点。所以，在 10 月 26 日这一天，他再次介入。结果，第二天该股又拉涨停。

10 月 28 日，该股冲高，向上突破到振荡区上轨。程万青不恋战，按操作法则，果断卖出。随后，等到这只股票在 11 月 3 日再次回调到 10 日均线之下，股价又回到振荡区的下轨时，他又逢低买入。果然，该股第二天又涨停。到 11 月 5 日，该股创出本轮反弹的新高。之后，他继续按原则卖出。如此三进三出，感知该股上涨能量越来越弱，头部形态开始显现，他决定对该股的操作告一段落（见图 5.11）。

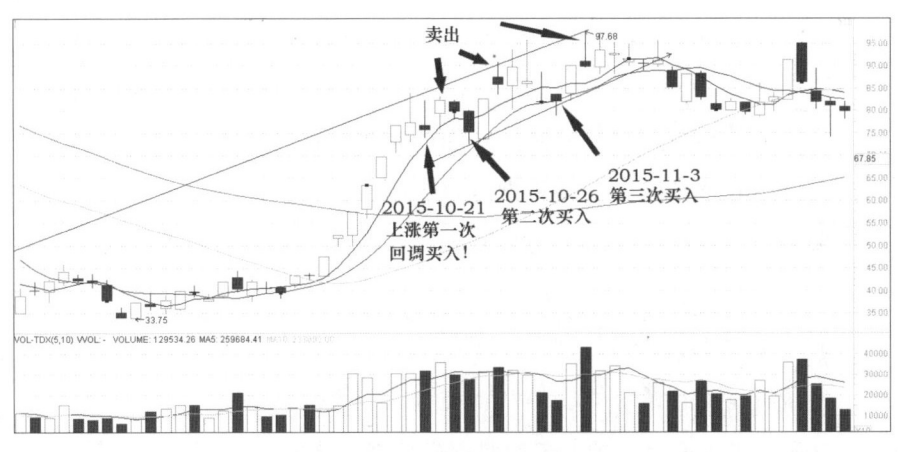

图 5.11　同花顺走势图

该法的操作要点如下：

◆ 上涨能量的确定要重视上涨的力度和成交量的自然放大。

◆ 密切关注行情的性质是否转变。（如图 5.11 所示，10 月 27

日该股由强势上攻转为振荡上升，上攻能量明显转弱。）

◆ 根据行情的性质随时调整操作模式。（如上例第一次买入是强势攻击，后面两次买入则是振荡买入法则。）

◆ 能量衰竭在盘面技术上表现为5日均线支撑反弹，到10日均线支撑反弹，直到更长期均线被击破。

◆ 买入点一旦错过，宁愿放弃，也不能追高。

◆ 卖出要及时果断，获利时宁可提前卖，也不可延误时机。

绝技之五：攻防自如，买卖流畅，积小利为大利

这些年，程万青的操作几乎全是超短线手法。看他的交易记录，发现他每次的获利幅度并不大，也不十分惊人，大都在3%～5%。

对此，他说："我操作的股票有许多，有时，一天会买几十只股票。有人说鸡蛋要放到一个篮子里，我的盈利模式是，发现很多的交易机会，分散交易是我感兴趣的做法。因为它既能保持买卖的流畅性，又能捕捉到市场的各种机会。我是靠胜算率赚钱，是积小胜为大胜。"

采访中，他还讲了自己短线操作中所遵循的几个买卖的铁律：

◆ 短线进出，不参与调整。

◆ 随行情的性质转变，不断改变操作模式。

◆ 买卖以盘面为基础，不幻想，不预测。情况有变，及时离场。

◆ 坚持现金防守和精准打击。

◆ 不贪高，不恋战。

◆ 追击强势股，高位整理不可超过3天。

◆ 坚持反人气操作，振荡行情反技术指标买卖。

尾声：做快乐的投资者

在采访程万青的日子里，白天，我与他一起"上班"，亲自观摩他的操盘过程；晚上，我住在他的别墅里，看他晚间做期货，与他交谈这些年制胜市场的心得体会，常常通宵达旦。

我看到他太累了，太辛苦了，体重才 96 斤，就开玩笑对他说："你把全身的心血都给了股市、期货，身上只剩下一把干柴了！"

虽然，我感到他一天忙碌得身心很累，但我看到他每一天却很快乐。炒股、炒期货、打高尔夫球，他都不耽误。他的心很平静，与团队相处非常和谐融洽。他是长沙证券学会的研究员，又乐于帮人，经常指导投资者，把自己多年炒股的理念与心得传授给他们，帮助他们摆脱困境。

他说："我对市场运作非常感兴趣。我每天操作并非纯粹为了赢利，而是把市场交易看作一场困难的游戏，我享受着交易过程的快乐。常言说，无为而无所不为。金钱是这么怪的一种东西。人一旦为其所困，就会变得十分不理智。在投资界过分追逐利润，往往会劳神费力，一无所获。抛开烦恼，使自己不以一时得失而动心；抛开烦恼，使自己能够始终进行自我控制，减少情绪冲动，不为一时诱惑所动摇。"

他对投资者的谏言是："**股市博弈的最高一招是做好当下，不做预言家；股市博弈的最高境界不是战胜庄家，而是战胜自我；股市博弈最成功者不是获取财富的多少，而是做一个快乐的投资者。**"

这，是程万青 18 年股市生涯的真实写照与真情的流露，也是他对广大投资朋友的一种企盼和一番掏心窝子的祝福话语！

后　记

　　当《寻找中国巴菲特·寒夜亮剑》终于奉献给千万读者时，我顿时感到一种无尽的放松，甚至有种满满的幸福感。

　　记得 6 年前的 8 月，由深圳海天出版社出版的《民间股神·第 7 集》在北京国际会议中心隆重召开千人以上首发式之后，面对十余年来在一线采访的辛劳和疲惫多病的身体，许多亲朋好友劝我："白老师，您都是年届古稀的人了，以后不要再这么拼命操劳了。"

　　然而，当无数的读者送来热情关怀问候的同时，又不断询问我有什么新作没有，甚至有的读者已习惯我一年出一本新书，但自从 2011 年《民间股神·第 7 集》出版后，他们连续几年都没有在书店和网上找到我的新书而打来失望的电话。这时，我的心又被深深地触动了。

　　我是个战士，是曾经经历过"两个战场"的一位新华社军事记者。在参加祖国南疆自卫反击战的战地采访中，我亲历过那难以忘记的"血染的风采"。而在中国证券这个没有硝烟的战场上，在近 20 年的一线采访中，我更目睹了那一场场无声的搏杀和无数中小投资者葬身"血泊"之中的一幕幕惨烈的境况。

"中国的股民太苦了。我是多么想从更多的高手那里，挖掘出他们制胜的投资经验与操盘技艺，献给在股市中艰难博弈的投资朋友们啊！"许多媒体问起我采写《民间股神》这一系列丛书的初衷时，我总是如实恳切地这样回答。这也是我搁笔6年之后，在"股灾"中又重返证券一线采访，写作这本书的原始动力。

本书一共写了5位民间高手的传奇故事。这5个故事，尽管传奇色彩很浓，有的故事甚至让人觉得有点"不可思议"，但我要告诉你的是，它们全都是这5位民间高手真实的个人经历，包括书中使用的案例，也都来自他们的真实交易历史。我没有一丝一毫的虚构加工，而是在深入采访后纯"原生态"地展现在你的面前。

渴望成功，是来到投资市场的每一位投资朋友的强烈愿望。但通往成功的路，并非一帆风顺，它是一条布满荆棘、充满坎坷的风雨路。5位高手从"奴隶"到"将军"的经历，真实地告诉我们，路就在自己的脚下，有付出，才会有收获。

在读本书时，千万不要只把它当成个"传奇故事"而一意玩味其中的"神话"情节，应认真地揣摩书中的高手们从失败走向成功的经验和精神所在。我认为，这才是最重要的。虽然你目前还没有成功，或者还在"困惑"和"低谷"中徘徊，但只要你能悟出书中5位优秀的民间投资高手成功的真谛，并认真对照总结自己过往的投资经验，逐步建立起适合自己的盈利模式，那么"曙光"就在你的面前。也许，下一个谱写"传奇"的就是你！

回想起来，这本书的采访先后耗时一年多时间，能顺利出版实属不易。在本书付梓之时，我首先要对多年来一直热爱《民间股神》系列书的千万读者，说一声"谢谢"。正是你们多年的热情关怀、鼓励和鞭策，给予了我坚持采访和写作的无穷力量。你们中有的人为我提供采访线索，有的人为我提出许多宝贵建议，有的人对我关爱有加，这些都让我永志难忘。

2016 年的夏秋之季，我刚刚采访完本书中的两位高手之后，不幸生病住进了医院，且久久未能痊愈，采访几近中断。就在这时，北京的媒体朋友李红军和刘章打来电话，特意向我介绍和推荐他们熟知的一位民间高手，即"西北狼"田建宁。在电话中，当他们得知我正在生病时，便劝我还是以身体为重。但数十年新闻职业生涯养成的碰到一个好的报道线索就激动的习惯，又禁不住让我"一时兴起"。虽然那时还病着，但"我心未死"，一腔热血尚在。

　　当天，我就跑到百货商店一口气买了羽绒服、羽绒裤和棉帽等一堆御寒保暖品，第二天就从南方飞赴冰雪弥漫的黄土高坡。让我感动不已的是，为了照顾我，给我"保驾护航"，好友李红军和刘章竟放下年终手头繁忙的工作，千里迢迢陪我前往。下大雪路滑，我几次因他们搀扶而免于摔倒；怕我天冷感冒，一路上他们还特意备了一些药品，将我照顾得无微不至。与此同时，他们还和我一起加班加点，帮助我整理采访素材，直到采访结束，他们才放心离开。在此，对他们的真诚帮助与真挚的友情，我表示由衷的感谢！

　　当然，在本书出版之际，更值得我隆重感谢的是书中的 5 位被采访对象。一年多来，我和他们同吃同住同操作，朝夕相处，相互畅谈，常常通宵达旦。正是他们在股市跌宕起伏中所展现的极具传奇色彩的故事和精彩纷呈的操盘技艺，铸就了本书的精华。为了能帮助更多的中小投资者摆脱投资的困境，5 位优秀的民间高手把多年制胜股海的操盘绝招和"看家"的"独门暗器"一一袒露于众。这种无私奉献的精神，令人钦佩，值得人们永远学习与赞美！

　　为了让本书尽快能与读者见面，深圳出版发行集团海天出版社的领导和编辑为本书开设了"绿色通道"，聂雄前社长、陶明远总编辑、总编室主任陈丹及编辑部主任张绪华、市场部主任谢春桃和责任编辑涂玉香等，从开始采访的精心策划到编辑制作及后期的发行环节，都给予了高度重视，始终坚持高标准。他们一丝不苟、认真负责的精神令我感动，在此衷心致谢！

在整本书的采访写作过程中，我还要特别致谢的是深圳市金大象实业发展有限公司董事长及公司员工，他们为本书的采访给予了大力支持，还对我的工作及生活进行多方面热心关照。他们为本书后期的宣传做了大量的策划与推广工作。在这里，对他们所付出的心血，一并致以深深的谢意！

中国股海浩瀚博大，民间高手层出不穷，本书只是采撷了其中的几朵浪花，还有更多的高手和精英有待挖掘。由于本人的精力和本书的篇幅有限，只能挂一漏万，期望读者对书中的不足之处，多提宝贵意见。在此谢谢大家！

近年来有不少《民间股神》系列的新读者常常打来电话询问我已出版书籍的情况。为帮助读者查找和购买，在此，特将《民间股神》系列丛书的有关出版信息公布如下：

《看赢家怎样炒股：68位中国证券高手的智慧》，2000年9月，华东师范大学出版社

《走进大户室》，2000年10月，江苏人民出版社

《民间股神：15位股林高手赢钱秘招大特写》，2006年1月，上海人民出版社（荣获2006年"全国十大社科类畅销书"奖）

《民间股神·续集：十大股林高手赢钱秘招大特写》，2006年6月，上海人民出版社

《民间股神·第3集：八大股林高手赢钱秘招大特写》，2007年4月，上海人民出版社（荣获2007年"全国优秀畅销书奖"，同时被北京万卷宣传机构精选为"2008年十大股票图书"）

《民间股神·第4集：九大股林高手赢钱秘招大特写》，2008年6月，上海人民出版社（荣获2008年"全国优秀畅销书奖"）

《民间股神·第5集：顶尖高手，熊市翻倍》，2009年5月，深圳

海天出版社（荣获 2009 年"全国优秀畅销书奖"）

《民间股神·第 6 集：股市奇人，鉴股密码》，2010 年 6 月，深圳
海天出版社（荣获 2010 年"全国优秀畅销书奖"）

《民间股神·第 7 集：草根英雄，惊世奇迹》，2011 年 8 月，深圳
海天出版社

《股票投资高手 100 招》，2015 年 11 月，机械工业出版社

《民间股神：传奇篇》，2015 年 3 月，上海财经大学出版社

《民间股神：绝招篇》，2015 年 6 月，上海财经大学出版社

《民间股神：短线交易系统》，2016 年 6 月，上海财经大学出版社

《民间股神：像冠军一样交易》，2016 年 7 月，上海财经大学出版社

白青山

2017 年 11 月于深圳

联 系 方 式

扫一扫，关注公众号

民间股神系列丛书作者白青山

电　话：13691850565

微　博：白青山－民间股神作者